TAC税理士講座 編

2022 年度版

みんなが欲しかった！

税理士

財務諸表論の教科書&問題集 3

資産・負債・純資産会計編

はじめに

近年、インターネットの普及にともない、世界の距離は凄まじいスピードで近くなりました。文化、経済、情報はもとより、会計についても国際財務報告基準（IFRS）などによりひとつになりつつあります。

その目的はただひとつ「幸福」になることです。

しかし、そのスピード感ゆえに、たった数年後の世界でさえ、その予測が困難になってきていることも事実です。このような先の読めない不確実な時代において重要なことは、「どのような状況でも対応できるだけの適応力」を身につけることです。

本書は、TACにおける30年を超える受験指導実績にもとづく税理士試験の完全合格メソッドを市販化したもので、予備校におけるテキストのエッセンスを凝縮して再構築し、まさに「みんなが欲しかった」税理士の教科書ができあがりました。

膨大な学習範囲から、合格に必要な論点をピックアップしているため、本書を利用すれば、約２カ月で全範囲の基礎学習が完成します。また、初学者でも学習しやすいように随所に工夫をしていますので、日商簿記検定２級レベルからストレスなく学習を進めていただけます。

近年、税理士の活躍フィールドは、ますます広がりを見せており、税務分野だけでなく、全方位的に経営者の相談に乗る、財務面から経営支援を行うプロフェッショナルとしての役割が期待されています。

読者のみなさまが、本書を最大限に活用して税理士試験に合格し、税務のプロという立場で人生の選択肢を広げ、どのような状況にも対応できる適応力を身につけ、幸福となれますよう願っています。

TAC税理士講座
TAC出版　開発グループ

本書を使った税理士試験の**合格法**

Step 1 学習計画を立てましょう

まずは、このChapterにどのくらいの時間がかかるのか（①）、1日でどこまですすめればよいのか（②）、2つのナビゲーションを参考に、学習計画を立てましょう。また、Check List（③）を使ってこれから学習する内容を確認するとともに、同シリーズの簿記論とのリンク（④）を確認しましょう。簿記論と財務諸表論を並行して学習することで、理論・計算の両面から、より効果的に学習ができます。

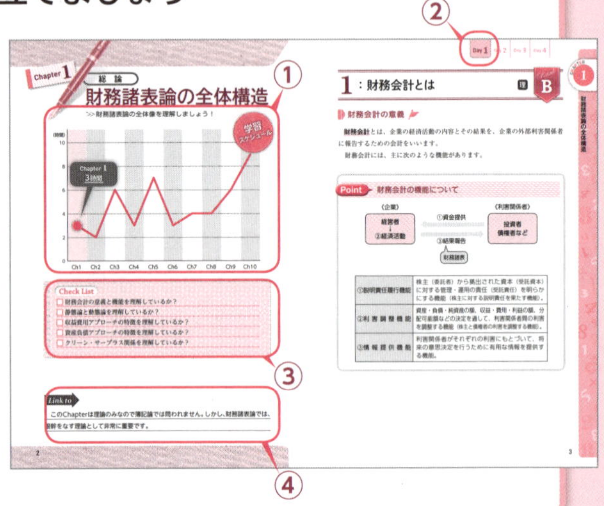

Step 2 「教科書」を読みましょう

「教科書」を読みましょう。🚩は重要論点です。例題（⑤）も多く入っていますので、試験でどのような問題を解けばよいのかをイメージし、実際に電卓をたたいて解きながら読んでいくと効果的です。また、多くの受講生がつまずいてきたちょっとした疑問や論点について、ひとことコメント（⑥）と会話形式のスタディ（⑦）として、発展的論点はプラスアルファ（⑧）としてまとめてあるので、参考にしてください。

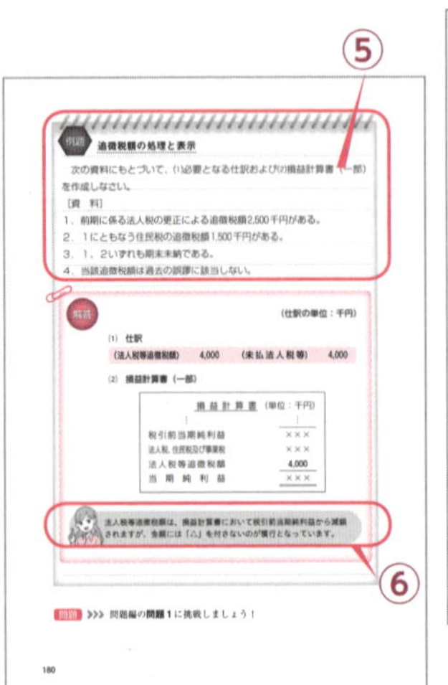

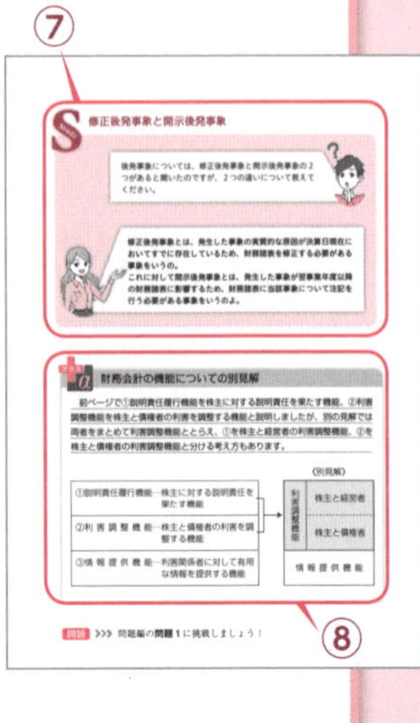

Step 3 「問題集」を解きましょう

ある程度のところまで教科書を読み進めると、問題集へのリンク（⑨）が貼ってあるので、まずは基礎（⑩）問題から確実に解いていきましょう。会計知識は本を読むだけでは身につきません。実際に手を動かして問題を解くことが、知識の吸収を早めます。解き終えたら、重要キーワードや学習のポイント（⑪）を参考に、どの程度まで理解して解けていたか、確認しましょう。

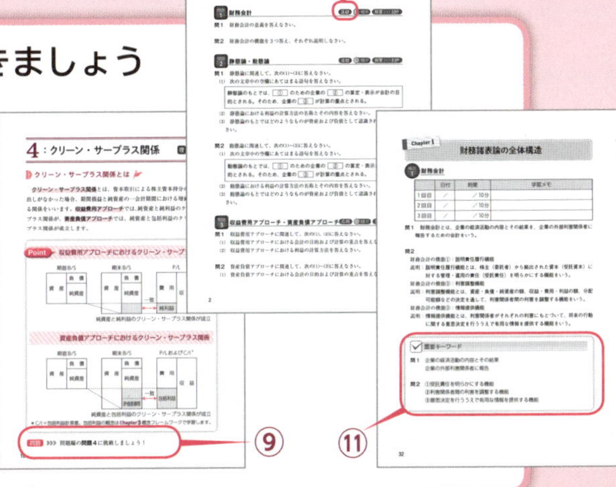

Step 4 復習しましょう

本書には、Point（⑫）を随時入れていますので、問題を解いて知識が不足しているなと感じたら、そのつど、振り返るようにしましょう。また、問題集の答案用紙にはダウンロードサービスもついていますので、これを利用して最低3回は解くようにしましょう。その際、解説についているメモ欄（⑬）を使って、正確にすばやく解けるようになっていっているかもチェックしましょう。また、巻末別冊には理論対策（⑭）がついていますので、これを活用して、定義や論証を正確に覚えておきましょう。

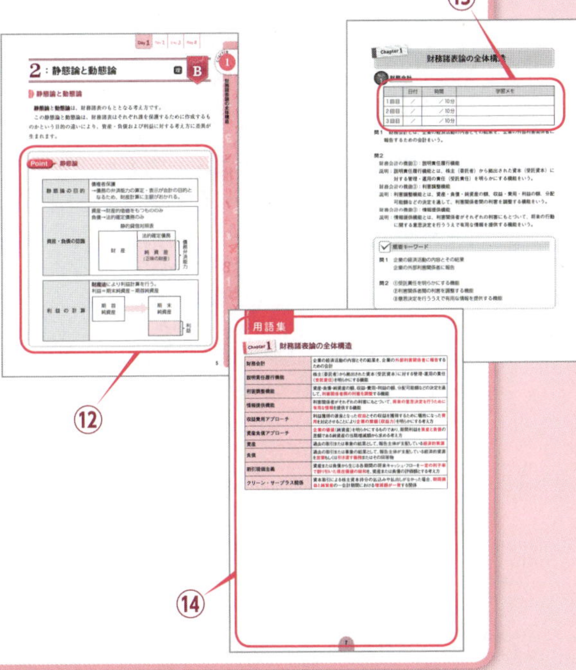

Step Up 実践的な問題を解きましょう

①おすすめ学習順

本書の学習が一通り終わったら、本試験に向けて、実践的な問題集を解いていきましょう。おすすめの学習順は、解き方学習用問題集（「財務諸表論 理論答案の書き方」「財務諸表論 計算問題の解き方」）で現役講師の実際の解き方を参考にして自分の解き方を検討・確立し、「過去問題集」で本試験問題のレベルを体感することです。

②各書籍の特徴

「財務諸表論 理論答案の書き方」は、すでに財務諸表論の基本論点を学習して内容を理解している人を対象に、本試験問題に対処するための答案を作成する技術やその際の注意点、そこに至るまでのアプローチなどを身に付けることができるようになっています。

「財務諸表論 計算問題の解き方」は、基礎・応用・本試験の計算問題を収録し、現役講師がどのように計算問題を解いているのかを実感しながら、段階的に基礎レベルから本試験問題までの演習ができるようになっています。

「過去問題集」は、直近５年分の本試験問題を収録し、かつ、最新の企業会計基準等の改正にあわせて問題・解説ともに修正を加えています。時間を計りながら実際の本試験問題を解くことで、自分の現在位置を正確に知ることができます。

論点学習

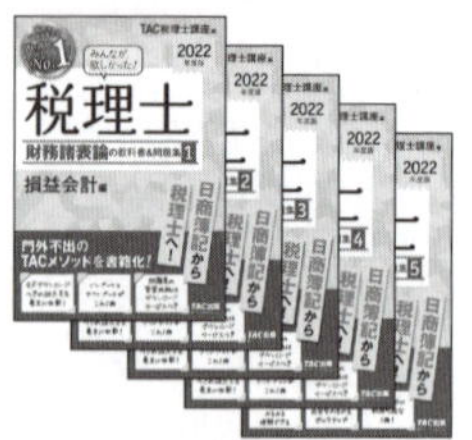

Step Up

解き方学習

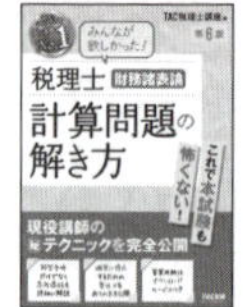

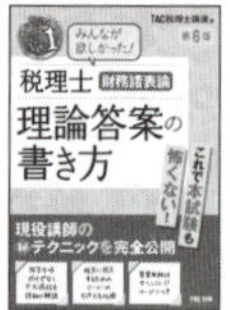

過去問演習

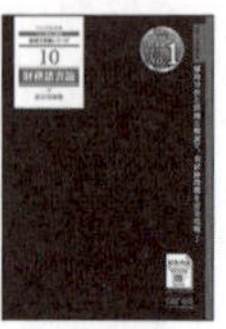

Level Up 問題演習と復習を繰り返しましょう

①**総論**

解き方学習用問題集で、どのように問題を解くのかがわかったら、さまざまな論点やパターンの問題を繰り返し解いて、得意分野の確立と苦手分野の克服に努めましょう。苦手分野の克服には、間違えた問題（論点）の復習が必須です。

②**理論問題対策**

本試験の理論問題は、基本的には論述形式の問題が出題されます。

「理論問題集」には「基礎編」と「応用編」があります。「理論問題集 基礎編」は、理論問題についての体系的理解と基礎力の養成を目的とした書籍です。一方、「理論問題集 応用編」は、本試験レベルの理論問題に対応するための応用力と実践力の養成を目的とした書籍です。

③**計算問題対策**

本試験の計算問題は、個別論点を組み合わせた総合問題形式で出題されます。

「総合計算問題集」には「基礎編」と「応用編」があります。「総合計算問題集 基礎編」は、総合問題を解くための基礎力の養成を主眼とした書籍です。一方、「総合計算問題集 応用編」は、本試験レベルの問題に対応するための答案作成能力の養成を主眼とした書籍です。

本書を利用して簿記論・財務諸表論を**効率よく学習するため**の「スタートアップ講義」を税理士独学道場「学習ステージ」ページで**無料公開中**です！

カンタンアクセスはこちらから ⇨

https://bookstore.tac-school.co.jp/dokugaku/zeirishi/stage.html

税理士試験について

みなさんがこれから合格をめざす税理士試験についてみていきましょう。
なお、詳細は、最寄りの国税局人事第二課（沖縄国税事務所は人事課）または国税審議会税理士分科会にお問い合わせ、もしくは下記ホームページをご参照ください。
https://www.nta.go.jp/taxes/zeirishi/zeirishishiken/zeirishi.htm

国税庁 >> 税の情報・手続・用紙 >> 税理士に関する情報 >> 税理士試験

☑概要

税理士試験の概要は次のとおりです。申込書類の入手は国税局等での受取または郵送、提出は郵送（一般書留・簡易書留・特定記録郵便）にて行います。一部手続はe-Taxでも行うことができます。また、試験は全国で行われ、受験地は受験者が任意に選択できるので、住所が東京であったとしても、那覇や札幌を選ぶこともできます。なお、下表中、受験資格については例示になります。実際の受験申込の際には、必ず受験される年の受験案内にてご確認ください。

受験資格	所定の学歴（法学部・経済学部等を卒業した者ほか）、資格（日商簿記検定１級合格者ほか）、職歴（税理士等の業務の補助事務に２年以上従事ほか）、認定（国税審議会より個別認定を受けた者）に該当する者。
受 験 料	１科目 4,000 円、２科目 5,500 円、３科目 7,000 円、４科目 8,500 円、５科目 10,000 円
申込方法	国税局等での受取または郵送による請求で申込書類を入手し、試験を受けようとする受験地を管轄する国税局等へ郵送で申込みをする。

☑合格までのスケジュール

税理士試験のスケジュールは次のとおりです。詳細な日程は、毎年４月頃の発表になります。

受験申込用紙の交付	４月中旬～５月中旬（土、日、祝日は除く）
受験申込受付け	５月上旬～中旬
試験日	８月上・中旬の３日間
合格発表	12 月中旬

☑試験科目と試験時間割

税理士試験は、全11科目のうち５科目について合格しなければなりません。合格基準点は各科目とも満点の60％です。５科目の選択については、下記のようなルールがあります。

	試験時間	科　目	選択のルール
1日目	9：00～11：00	簿記論	会計系科目。必ず選択する必要がある。
	12：30～14：30	財務諸表論	
	15：30～17：30	消費税法または酒税法	税法系科目。この中から３科目を選択。ただし、所得税法または法人税法のどちらか１科目を必ず選択しなくてはならない。また、消費税法と酒税法、住民税と事業税はいずれか１科目の選択に限る。
2日目	9：00～11：00	法人税法	
	12：00～14：00	相続税法	
	15：00～17：00	所得税法	
3日目	9：00～11：00	固定資産税	
	12：00～14：00	国税徴収法	
	15：00～17：00	住民税または事業税	

☑合格率

「試験科目と試験時間割」の項で記載したように、受験案内によれば合格基準点は満点の60％ですが、そもそも採点基準はオープンにされていません。税理士試験の合格率（全科目合計）は次のとおり、年によってばらつきはありますが、おおむね15％前後で推移しています。よって、問題が難しい回であれば、40％の得点でも合格することはありえますし、逆にやさしい回であれば、80％の得点をしても上位10％には入れないかもしれません。現実的には、受験者中、上位10％前後に入れば合格できる試験といえるでしょう。

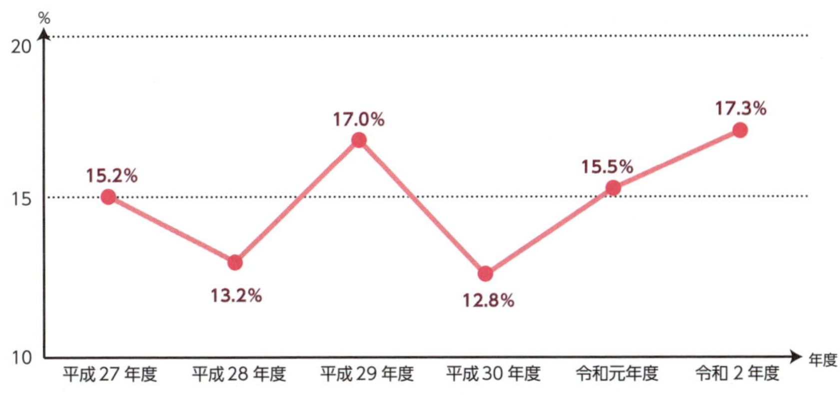

☑出題傾向と時間配分について

税理士試験の財務諸表論は下表に示すように、３問構成です。一方、試験時間は２時間であり、全部の問題にまんべんなく手をつけるには絶対的に時間が足りません。そこで、戦略的な時間配分が必要となります。

第1問	第2問	第3問
25点（理論）	25点（理論）	50点（計算）

では、どのように時間配分をすればよいでしょうか。ここで、配点に注目してみましょう。上記のとおり、第１問と第２問は25点、第３問が50点です。過去の出題傾向を見ると、配点が高い問題ほど解答箇所が多く設定され、点数の差がつきやすいといえます。

したがって、１点でも多く点数を取る（合格点に近づく）ためには、配点の高い問題に多く時間をかけ、１問でも多く正答する必要があるといえます。そこで、財務諸表論は以下のような時間配分で解答するようにしてください。

第1問	第2問	第3問
20分（理論）	20分（理論）	80分（計算）

財務諸表論は本試験の難易度にかかわらず、この時間配分をしっかりと守るようにしましょう。なぜなら、１点でも多く点数を取る（合格に近づく）には、確実に点数を取ることができる（採点基準がはっきりしている）計算問題に力を注ぐほうが、結果的に点数を積み重ねることができるからです。

なお、計算問題に不安のある場合は、第３問に90分、第１問と第２問に15分ずつ時間をかけてもよいでしょう。それだけ、財務諸表論においては、計算問題に時間を回すことが重要なのです。

目次

試験合格のためには、基礎的な知識の理解のもと、網羅的な学習が必要とされます。しかし、試験範囲は幅広く、学習を効率的に進める必要もあります。目次の★マークと☆マークは過去10年の出題頻度を示すものです。効率的に学習する参考にしてください。

出題頻度（過去10年）			
計算		理論	
★★★	4回以上出題	☆☆☆	3回以上出題
★★	2～3回出題	☆☆	2回出題
★	1回出題	☆	1回出題
—	未出題	—	未出題

無形固定資産

ここでは、無形固定資産について学習します。計算は、ほとんどが簿記2級の復習ですので、理論的背景をしっかり学習しましょう。

Chapter 1

資産会計

無形固定資産

>>簿記2級の復習がメインです！

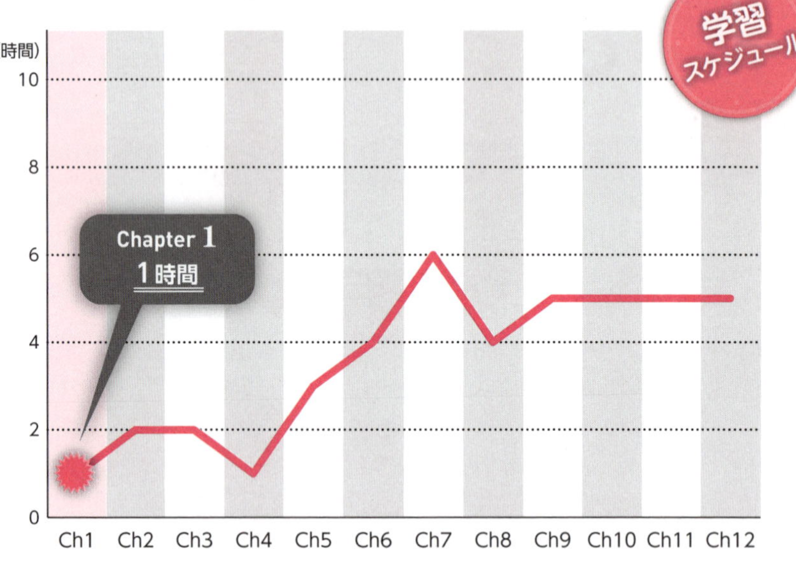

Check List

- □ 無形固定資産の範囲と表示科目を理解しているか？
- □ 無形固定資産の償却方法を理解しているか？
- □ のれんの本質を理解しているか？
- □ 有償取得のれんを貸借対照表に計上する理由を理解しているか？
- □ 自己創設のれんを貸借対照表に計上しない理由を理解しているか？

Link to 簿記論③ **Chapter1 無形固定資産**

このChapterで扱う論点は、簿記論でも同様の内容を学習をします。しかし、各処理の理論的背景は財務諸表論特有の論点となりますので、しっかり理解しましょう。

3冊目がスタート！
Day33は引き続き資産会計です！

1 ：無形固定資産の範囲と表示科目 理 計

無形固定資産の範囲と表示科目

無形固定資産には、主に次のものがあります。

Point 無形固定資産の範囲と表示科目

表示科目	範　囲（内　容）
の　れ　ん	合併、買収、営業譲受等による有償取得のれん
特　許　権	特許を排他的に利用できる権利
商　標　権	商標を排他的に利用できる権利
借　地　権	建物の所有を目的とする地上権および土地の賃借権
権　利　金	建物等の賃借にともない支出されるもので、契約満了時に返還されないもの
公共施設負担金	自己が便益を受ける公共施設設置・改良のための支出額
共同施設負担金	自己が便益を受ける共同施設設置・改良のための支出額
ソフトウェア	コンピュータを機能させるように指令を組み合わせたプログラム等

※　ソフトウェアについては**Chapter2**で学習します。

2：無形固定資産の償却

無形固定資産の償却方法

会社計算規則では、償却すべき資産については、事業年度の末日において相当の償却をしなければならないと規定しており、償却期間等については会計慣行に委ねることとしています。

Point　無形固定資産の償却方法

種　類	償却計算			記帳法	償却費の表示区分
の　れ　ん	20年以内	残存価額０円 原則、定額法	月割 計算	直接法	販売費及び 一般管理費
その他の 無形固定資産	資産の 有効期間*				

＊　権利金については、契約期間で償却。なお、借地権については償却不要

無形固定資産の償却も有形固定資産と同様に、無形固定資産の取得原価を基礎に計算しますが、これには付随費用も含まれます。
無形固定資産の取得原価に含められる付随費用には、たとえば、①特許申請に係る「登録免許税」や②弁理士に対して支払う手数料などがあります。

例題 無形固定資産の償却

次の資料にもとづいて、決算日における無形固定資産の償却の仕訳を示しなさい。なお、事業年度はX4年4月1日からX5年3月31日までとする。

［資　料］

残　高　試　算　表　　（単位：千円）

の　れ　ん	30,000	
商　標　権	90,000	

1．のれんはX5年3月3日に取得したものであり、その効果の及ぶ5年間に定額法によって償却する。

2．商標権はX1年10月1日に取得したものであり、法定償却期間10年で定額法により償却する。なお、過年度の償却は適正であった。

解答

（仕訳の単位：千円）

(1)　**のれん償却**

借方科目	金額	貸方科目	金額
（の れ ん 償 却）	500*1	（の　れ　ん）	500

(2)　**商標権償却**

借方科目	金額	貸方科目	金額
（商 標 権 償 却）	12,000*2	（商　標　権）	12,000

＊1　$30{,}000\text{千円} \times \dfrac{1\text{カ月}}{5\text{年} \times 12\text{カ月}} = 500\text{千円}$

＊2　$90{,}000\text{千円} \times \dfrac{12\text{カ月}}{10\text{年} \times 12\text{カ月} - 30\text{カ月}} = 12{,}000\text{千円}$

〈表示（単位：千円）〉

損　益　計　算　書

販売費及び一般管理費	
の れ ん 償 却	500
商 標 権 償 却	12,000

貸　借　対　照　表

無形固定資産	
の　れ　ん	29,500
商　標　権	78,000

問題 >>> 問題編の**問題1**に挑戦しましょう！

3：のれん

のれんの本質

のれんとは、人や組織などに関する優位性を源泉として、当該企業の平均的収益力が同種の他の企業のそれより大きい場合におけるその超過収益力のことをいいます。

Point のれんの発生原因

たとえば、A社がB社を吸収合併した場合、A社が実際に受け入れる純資産（資産と負債の差額）以上に支払った対価は、B社の人や組織の優位性という超過収益力であると考えます。

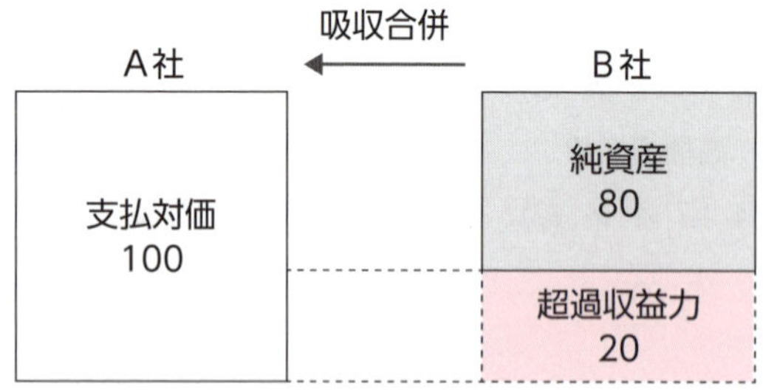

有償取得のれんと自己創設のれん

有償取得のれんは、その取得に際して対価を支払うことから、恣意性を排除して客観的に評価できるため、貸借対照表への計上が認められます。

しかし、自社の超過収益力を自己評価して計上する**自己創設のれん**は、恣意性の介入により資産として客観的な評価ができないため、貸借対照表への計上は認められません。

Point 有償取得ののれんと自己創設ののれん

	測定内容	測定基礎	恣意性	B/S計上
有償取得ののれん	超過収益力	対価	なし	○
自己創設ののれん	超過収益力	自己評価	あり	×

のれんの償却および償却期間について

のれんの償却の考え方	
償却不要説	のれんは永久的な資産であり、営業の継続とともにその価値が増加するという考え方。
償却必要説	競合企業が存在する以上、のれんを永久的に維持することは不可能であり、その価値は減少するという考え方を前提に、その価値減少部分につき償却を必要とする考え方。

償却期間

有償取得におけるのれんは将来的に収益を獲得することに貢献する効果があると考えれば、その取得原価は計画的・規則的な償却方法によって、相当な期間に配分するべきである。
したがって、理論的には超過収益力の継続する期間で償却し、費用と収益の対応を図るべきである。
なお、制度上は、原則として「企業結合に関する会計基準」の規定に従い、20年以内の効果が及ぶ期間で定額法その他の合理的な方法により償却する。

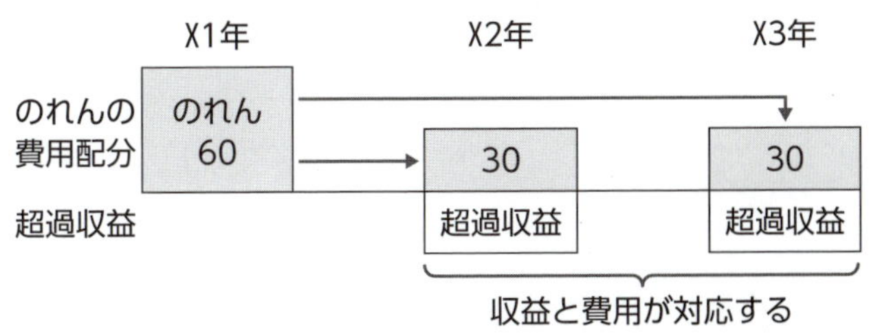

問題 >>> 問題編の**問題2**に挑戦しましょう！

4：無形固定資産に関連する注記事項 計

重要な会計方針に係る事項に関する注記

無形固定資産については重要な会計方針として、無形固定資産の償却方法を注記する必要があります。なお、ソフトウェアについてはその利用可能期間（原則5年以内）の償却が要請されています。

〈文例〉

① 商標権は定額法により償却している。
② のれんは効果の及ぶ期間（20年間）にもとづく定額法により償却している。
③ 権利金は契約期間（5年間）にもとづく定額法により償却している。
④ 自社利用のソフトウェアは利用可能期間（5年間）にもとづく定額法により償却している。

ソフトウェアに関する処理は**Chapter2**で学習しますので、ここでは注記方法だけ理解しておきましょう。

問題 >>> 問題編の**問題3**に挑戦しましょう！

CHAPTER 2

研究開発費・ソフトウェア

ここでは、研究開発費とソフトウェアについて学習します。特に、ソフトウェアについては、何が無形固定資産で、何が研究開発費に分類されるのか、きちんと理解しましょう。

Chapter 2

資産会計

研究開発費・ソフトウェア

>>理論をきっちりおさえましょう。

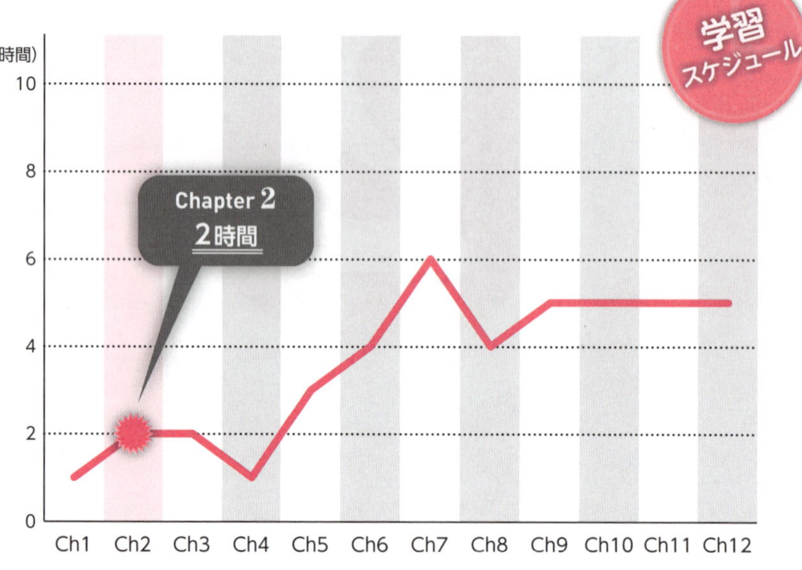

Check List

- □ 研究開発費の概念を理解しているか？
- □ 研究開発費の発生時費用処理の根拠を理解しているか？
- □ 受注制作のソフトウェアの会計処理を理解しているか？
- □ 市場販売目的のソフトウェアの会計処理を理解しているか？
- □ 自社利用のソフトウェアの会計処理を理解しているか？

Link to 簿記論③　**Chapter2** 研究開発費・ソフトウェア

簿記論では、財務諸表論で学習する内容より、より深い内容のソフトウェアの計算を学習します。財務諸表論の理論的背景と同時に学習することでより理解が深まりますので、同時に学習することをおススメします。

1：研究開発費

Rank A

研究開発費とは

研究開発費とは、新しい知識の発見を目的とした計画的な調査、探究および新しい製品、サービス、生産方法についての計画もしくは設計または既存の製品等を著しく改良するための計画もしくは設計として、研究の成果その他の知識を具体化することに係る費用をいいます。

研究開発費等に係る会計基準

一１　研究とは、新しい知識の発見を目的とした計画的な調査及び探究をいう。開発とは、新しい製品・サービス・生産方法（以下、「製品等」という。）についての計画若しくは設計又は既存の製品等を著しく改良するための計画若しくは設計として、研究の成果その他の知識を具体化することをいう。

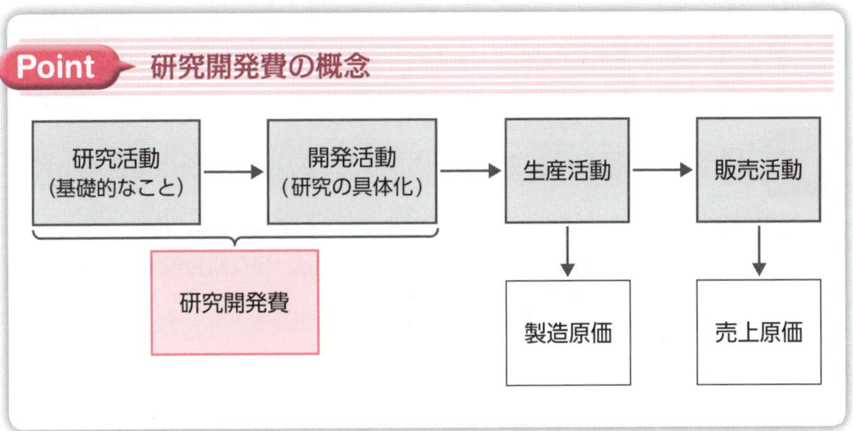

研究開発費の具体例

研究開発費の具体例として、次のものがあげられます。

- 従来にはない製品、サービスに関する発想を導き出すための調査・探究
- 新しい知識の調査・探究の結果を受け、製品化または業務化等を行うための活動
- 従来の製品に比較して著しい違いを作り出す製造方法の具体化
- 従来と異なる原材料の使用方法または部品の製造方法の具体化
- 既存の製品、部品に係る従来と異なる使用方法の具体化
- 工具、器具、金型等について、従来と異なる使用方法の具体化
- 新製品の試作品の設計・製作および実験
- 商業生産化するために行うパイロットプラントの設計、建設等の計画
- 取得した特許をもとにして販売可能な製品を製造するための技術的活動

特定の研究開発目的のみに使用され、他の目的には使用することのできない機械装置や特許権についても、固定資産として資産計上することはせず、取得時にその取得原価を研究開発費として費用処理します。

特定の研究開発目的に使用した後に、他の目的に使用できる場合

特定の研究開発目的に使用した後に、製造設備としてなど他の目的に使用できる場合には、いったん機械装置等として資産に計上し、研究開発目的に該当する期間の減価償却費を研究開発費として処理します。

研究開発費の会計処理

研究開発費を発生時にすべて費用処理（販売費及び一般管理費）するのは、次のような理由によります。

Point 発生時費用処理の根拠

費用処理または資産計上を任意とする従来の方法では、比較可能性の面で問題がある

- すべての研究開発費を資産計上する方法 → 将来の収益獲得が確実であるとはいえない＊1
- 資産計上の要件を定め、該当するものを資産に計上し、該当しないものを費用処理する方法 → 資産計上の要件を定めることが困難＊2
- すべての研究開発費を費用処理する方法 〈基準〉

＊1　研究開発費は、発生時には将来の収益を獲得できるか否か不明であり、また研究開発計画が進行し将来の収益の獲得期待が高まったとしても依然としてその獲得が確実であるとはいえない。

＊2　資産計上の要件を定める場合にも、客観的に判断可能な要件を規定することは困難であり、抽象的な要件のもとで資産計上を行うことは、企業間の比較可能性を損なうこととなる。

研究開発費の従来の取扱いの問題点

従来は研究開発費に類似する概念として、試験研究費と開発費がありました。

しかし、試験研究費および開発費は、その範囲が必ずしも明確ではなく、また資産計上が任意となっていたことから、内外企業間の比較可能性が阻害されているとの指摘がありました。

このような状況を踏まえ、企業の研究開発費に関する情報提供、企業間比較可能性および国際的調和の観点から、両者をあわせて研究開発費とする基準が整備されました。なお、従来の開発費のうち、研究開発費に該当しないものについては、繰延資産としての計上が容認されます。

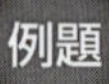

研究開発費

次の資料にもとづいて、必要な仕訳を示しなさい。

［資　料］

期首に新製品Ａの開発のため、次の特別な支出を行った。

1．研究開発に係る諸費用：200千円

2．研究開発専用に仕様変更した機械装置の購入費用：4,000千円

3．なお、この機械装置は他の目的には転用できない仕様となっており、当社は当該支出につき研究開発費等に係る会計基準を適用する。

（仕訳の単位：千円）

(研究開発費)	4,200*	(現金及び預金)	4,200

＊　200千円＋4,000千円＝4,200千円

〈表示（単位：千円）〉

損益計算書	
販売費及び一般管理費	
研究開発費	4,200

一般管理費および当期製造費用に含まれる研究開発費は、総額で財務諸表に注記します。これは、研究開発の規模について企業間の比較可能性を確保するためです。

2：ソフトウェア

ソフトウェアとは

ソフトウェアとは、コンピュータを機能させるように指令を組み合わせて表現したプログラム等をいいます。

具体的には、コンピュータに一定の仕事を行わせるためのプログラムや、システム仕様書、フローチャート等の関連文書がこれに該当します。

ソフトウェア制作費の分類

ソフトウェア制作費の会計処理は、取得形態ではなく、その制作目的により、将来の収益との対応関係が異なることから、制作目的別に考えます。

また、研究開発目的以外であっても、その制作過程で研究開発の定義に該当する部分があれば、その部分については研究開発費として発生時に費用処理されます。

研究開発費等に係る会計基準の設定に関する意見書　三

3(1)　ソフトウェアの制作費は、その制作目的により、将来の収益との対応関係が異なること等から、ソフトウェア制作費に係る会計基準は、取得形態（自社製作、外部購入）別ではなく、制作目的別に設定することとした。
　したがって、購入・委託したソフトウェアを加工することにより、目的の機能を有するソフトウェアを完成させる場合、当該購入・委託に要した費用は、下記(3)に示すようにそれぞれの制作目的に応じて処理することとなる。

(2)　研究開発目的のソフトウェアの制作費は研究開発費として処理されることとなるが、研究開発目的以外のソフトウェアの制作費についても、制作に要した費用のうち研究開発に該当する部分は研究開発費として処理する。

(3)　研究開発費に該当しないソフトウェア制作費の会計基準を制作目的別に定めるにあたっては、販売目的のソフトウェアと自社利用のソフトウェアとに区分し、販売目的のソフトウェアをさらに受注制作のソフトウェアと市場販売目的のソフトウェアに区分することとした。

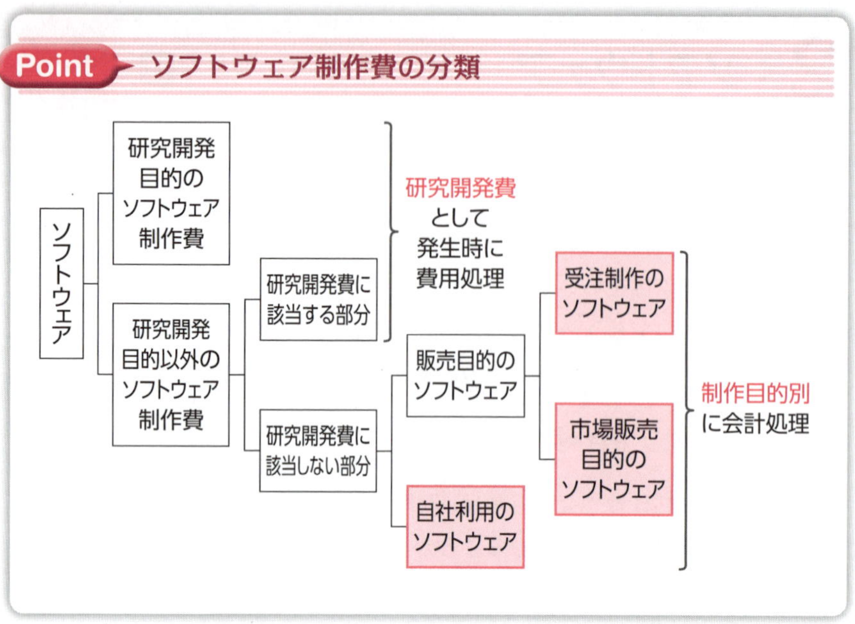
Point
ソフトウェア制作費の分類
ソフトウェア
研究開発目的のソフトウェア制作費
研究開発目的以外のソフトウェア制作費
研究開発費に該当する部分
研究開発費に該当しない部分
研究開発費として発生時に費用処理
販売目的のソフトウェア
自社利用のソフトウェア
受注制作のソフトウェア
市場販売目的のソフトウェア
制作目的別に会計処理

3：受注制作のソフトウェア

受注制作のソフトウェアとは

受注制作のソフトウェアとは、契約の形式にかかわらず、特定のユーザー向けに制作され、提供されるソフトウェアのことをいいます。

受注制作のソフトウェアの収益認識

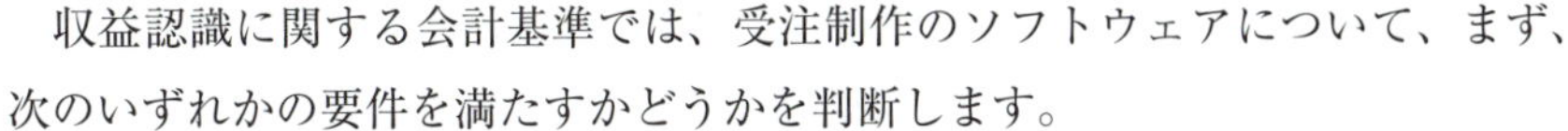

収益認識に関する会計基準では、受注制作のソフトウェアについて、まず、次のいずれかの要件を満たすかどうかを判断します。

① 企業が顧客との契約における義務を履行するにつれて、顧客が便益を享受すること
② 企業が顧客との契約における義務を履行することにより、資産が生じるまたは資産の価値が増加し、当該資産が生じるまたは当該資産の価値が増加するにつれて、顧客が当該資産を支配すること
③ 次の要件のいずれも満たすこと
　ｉ 企業が顧客との契約における義務を履行することにより、別の用途に転用することができない資産が生じること
　ⅱ 企業が顧客との契約における義務の履行を完了した部分について、対価を収受する強制力のある権利を有していること

上記の要件のいずれかを満たす場合には、一定の期間にわたり充足される履行義務に該当します。

そして、一定の期間にわたり充足される履行義務に該当する場合の処理は次のように分類されます。

① 進捗度にもとづき収益認識
② 完全に履行義務を充足した時点で収益認識
③ 原価回収基準

なお、いずれの要件も満たさない場合には、一時点で充足される履行義務として、履行義務が充足したときに収益を認識します。

収益認識の考え方は教科書1で学習した工事契約と同じです。忘れた方は、教科書1に戻って復習しましょう。

例題　受注制作のソフトウェア

次の資料にもとづいて、売上高と売上原価を示しなさい。

［資　料］

当期からソフトウェアの受注制作を開始した。なお、その他の取引はないものとする。また、受注制作のソフトウェアの契約は一定の期間にわたり充足される履行義務であり、履行義務の充足にかかる進捗度を合理的に見積もることができ、進捗度は原価比例法による。

1．ソフトウェアの請負価格：400,000千円

2．ソフトウェアの制作費の見積額：250,000千円

3．当期発生の原価：50,000千円

売 上 高：80,000千円＊

売上原価：50,000千円（当期発生の原価）

＊　$400{,}000\text{千円} \times \dfrac{50{,}000\text{千円}}{250{,}000\text{千円}} = 80{,}000\text{千円}$

〈表示（単位：千円）〉

損益計算書	
売　上　高	80,000
売　上　原　価	50,000
売　上　総　利　益	30,000

一定の期間にわたり充足される履行義務であり、履行義務の充足にかかる進捗度を合理的に見積もることができる場合には、進捗度にもとづいて収益を認識します。

この場合、ソフトウェアの売上高は、「ソフトウェアの請負価格×当期までに発生した工事原価÷ソフトウェア製作費の見積額（原価総額）－前年度までに発生した収益」で求めるようにしましょう。

4：市場販売目的のソフトウェア 理 計

市場販売目的のソフトウェア

ソフトウェアを市場で販売する場合には、製品マスター（複写可能な完成品）を制作し、これを複写したものを販売します。

この制作過程には、通常、研究開発に係る部分と製品の製造に相当する部分がありますが、研究開発に係る部分を除き、資産として計上します。

ただし、製品マスターの機能維持に要した費用は、資産として計上してはいけません。

Point 市場販売目的のソフトウェアの会計処理

研究開発活動

知識A —知識の具体化（研究開発費）→ 製品マスターA

研究開発後の活動

製品マスターA′

- 機能の改良・強化（無形固定資産として資産計上）
- 著しい機能強化（研究開発費）
- 機能維持（費用処理）

生産活動

製品マスターA″ —複写→ ソフトウェアA

機能の改良・強化に係る費用のうち、新しい製品マスターの制作といえるような著しい改良と認められるものは、研究開発の定義に該当するため研究開発費として処理します。

ソフトウェア制作費を無形固定資産として計上する理由

市場販売目的のソフトウェアでは、機能の改良・強化に要した費用は無形固定資産として資産計上されるようですが、なぜですか？

これには次の理由があるの。

① 市場販売目的のソフトウェアの製品マスターは、それ自体が販売の対象ではないから。

② 市場販売目的のソフトウェアの製品マスターは、機械装置等と同様にこれを利用（複写）して製品を作成するものだから。

③ 市場販売目的のソフトウェアの製品マスターは、法的権利（著作権）をもっているから。

④ 市場販売目的のソフトウェアの製品マスターは、適正な原価計算によって取得原価を明確化できるから。

以上の４つの理由から無形固定資産として資産計上されることになるのよ。

例題　市場販売目的のソフトウェア

次の資料にもとづいて、財務諸表における各金額を示しなさい。

［資　料］

市場販売目的のソフトウェアＡに係る製品マスターの制作費は次のとおりである。なお、当該ソフトウェアは当期末において未販売のため、償却は行わないこととする。

1．最初に製品化された製品マスター Ver.0の制作費：50,000千円

2．製品マスター Ver.0の機能の改良および強化に要した費用：
40,000千円（うち、30,000千円は著しい改良と認められる）

3．製品マスター Ver.0の機能維持に要した費用（修繕費）：5,000千円

4．上記１～３により完成した製品マスター Ver.1を複写してソフトウェアＡを制作するために要した費用：60,000千円

解答

1．最初に製品化された製品マスター Ver.0の制作費：50,000千円
→研究開発費（販売費及び一般管理費）

2．製品マスター Ver.0の機能の改良および強化に要した費用：40,000千円
- 10,000千円→ソフトウェア（無形固定資産）
- 30,000千円→研究開発費（販売費及び一般管理費）

3．製品マスター Ver.0の機能維持に要した費用：5,000千円
→修繕費（販売費及び一般管理費）

4．ソフトウェアAを制作するために要した費用：60,000千円
→棚卸資産（流動資産）

〈表示（単位：千円）〉

損益計算書

販売費及び一般管理費	
研究開発費	80,000
修繕費	5,000

貸借対照表

流動資産	
棚卸資産	60,000
無形固定資産	
ソフトウェア	10,000

製品マスターの機能維持に要した費用は、修繕費やソフトウェア制作費などの科目で処理します。本試験では、問題文の指示に従いましょう。

5：自社利用のソフトウェア

自社利用のソフトウェア

自社利用のソフトウェアには、そのソフトウェアを用いて外部にサービスを提供するものや、社内の生産活動や管理活動等に利用するものがあります。

これらは、その利用により、将来の収益獲得または費用削減が確実であることが認められるかどうかにより、その会計処理が決定されます。

研究開発費等に係る会計基準の設定に関する意見書　三

3⑶③　将来の収益獲得又は費用削減が確実である自社利用のソフトウェアについては、将来の収益との対応等の観点から、その取得に要した費用を資産として計上し、その利用期間にわたり償却を行うべきと考えられる。

したがって、ソフトウェアを用いて外部に業務処理等のサービスを提供する契約が締結されている場合や完成品を購入した場合には、将来の収益獲得又は費用削減が確実と考えられるため、当該ソフトウェアの取得に要した費用を資産として計上することとした。

また、独自仕様の社内利用ソフトウェアを自社で制作する場合又は委託により制作する場合には、将来の収益獲得又は費用削減が確実であると認められる場合を除き費用として処理することとなる。

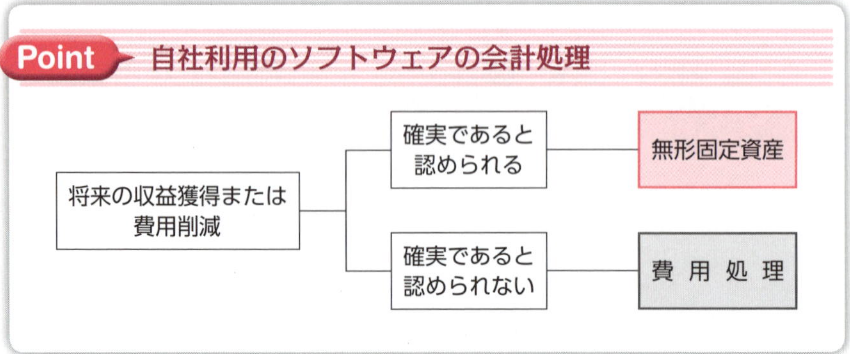

自社利用のソフトウェアの会計処理については、日商簿記２級で学習済みです。

自社利用のソフトウェアの取得時における処理 

自社利用のソフトウェアを取得した場合、次のように処理します。

(1) 将来の収益獲得または費用削減が確実と認められる場合

外部から購入したソフトウェアについて、その導入にあたって必要とされる設定作業や自社の仕様に合わせるための修正作業等は、ソフトウェアの取得原価に含めます。

なお、ソフトウェアの操作をトレーニングするための費用は、ソフトウェア導入費などの科目で販売費及び一般管理費の区分に表示します。

(2) 将来の収益獲得または費用削減が確実と認められない場合

発生時に全額費用処理し、修繕費やソフトウェア制作費などの科目で販売費及び一般管理費の区分に表示します。

自社利用のソフトウェアの償却

将来の収益獲得または費用削減が確実である自社利用のソフトウェアについては、将来の収益との対応等の観点から、その取得に要した費用を資産として計上し、その利用期間にわたって月割りで償却を行います。

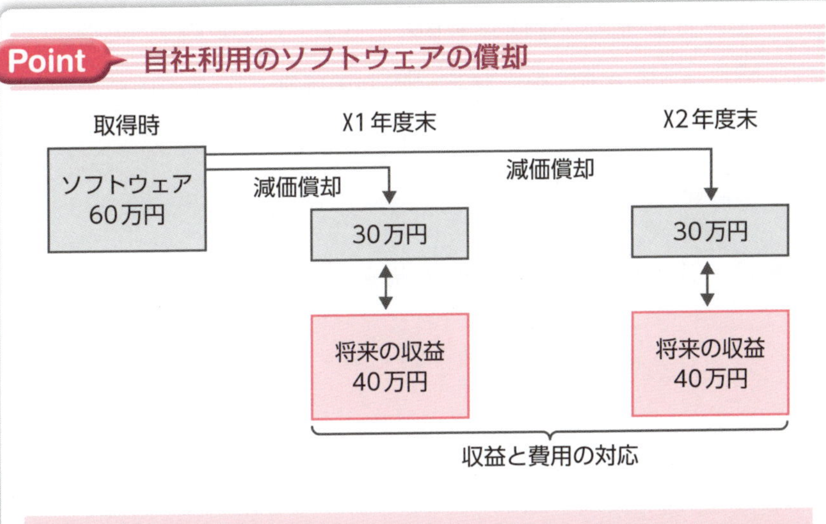

・自社利用のソフトウェアについては、各企業がその利用の実態に応じて合理的と考えられる償却方法を採用すべきですが、一般的には残存価額を0円とする定額法による償却が合理的です。
・償却の基礎となる償却期間としては、当該ソフトウェアの利用可能期間によるべきですが、近年の技術革新の状況等を配慮し、原則5年以内の年数とします。

例題

自社利用のソフトウェア

次の資料にもとづいて、①ソフトウェア購入時と、②決算時の償却計算についての仕訳を示しなさい。

［資　料］

期首に業務効率化のために、既存の勤怠管理システム用のソフトウェアを50,000千円で購入した。このシステムが導入されることにより、経費削減の効果が確実に見込まれている。なお、当該ソフトウェアは５年の定額法により償却する。

解答

（仕訳の単位：千円）

① ソフトウェア購入時

（ソフトウェア）	50,000	（現金及び預金）	50,000

② 決算時

（ソフトウェア償却）	10,000*	（ソフトウェア）	10,000

＊　50,000千円×$\frac{12カ月}{5年\times 12カ月}$＝10,000千円

問題 >>> 問題編の**問題１～問題３**に挑戦しましょう！

CHAPTER

3

繰延資産

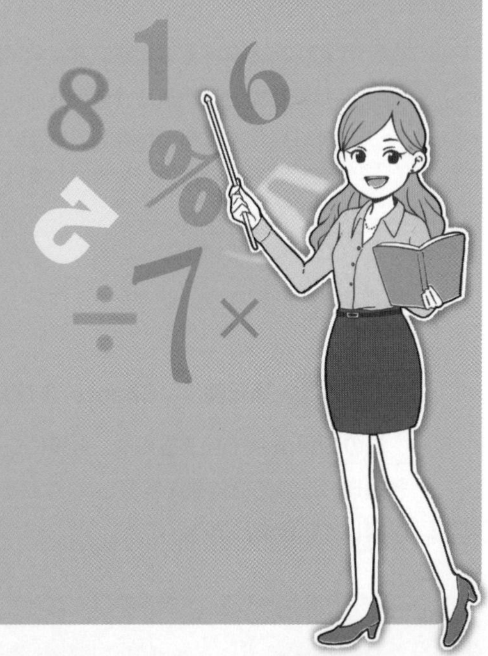

ここでは、繰延資産について学習します。計算方法だけでなく、その計算の根拠となる理論的背景をしっかり学習しましょう。

Chapter 3

資産会計

繰延資産

>> 繰延資産は限定列挙、すべて覚えましょう！

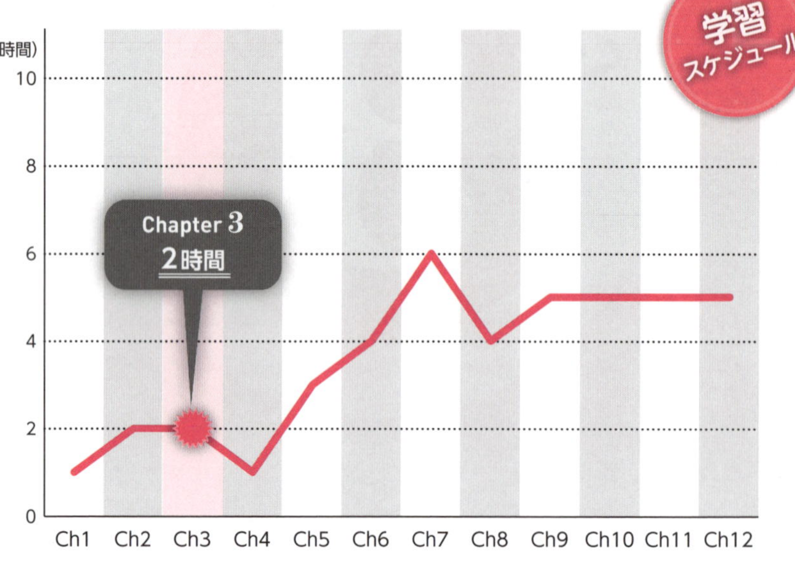

Check List

- □ 繰延資産の意義を理解しているか？
- □ 繰延資産と長期前払費用の共通点と相違点を理解しているか？
- □ 繰延経理の根拠を理解しているか？
- □ 各繰延資産の取扱いを理解しているか？

Link to 簿記論③　Chapter3 繰延資産

このChapterで扱う論点は、計算については簿記論でも同様の内容を学習します。各処理の理論的な背景を学習し、「なぜそのような処理を行うのか？」と考えながら学習していきましょう。

1：繰延資産とは

理　Rank A

繰延資産の意義

繰延資産とは、すでに代価の支払いが完了し、または支払義務が確定し、これに対応する役務の提供を受けたにもかかわらず、その効果が将来にわたって発現するものと期待される費用のうち、その効果が及ぶ数期間に合理的に配分するため、経過的に貸借対照表上資産として計上されたものをいいます。

企業会計原則注解 【注15】

「将来の期間に影響する特定の費用」とは、既に代価の支払が完了し又は支払義務が確定し、これに対応する役務の提供を受けたにもかかわらず、その効果が将来にわたって発現するものと期待される費用をいう。

これらの費用は、その効果が及ぶ数期間に合理的に配分するため、経過的に貸借対照表上繰延資産として計上することができる。

なお、天災等により固定資産又は企業の営業活動に必須の手段たる資産の上に生じた損失が、その期の純利益又は当期未処分利益から当期の処分予定額を控除した金額をもって負担しえない程度に巨額であって特に法令をもって認められた場合には、これを経過的に貸借対照表の資産の部に記載して繰延経理することができる。

Point　繰延資産（将来の期間に影響する特定の費用）の3要件

繰延資産となるものは次の要件をすべて満たしたものに限って、貸借対照表上、資産として計上することができます。

要　件	すでに代価の支払いが完了しまたは支払義務が確定していること
	代価の支払いに対応する役務の提供を受けていること
	その効果が将来にわたって発現すると期待される費用であること

繰延資産と長期前払費用の共通点と相違点

繰延資産と似た性質をもつものとして長期前払費用がありますが、繰延資産と長期前払費用には、次のような共通点と相違点があります。

		繰　延　資　産	長期前払費用
共通点	代価の支払いの観点	代価の支払いが完了している。	
相違点	役務の受領の観点	すでに役務の提供を受けている。	いまだ役務の提供を受けていない。
	財産性の観点	財産性を有していない。	財産性を有している。
	効果の発現期間	不明確	明確

2：繰延経理の根拠

将来の期間に影響する特定の費用は、適正な期間損益計算の見地から、費用収益対応の原則の効果の発現および収益との対応関係を重視して、繰延経理されます。

Point 費用収益対応の原則と繰延経理

(1) 繰延経理をする場合

収益と費用が同じ期に対応する関係となります。

	X1年度	X2年度	X3年度	X4年度
収　益	売上　100	50	50	50
費　用	費用 0 （繰延資産処理 90）	→30	→30	→30
利　益	100	20	20	20

(2) 繰延経理をしない場合

X1年度にすべて費用処理しているため、繰延資産の効果である収益と費用がその後の期間で対応していません。

	X1年度	X2年度	X3年度	X4年度
収　益	売上　100	50	50	50
費　用	費用　90	0	0	0
利　益	10	50	50	50

繰延資産の効果が現れるのはその支出時以降なので、その効果が現れる期間に費用として処理することで、収益と費用の対応がなされています。

繰延資産が任意計上となる根拠

会計理論上、繰延資産の要件を満たすものは資産計上すべきですが、企業会計上は、次の理由から繰延資産の計上が任意計上となっています。

(1) 繰延資産には換金性がないため、その計上は慎重に行うべきという保守主義の観点。

(2) 将来の期間に影響する特定の費用の中には、将来の収益獲得との対応が不確実なものがあること。

臨時巨額の損失の計上

災害等による臨時巨額の損失については、一定の要件を満たすと繰延経理できると聞きました。災害などの費用は、将来にその効果を発現して収益獲得に貢献するものではないと思うのですが、どうして繰延資産のように処理することができるのですか？

まず、臨時巨額の損失を繰延経理するためには、①原因の特定化②金額の巨額③法令による認可という３つの要件があるの。
臨時巨額の損失は資産性が認められず、会計理論上は繰延資産として認めることはできないのだけれど、①企業の利益配当を可能にする、②株価暴落や証券市場の混乱を回避する、という経済政策的配慮で繰延経理することが認められているのよ。
政策的配慮だからこそ法令による認可が必要ということね。

問題 ››› 問題編の**問題１**に挑戦しましょう！

3：各繰延資産の取扱い

繰延資産の取扱い

原則として支出時に費用として処理されますが、繰延資産として資産計上することもできます。繰延資産とした場合、繰延資産の償却方法などは次のようになります。

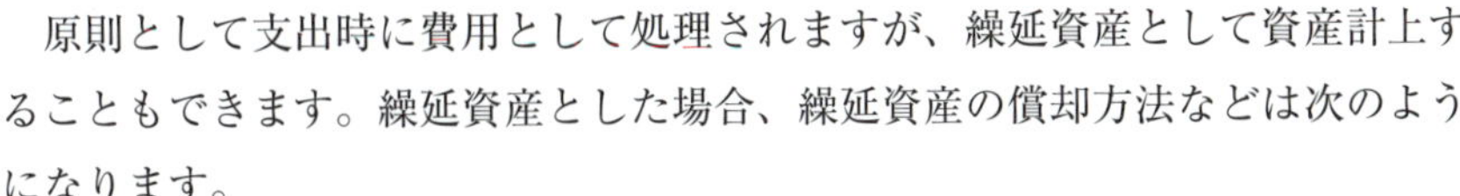

	償却開始時期	償却期間	償却方法	表示区分
株式交付費	株式交付の時から	3年以内	定額法	営業外費用
社債発行費	社債の発行の時から	社債の償還までの期間	利息法（定額法）	営業外費用
新株予約権発行費	新株予約権発行の時から	3年以内	定額法	営業外費用
創立費	会社成立の時から	5年以内	定額法	営業外費用
開業費	開業の時から	5年以内	定額法	営業外費用（販売費及び一般管理費）
開発費	支出の時から	5年以内	定額法その他の合理的な方法	売上原価または販売費及び一般管理費

支出時に費用処理する方法については、日商簿記２級で学習済みです。

株式交付費

株式交付費とは、新株の発行または処分に係る費用のことです。繰延資産に計上される株式交付費は、繰延資産の性格から会社の企業規模拡大のために要する資金調達などに限定されるため、これをともなわない株式分割や株式の無償割当てなどに係る費用は繰延資産には該当しません。

株式募集のための広告費、金融機関の取扱手数料、その他株式の交付等のために直接支出した費用などが株式交付費に該当します。

株式交付費の会計処理

株式交付費の会計処理には、次の2つが考えられます。

取引の捉え方	会計処理方法
資本取引に付随する取引	資本から直接控除
損益取引	費用または繰延資産として処理

資本取引に付随する取引という捉え方は国際的な会計基準の考え方であり、わが国では次の理由から損益取引と捉えています。

(1) 株式交付費は株主との資本取引にともなって発生するものであるが、その対価は株主に支払われるものではないこと。

(2) 株式交付費は社債発行費と同様、資金調達を行うために要する支出額であり、財務費用としての性格が強いこと。

(3) 資金調達に要する費用を会社の業績に反映させることは、投資者に有用な情報を提供することになると考えられること。

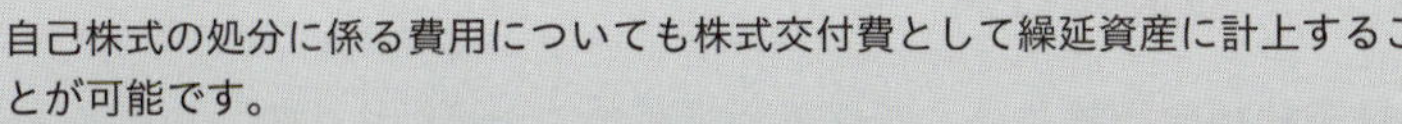

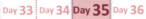

自己株式の処分に係る費用についても株式交付費として繰延資産に計上することが可能です。
これは、会社法において新株発行手続と自己株式処分の手続が同一であること、また、株式を用いて資金調達をすることなど、財務活動に要する費用としての性格は同じだからです。

社債発行費

社債発行費とは、社債募集のための広告費、金融機関の取扱手数料、証券会社の取扱手数料、社債の登記の登録免許税その他社債発行のために直接支出した費用のことです。

新株予約権付社債の発行にともなう費用についても、社債発行費と同様に取り扱います。

プラスα 社債発行費の償却方法

社債発行費は原則として利息法により償却します。

これは、社債発行費が、社債利息などに相当する額と同様に、資金調達の性格をもつと考えられるからです。

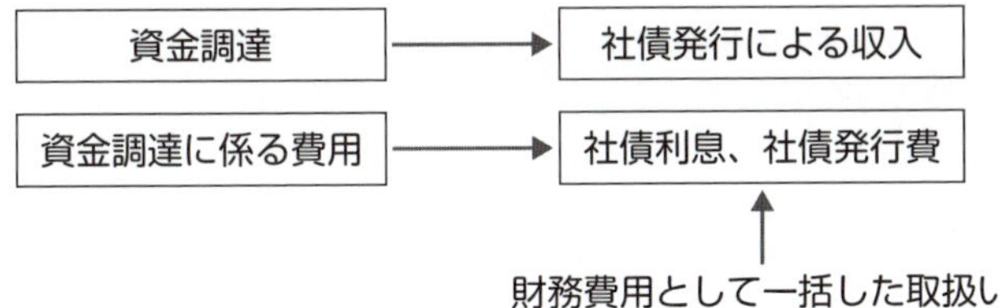

新株予約権発行費

新株予約権発行費とは、新株予約権募集のための広告費、証券会社の取扱手数料など、新株予約権発行のために直接支出した費用をいいます。

創立費

創立費とは、会社の負担に帰すべき設立費用をいいます。たとえば、定款および諸規則作成のための費用、証券会社の取扱手数料ならびに設立登記の登録免許税等をいいます。

開業費

開業費とは、土地、建物等の賃借料、広告宣伝費、通信交通費、事務用消耗品費、保険料等で、会社成立後営業開始時までに支出した開業準備のための費用のことです。

開発費

開発費とは、新技術または新経営組織の採用、資源の開発、市場の開拓等のために支出した費用、生産能率の向上または生産計画の変更等により、設備の大規模な配置替えを行った場合等の費用をいいます。

経常的に支出する開発費は資産計上できません。
また、研究開発費に該当するものは、発生時に費用処理しなければなりません。

問題 >>> 問題編の**問題２**に挑戦しましょう！

4：繰延資産の処理

計

繰延資産の処理方法

繰延資産の処理方法には、２つの方法があります。

原則としては、資産計上せずに、全額を支出した事業年度の費用とします。

しかし、繰延資産として資産計上したうえで、会社法の規定にもとづいて償却することも認められています。

Point 繰延資産の処理方法

(1) 原則

〈支出時〉

(開　発　費)	×××	(現金及び預金)	×××
費用（P/L）			

資産計上せずに、全額を支出した事業年度の費用とする場合は、該当する繰延資産の科目名で損益計算書に表示します。

(2) 例外

〈支出時〉

(開　発　費)	×××	(現金及び預金)	×××
繰延資産（B/S）			

〈決算時〉

(開発費償却)	×××	(開　発　費)	×××

例題 **繰延資産**

次の資料にもとづいて、開発費に係る仕訳を示しなさい。

[資　料]

残高試算表		（単位：千円）
仮払金	120,000	

1．残高試算表の仮払金は開発費に該当する。このうち30,000千円は当期中に支出した経常費用であり、残額はX4年6月10日に特別に支出したものである。

2．繰延資産は会社法にもとづく最長期間で定額法により償却を行う。

3．当期はX4年4月1日からX5年3月31日である。

4．資産として計上できるものは、繰延資産とすること。

解答

（仕訳の単位：千円）

① **経常費用**

借方	金額	貸方	金額
（開発費） 販売費及び一般管理費	30,000	（仮払金）	30,000

② **特別に支出した費用**

借方	金額	貸方	金額
（開発費） 繰延資産	90,000	（仮払金）	90,000
（開発費償却） 販売費及び一般管理費	15,000*	（開発費）	15,000

＊　$90{,}000\text{千円} \times \frac{10\text{カ月}}{5\text{年} \times 12\text{カ月}} = 15{,}000\text{千円}$

問題 >>> 問題編の**問題3**に挑戦しましょう！

5：繰延資産に関連する注記事項 計

重要な会計方針に係る事項に関する注記

繰延処理をする場合には、会社法にもとづく償却期間以内にわたって、定額法等の合理的な方法により償却しなければなりません。

したがって、その償却方法および償却期間を開示する注記が必要となります。

〈文例〉

① 開発費は全額支出時の費用として処理している。
② 開発費は５年間で定額法により償却している。

ただし、経常的に支出する開発費については、重要な会計方針として注記する必要はありません。

問題 ››› 問題編の**問題４**に挑戦しましょう！

CHAPTER 4

負債会計

ここでは、負債会計について学習していきます。負債会計は資金の調達源泉と、弁済義務を示すことを目的としているので、資産会計や純資産会計、さらには損益会計とも密接に結びついてます。ここでは、その負債の分類や、評価について学んでいきます。

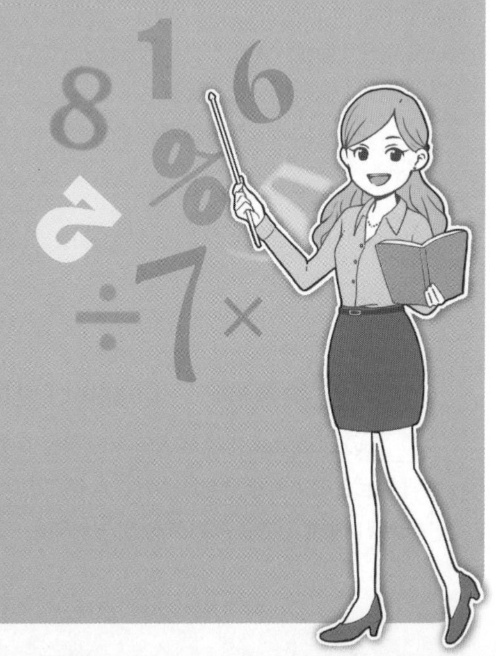

Chapter 4

負債会計

負債会計

>>負債の分類と評価を理解しよう！

Check List

- □ 流動・固定分類を理解しているか？
- □ 属性別分類を理解しているか？
- □ 負債の評価を理解しているか？

Link to 簿記論③ **Chapter7 社債**

このChapterでは理論のみの学習ですので、簿記論では問われません。しかし、「なぜこのような分類なのか、なぜこのような会計処理を行うのか」という根拠から学習しますので、余裕のある方は同時に学習することでより理解が深まるでしょう。

1：負債の概要

負債の分類

負債の分類には、流動・固定分類と属性別分類があります。

(1) 流動・固定分類

流動・固定分類とは、企業の支払能力または財務流動性に着目する負債の分類方法をいいます。この分類方法では、負債は**流動負債**と**固定負債**に分類されます。

Point 流動・固定分類

負債を流動・固定に分類する主な基準として、**正常営業循環基準**と**一年基準**があります。

正常営業循環基準	正常営業循環基準とは、企業の正常な営業循環過程を構成する負債は、すべて流動負債に属するものとする基準をいう。
一　年　基　準	一年基準とは、貸借対照表日の翌日から起算して1年以内に期限が到来するものを流動負債とし、期限が1年を超えて到来するものを固定負債とする基準をいう。

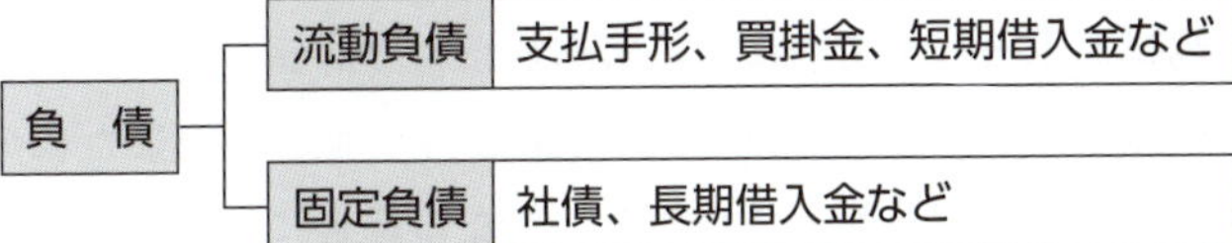

(2) 属性別分類

属性別分類とは、負債概念を構成する項目についての属性の相違に着目する負債の分類方法をいいます。この分類方法では、負債は債務と非債務に分類され、債務はさらに**確定債務**と**条件付債務**に区分されます。

確定債務とは、法的債務のうち、企業が給付すべき義務に関する履行期日、債権者および債務額の条件が確定している債務をいい、条件付債務とは、法的債務のうち、一定の条件の成立によってその債務に関する条件が確定する債務をいいます。

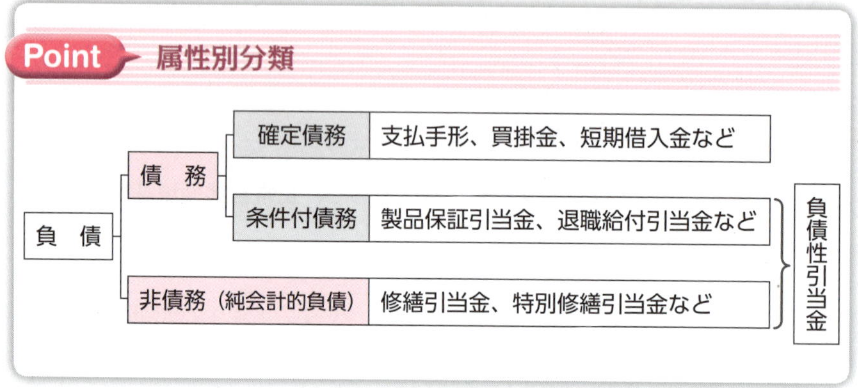

負債の評価

(1) 確定債務の評価

確定債務は原則として契約による債務額により評価します。

ただし、基準によれば、社債を社債金額よりも低い価額または高い価額で発行した場合など、収入額と債務額とが異なる場合には、**償却原価法**にもとづいて算定された価額をもって、貸借対照表価額としなければなりません。

償却原価法については、教科書2で学習済みです。重要な内容ですので、忘れてしまった方は復習しておきましょう。

(2) 負債性引当金の評価

負債性引当金については、合理的な見積計算が可能な費用または損失の相手科目であるため、その費用または損失の額が決まれば、引当金の額も自動的に決定されます。

引当金は、“会計的負債”あるいは“計算擬制的負債”であるといわれています。

負債の本質観

負債の本質観として、次のような考え方があります。

(1) 企業資本の調達源泉を示すものとする負債の本質観

負債とは、企業活動の一定時点における企業資本の調達源泉を示すものであり、弁済義務を負うものであるとする考え方があります。

伝統的な企業会計における貸借対照表の貸方は、弁済義務を負う資本の調達源泉（負債＝他人資本）と弁済義務を負わない資本の調達源泉（純資産＝自己資本）に区別されます。

したがって、負債とは、企業資本の調達源泉であり、弁済義務を負っているものといえます。

貸借対照表

	借方	貸方	
資本の運用形態	資　産	負　債 (他人資本)	弁済義務を負う資本の調達源泉
		純資産 (自己資本)	弁済義務を負わない資本の調達源泉

なお、ここでは、評価・換算差額等を考慮外とし、純資産と株主資本を同一に取り扱っています。

⑵　将来の支出要因としての性質をもつものとする負債の本質観

静態論においては、負債とは確定債務を意味していました。つまり、債権者保護のための債務弁済力の算定・表示という観点から、法的支払義務が確定したものとして負債を捉えていたのです。

一方、動態論においては、投資者保護のための収益力の算定・表示という観点から、その負債項目により、将来、現金支出をもたらす可能性があるもの、すなわち、将来の支出要因としての性質をもつものとして負債を捉える見解もあります。

問題 >>> 問題編の**問題1**に挑戦しましょう！

CHAPTER 5

金銭債務

ここでは、金銭債務について学習していきます。すでに学習した内容と重複する部分もありますので、復習もかねてみていきましょう。

Chapter 5

負債会計

金銭債務

>> 金銭債務の範囲と表示をマスターしよう！

Check List

- □ 金銭債務の範囲と表示科目を理解しているか？
- □ 借入金や預り金の表示科目を理解しているか？
- □ 普通社債の会計処理を理解しているか？
- □ 電子記録債務の会計処理を理解しているか？
- □ 金銭債務に関連する注記事項を理解しているか？

Link to 簿記論③ **Chapter7 社債**

簿記論では、このChapterで扱う論点以外に、社債の償還など細かい処理を学習します。より詳しく学習したい人は、簿記論と並行してみていきましょう。

1 ：金銭債務の範囲と表示

金銭債務の範囲

金銭債務とは、将来、金銭による支払いを行わなければならない義務をいい、商品の仕入など、企業の主目的たる営業取引から生じる営業債務と、金銭の借入れなど営業取引以外の取引から生じる営業外債務とに分類されます。

なお、前受金は債務（商品等の物品に関する引渡義務）ですが、金銭債務ではないので注意しましょう！

Point 営業債務と営業外債務の表示科目・区分

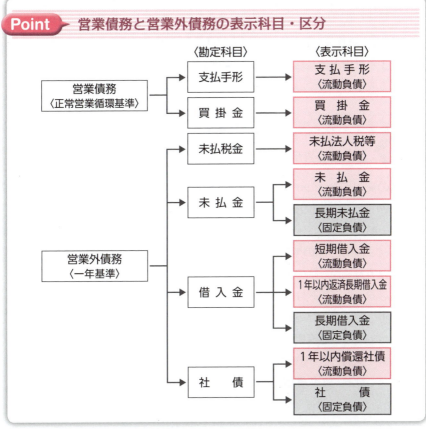

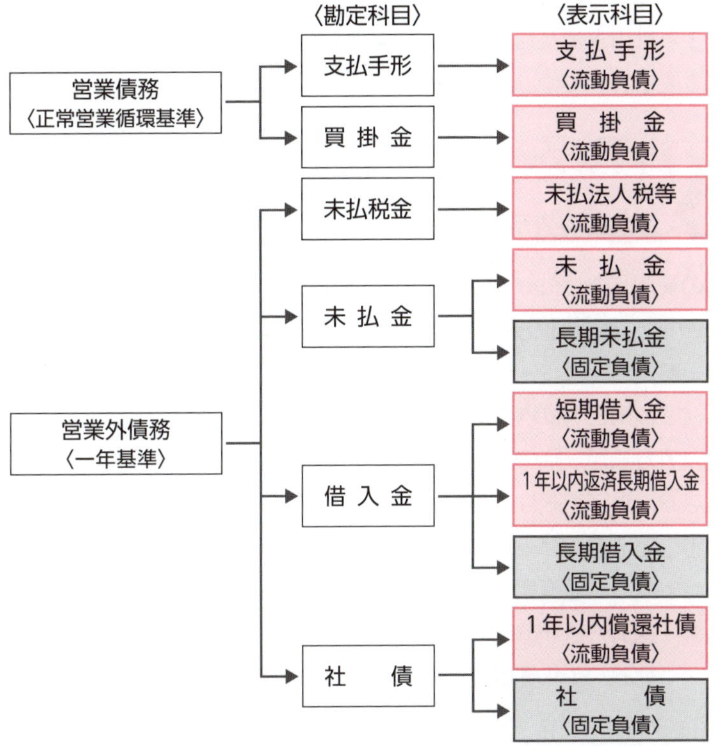

	〈勘定科目〉	〈表示科目〉
営業債務〈正常営業循環基準〉	支払手形	支払手形〈流動負債〉
	買掛金	買掛金〈流動負債〉
営業外債務〈一年基準〉	未払税金	未払法人税等〈流動負債〉
	未払金	未払金〈流動負債〉
		長期未払金〈固定負債〉
	借入金	短期借入金〈流動負債〉
		1年以内返済長期借入金〈流動負債〉
		長期借入金〈固定負債〉
	社債	1年以内償還社債〈流動負債〉
		社債〈固定負債〉

固定負債に表示するものは、社債を除き、いずれも科目名の前に「長期」という単語をつけますが、流動負債に表示するものについては、科目名に「短期」という単語をつけるものとつけないものがあります。これは慣行として行われているので、このとおりに覚えましょう。

借入金の内容

借入金の貸借対照表の表示科目には、次の３つがあります。

表示科目	内　　容
短期借入金	当期中に借入れが行われ、翌期中に返済が完了する場合に用いられる表示科目
１年以内返済長期借入金	借入当初は長期借入金であったものが、当期末時点で翌期中に返済される場合に用いられる表示科目
長期借入金	翌々期以降に返済される場合に用いられる表示科目

短期とは、決算日翌日から１年以内に返済期限が到来することを意味します。また、１年以内返済長期借入金は短期借入金との区別を明らかにするために用いられる表示科目です。

例題　借入金の表示

次の資料にもとづいて、Ｂ銀行からの借入金について(1)は第20期、(2)は第20期と第21期の貸借対照表上の表示科目および金額を答えなさい。

［資　料］

Ａ社は、第20期の期首にＢ銀行より4,000千円を借り入れた。

(1)　返済方法が一括の場合
　　なお、返済期限は第21期の期末である。

(2)　①　返済方法が一括の場合
　　　　なお、返済期限は第22期の期末である。
　　②　返済方法が分割の場合
　　　　なお、１年据置後、第21期末から毎年2,000千円を返済する。

(1)　返済方法が一括の場合（第21期末返済）

	表示科目	金　額
第20期貸借対照表	短期借入金	4,000千円

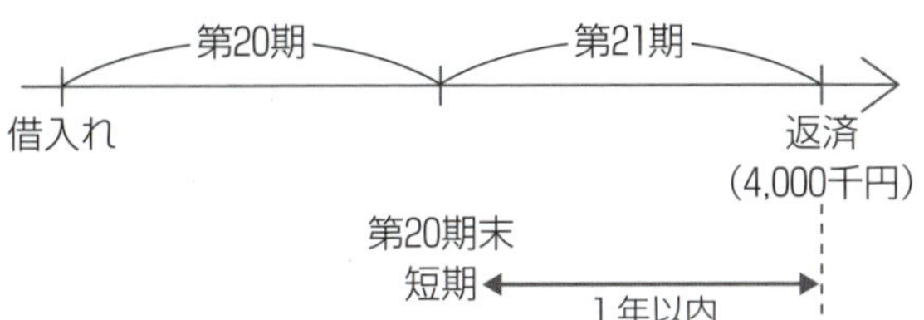

(2)

①　返済方法が一括の場合（第22期末返済）

	表示科目	金　額
第20期貸借対照表	長期借入金	4,000千円
第21期貸借対照表	1年以内返済長期借入金	4,000千円

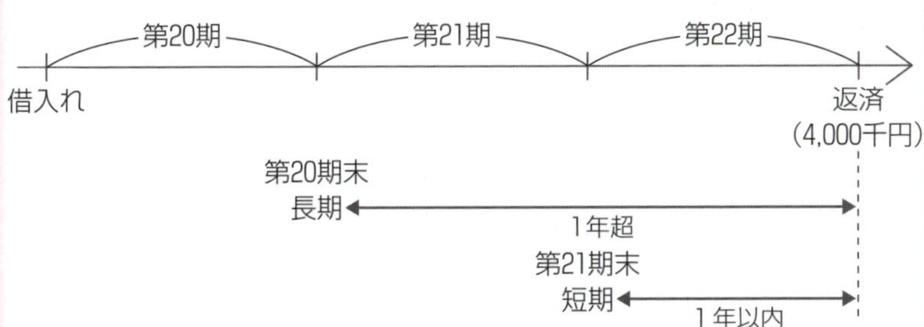

②　返済方法が分割の場合（1年据置、第21期から毎年2,000千円返済）

	表示科目	金　額
第20期貸借対照表	1年以内返済長期借入金	2,000千円
	長期借入金	2,000千円
第21期貸借対照表	1年以内返済長期借入金	2,000千円

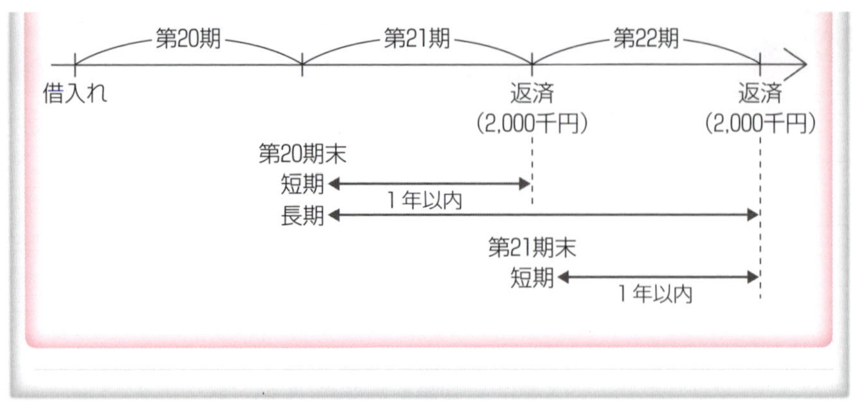

預り金

預り金はその内容に応じて、一年基準により次の科目で流動負債または固定負債に表示します。

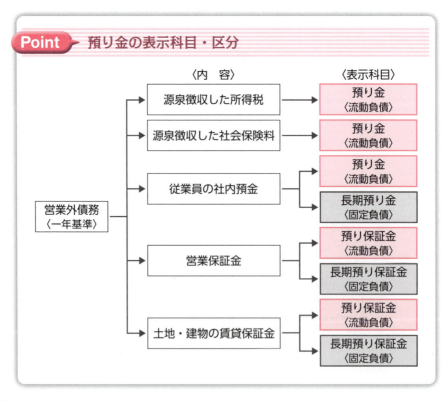

Point 預り金の表示科目・区分

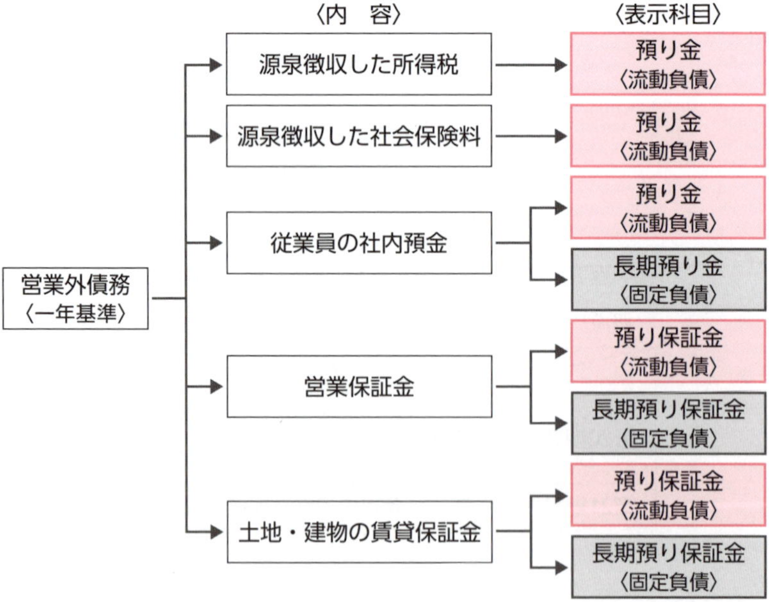

営業外債務〈一年基準〉

〈内容〉	〈表示科目〉
源泉徴収した所得税	預り金〈流動負債〉
源泉徴収した社会保険料	預り金〈流動負債〉
従業員の社内預金	預り金〈流動負債〉 長期預り金〈固定負債〉
営業保証金	預り保証金〈流動負債〉 長期預り保証金〈固定負債〉
土地・建物の賃貸保証金	預り保証金〈流動負債〉 長期預り保証金〈固定負債〉

例題 預り金の表示

次の資料にもとづいて、預り金の振替仕訳を示しなさい。

[資　料]

残高試算表における預り金の額は9,000千円である。

当該預り金の内訳は次のとおりである。

(1)	源泉徴収した従業員の所得税	750千円
(2)	従業員の社内預金（長期性のもの）	5,400千円
(3)	取引先より預かっている営業保証金	1,500千円
(4)	建物の賃貸保証金（３年後返還）	1,350千円

解答

（仕訳の単位：千円）

（預　り　金）	8,250	（長期預り金）	5,400
		（預り保証金）	1,500
		（長期預り保証金）	1,350

〈表示（単位：千円）〉

貸借対照表	
流動負債	
預　り　金	750
預り保証金	1,500
固定負債	
長期預り金	5,400
長期預り保証金	1,350

営業外支払手形

企業の主目的たる営業取引（商品の仕入など）以外の取引により発生した手形債務を**営業外支払手形**といいます。この営業外支払手形には、次のものがあります。

(1)　固定資産や有価証券の購入による支払手形

固定資産や有価証券の購入に際して手形を振り出した場合、商品の仕入などにともなう営業上の手形債務と区別し、かつその内容を明らかにして表示します。

(2)　手形借入による支払手形

金銭の借入れには、借用証書の交付による借入れ（証書借入）と、自己を支払人とする手形の振出しによる借入れ（手形借入）の２つのケースがあります。

手形借入では、手形債務が生じますが、会計上は証書借入と同様に借入金として取り扱われます。

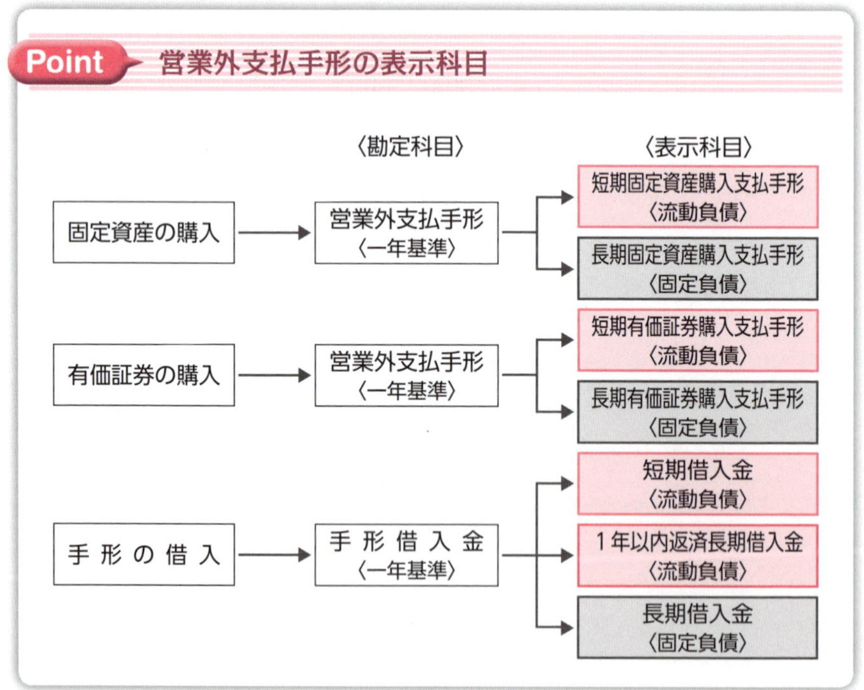

例題　営業外支払手形の表示

次の資料にもとづいて、支払手形の振替仕訳を示しなさい。なお、当期はX2年3月31日を決算日とする1年間である。

［資　料］

残高試算表における支払手形の額は50,000千円である。

当該支払手形のうちには次のものが含まれている。

(1)　固定資産の購入により振り出したもの　15,000千円（1年超期日到来）

(2)　有価証券の購入により振り出したもの　9,000千円（1年以内期日到来）

(3)　手形借入により振り出したもの　11,250千円（1年以内期日到来）

解答

（仕訳の単位：千円）

（支　払　手　形）	35,250	（長期固定資産購入支払手形）	15,000
		（短期有価証券購入支払手形）	9,000
		（短　期　借　入　金）	11,250

〈表示（単位：千円）〉

貸借対照表

流　動　負　債	
支　払　手　形	14,750
短期有価証券購入支払手形	9,000
短　期　借　入　金	11,250
固　定　負　債	
長期固定資産購入支払手形	15,000

問題 >>> 問題編の**問題1**に挑戦しましょう！

CHAPTER 5 金銭債務

2：関係会社に対する金銭債務の表示 計

関係会社に対する金銭債務の表示

関係会社に対する金銭債務については、**独立科目表示法**、**科目別注記法**、**一括注記法**のいずれかの方法により表示します。

なお、注記法で表示した場合の注記は、貸借対照表等に関する注記として記載します。

いずれの方法によるかは、問題文に指示があるため、本試験ではその指示に従いましょう。

(1) 独立科目表示法

貸借対照表　(単位：千円)

科　目	金　額	科　目	金　額
(省略)		負債の部	
		Ⅰ 流動負債	
		支払手形	1,500
		関係会社支払手形	750
		⋮	
		短期借入金	450
		関係会社短期借入金	150
		⋮	
		Ⅱ 固定負債	
		長期借入金	600
		関係会社長期借入金	150
		⋮	

独立科目表示法の場合は、該当する科目の次に「関係会社○○」と表示します。

(2) 科目別注記法

貸借対照表　(単位：千円)

科目	金額	科目	金額
(省略)		負債の部	
		Ⅰ 流動負債	
		支払手形	2,250
		⋮	
		短期借入金	600
		⋮	
		Ⅱ 固定負債	
		長期借入金	750
		⋮	
関係会社に対する金銭債務は次のとおりである。 支払手形750千円、短期借入金150千円、長期借入金150千円			

(3) 一括注記法

貸借対照表　(単位：千円)

科目	金額	科目	金額
(省略)		負債の部	
		Ⅰ 流動負債	
		支払手形	2,250
		⋮	
		短期借入金	600
		⋮	
		Ⅱ 固定負債	
		長期借入金	750
		⋮	
関係会社に対する金銭債務は次のとおりである。 短期金銭債務900千円、長期金銭債務150千円			

なお、一括注記法の場合には、短期金銭債務と長期金銭債務の区別を明らかにして注記しなければなりません。

問題 >>> 問題編の**問題2**に挑戦しましょう！

3：普通社債

普通社債

普通社債とは、株式会社が長期間にわたって資金を調達するために、不特定多数の投資者（社債権者）に対して割当てを行うことにより生じる長期の債務であり、一定の利息の支払いと償還期限における元本の償還（返済）が約定されているものをいいます。

普通社債の発行形態

社債の発行形態には、**平価発行**、**割引発行**、**打歩発行**の３つの形態があります。

平価発行	社債金額と等しい価額で発行する発行形態
割引発行	社債金額より低い価額で発行する発行形態
打歩発行	社債金額より高い価額で発行する発行形態

クーポン利息

社債券には利札（クーポン）が付されており、社債の発行会社は、一定期間ごと（利札に記載された日付ごと）に社債権者に対して利息（クーポン利息）を支払い、発行会社はこれを社債利息として処理します。

この社債利息の金額は、社債金額にクーポン利子率を掛けて算定します（月割計算）。

$$社債利息＝社債金額×年利率（クーポン利子率）×\frac{月数}{12カ月}$$

普通社債の期末評価

社債は債務額をもって貸借対照表価額とします。ただし、社債金額より低い価額または高い価額で発行した場合など、収入にもとづく金額と債務額とが異なる場合において、差額が金利の調整と認められるときには、償却原価法にもとづいて算定された価額をもって貸借対照表価額とします。

この償却原価法の処理方法には、利息法と定額法があります。

償却原価法

(1) 利息法

利息法とは、帳簿価額に実効利子率を掛けた額を、各期の利息配分額として計上し、各期の利息配分額とクーポン利息との差額を金利調整差額の償却額として、帳簿価額に加減する方法です。

償却原価法は、教科書２で学習したものと同じ内容です。

Point 償却原価法（利息法）

① 利息配分額の算定：帳簿価額×実効利子率
② クーポン利息支払額の算定：社債金額×クーポン利子率
③ 金利調整差額償却額の算定：①－②

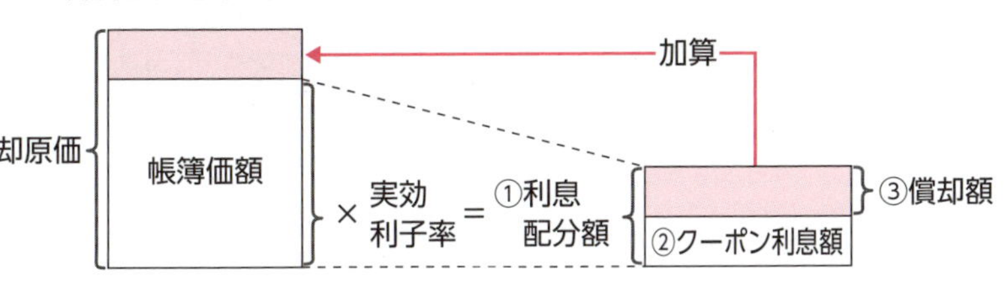

⑵　定額法

定額法とは、金利調整差額を毎期均等償却し、これを帳簿価額に加減する方法です。

$$\text{償却額} = \frac{\text{(社債金額－払込金額)}}{\text{金利調整差額}} \times \frac{\text{当期月数}}{\text{発行日から償還日までの月数}}$$

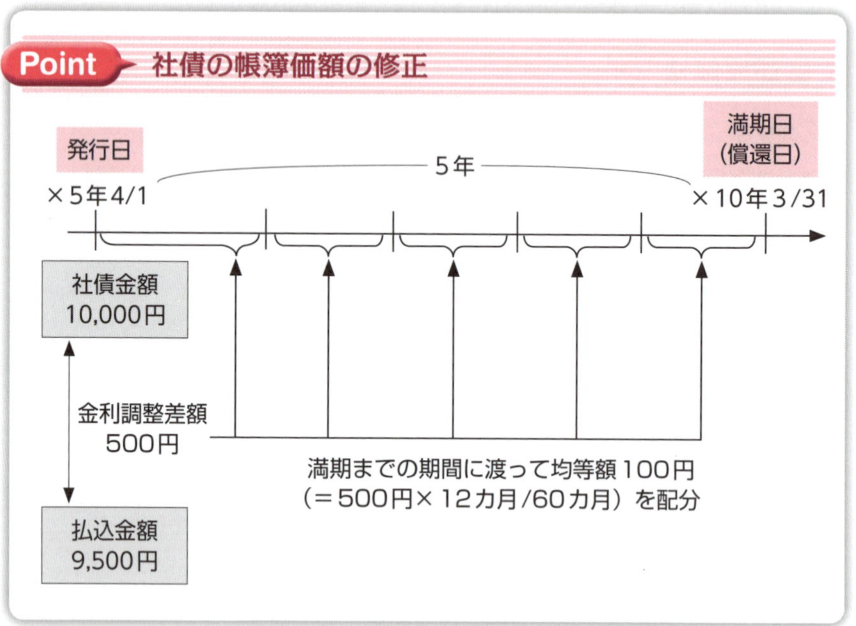

償却額の計上は利息法では利払日に期中仕訳として行われます。一方、定額法では決算日に決算整理仕訳として行われます。会計処理を行う時点が違う点に注意しましょう。

例題 **社債**

次の資料にもとづいて、各問における当期中の仕訳を示しなさい。なお、当社の会計期間はX5年4月1日からX6年3月31日である。

［資　料］

・社債の発行条件

1．発 行 日：X5年4月1日
2．社債金額：300,000千円
3．発行価額：285,000千円
4．償還期限：5年
5．実効利子率：2.48%
6．クーポン利子率：1.4%
7．利 払 日：毎年3月末日

問1　利息法による償却原価法を適用した場合

問2　定額法による償却原価法を適用した場合

解答

（仕訳の単位：千円）

問1　利息法による償却原価法を適用した場合

(1)　発行時（X5年4月1日）

借方	金額	貸方	金額
(現金及び預金)	285,000	(社　　債)	285,000

(2)　クーポン利息支払時・決算時（X6年3月31日）

借方	金額	貸方	金額
(社債利息)	7,068*1	(現金及び預金)	4,200*2
		(社　　債)	2,868*3

＊1　285,000千円×2.48%＝7,068千円（利息配分額）
＊2　300,000千円×1.4%＝4,200千円（クーポン利息）
＊3　7,068千円－4,200千円＝2,868千円（償却額）

〈表示（単位：千円）〉

損益計算書	
営業外費用	
社債利息	7,068

貸借対照表	
固定負債	
社　　債	287,868

問2　定額法による償却原価法を適用した場合

(1)　発行時（X5年4月1日）

（現金及び預金）	285,000	（社　　　債）	285,000

(2)　クーポン利息支払時（X6年3月31日）

（社 債 利 息）	4,200*	（現金及び預金）	4,200

＊　300,000千円×1.4%＝4,200千円（クーポン利息）

(3)　決算時（X6年3月31日）

（社 債 利 息）	3,000*	（社　　　債）	3,000

＊　$(300{,}000\text{千円}-285{,}000\text{千円})\times\dfrac{12\text{カ月}}{5\text{年}\times12\text{カ月}}=3{,}000\text{千円}$（配分額）

〈表示（単位：千円）〉

損益計算書	
営業外費用	
社債利息	7,200

貸借対照表	
固定負債	
社　　債	288,000

社債発行費の償却（利息法）

社債発行費の償却は、原則として社債の償還までの期間にわたって利息法で処理することになっています。

原　則	利息法
例　外	定額法（継続適用を条件とする）

なお、利息法による償却にはいくつかの方法がありますが、ここでは、社債発行による入金額から社債発行費を控除した純額について、「当初利子率を算出し、当初実効利子率を基礎にした社債発行差額償却額と実効利子率を基礎に計算した金利調整差額償却額との差額を社債発行費償却額とする方法」を前提にみていきます。

(1) クーポン利息

クーポン利息＝社債の額面金額×クーポン利子率

(2) 金利調整差額の償却額

金利調整差額の償却額
＝社債の払込金額×払込金額にもとづく実効利子率－(1)
実効利子率

(3) 社債発行費の償却額

社債発行費の償却額
＝(社債の払込金額－社債発行費)×Aにもとづく実効利子率－(1)－(2)
A　　当初実効利子率

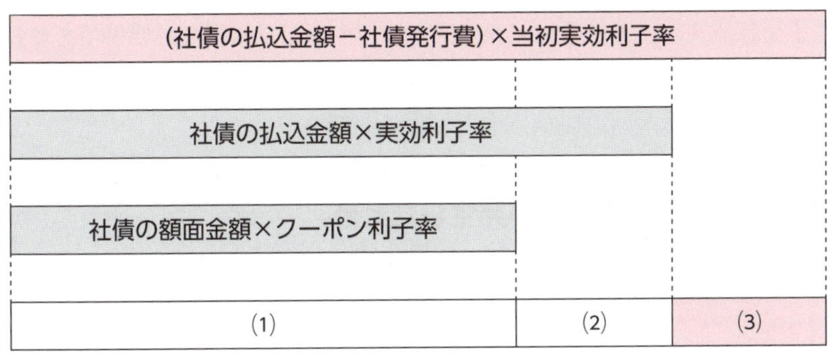

問題 >>> 問題編の**問題3**に挑戦しましょう！

4：電子記録債務

電子記録債務とは

電子記録債務とは、発生または譲渡について、電子記録を要件とする金銭債務のことです。

教科書2では、債権者側で発生する電子記録債権について学習しましたが、今回は債務者側で発生する電子記録債務について学習します。

電子記録債務が発生したとき

電子記録債務は、電子債権記録機関が管理する記録原簿に必要事項を登録することで発生します。

Point 電子記録債務が発生したとき

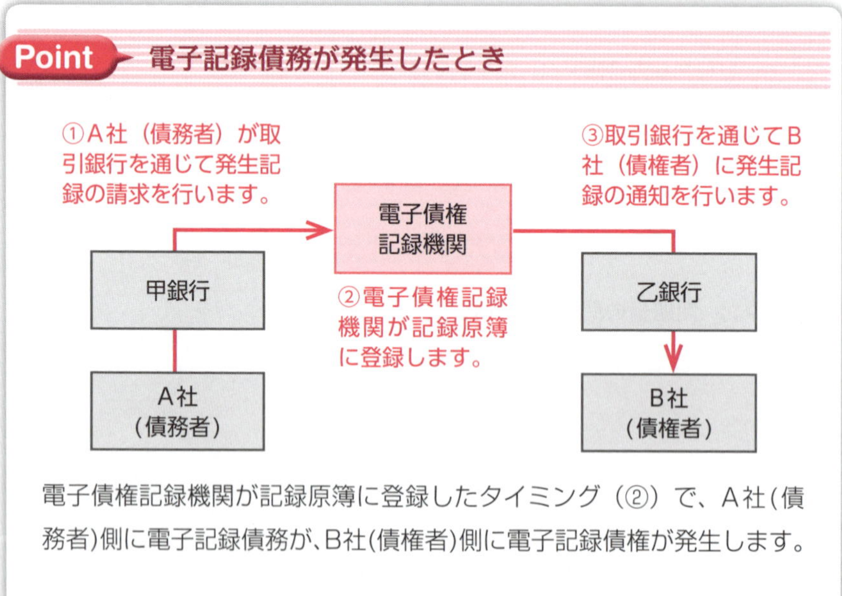

電子債権記録機関が記録原簿に登録したタイミング（②）で、A社(債務者)側に電子記録債務が、B社(債権者)側に電子記録債権が発生します。

そして、債務者側で電子記録債務が発生したときは、電子記録債務勘定（負債）で処理します。

電子記録債務が発生するタイミングは、電子記録債権と同じです。

例題 **電子記録債務が発生したとき**

次の取引について、A社の仕訳を示しなさい。

A社は、B社に対する買掛金20,000千円の支払いにあたり電子記録債務の発生記録を行った。

解答

（仕訳の単位：千円）

（買　掛　金）	20,000	（電子記録債務）	20,000

電子記録債務が消滅したとき

電子記録債務の支払いが行われ、債務が消滅したときは、電子記録債務を減らします。

例題 **電子記録債務が消滅したとき**

次の取引について、A社の仕訳を示しなさい。

A社は、電子記録債務20,000千円の支払期日が到来したため、当座預金で決済した。

解答

（仕訳の単位：千円）

（電子記録債務）	20,000	（当　座　預　金）	20,000

問題 >>> 問題編の**問題４**に挑戦しましょう！

5：金銭債務に関連する注記事項 計

貸借対照表等に関する注記

取締役・監査役・執行役に対する金銭債務がある場合や、関係会社に対する金銭債務について注記法により表示する場合、次のような注記表示を行います。

⑴　取締役・監査役・執行役に対する金銭債務

〈文例〉

> 取締役に対する金銭債務が 35,000 千円ある。
> 監査役に対する金銭債務が 50,000 千円ある。

⑵　関係会社に対する金銭債務につき注記法により表示する場合

①　科目別注記法

〈文例〉

> 関係会社に対する金銭債務は次のとおりである。
> 支払手形　750 千円　短期借入金　150 千円

②　一括注記法

〈文例〉

> 関係会社に対する短期金銭債務が 900 千円ある。

問題 ≫≫ 問題編の**問題５**に挑戦しましょう！

CHAPTER 6

引当金

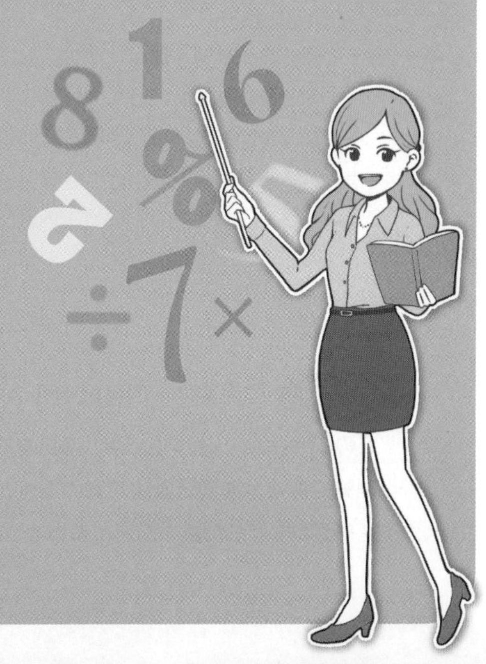

ここでは、引当金および偶発債務について学習します。計算問題でほぼ毎回出題され、理論においても重要な論点なので、しっかり学習しましょう。

Chapter 6

負債会計

引当金

>> 引当金の要件は必ず暗記し、その意味を理解しましょう！

Check List

- □ 引当金の意義を理解しているか？
- □ 引当金の要件を理解しているか？
- □ 引当金の計上根拠を理解しているか？
- □ 引当金の分類と表示区分を理解しているか？
- □ 引当金と偶発債務の違いを理解しているか？

Link to 簿記論③ **Chapter5 人件費**

このChapterで扱う論点は、簿記論では計算を中心に学習します。

理論的背景は財務諸表論特有の論点となりますが、双方の理解のために、計算をイメージしながら理論も学習しましょう。

1：引当金

引当金とは

引当金とは、将来の費用・損失を当期の費用・損失としてあらかじめ見越計上した場合における貸方項目です。

この引当金は、次の要件を満たした場合に設定する必要があります。

引当金の要件	①　将来の特定の費用または損失であること ②　その発生が当期以前の事象に起因していること ③　発生の可能性が高いこと ④　その金額を合理的に見積ることができること

企業会計原則注解【注18】

将来の特定の費用又は損失であって、その発生が当期以前の事象に起因し、発生の可能性が高く、かつ、その金額を合理的に見積ることができる場合には、当期の負担に属する金額を当期の費用又は損失として引当金に繰入れ、当該引当金の残高を貸借対照表の負債の部又は資産の部に記載するものとする。

これらの要件を満たす費用または損失は、当期の費用または損失として計上すべきであり、その相手科目としての引当金もまた当期に計上すべきものとされます。

引当金の計上根拠

引当金を計上する目的は適正な期間損益計算を行うためであり、発生主義の原則をその計上根拠とします。

一般に費用の発生とは、財貨・用役の費消と、それと同時に生じると推定されている経済的価値の減少を意味します。しかし、財貨・用役の費消がいまだ生じていなくても、将来において財貨・用役の費消が生じると推定され、その発生原因が当期に生じていれば、その原因事実の発生をもって経済的価値の減少を把握しようとする考え方です。

Point 引当金の計上根拠

引当金の設定根拠を、修繕引当金を例に考えると、次のようになります。

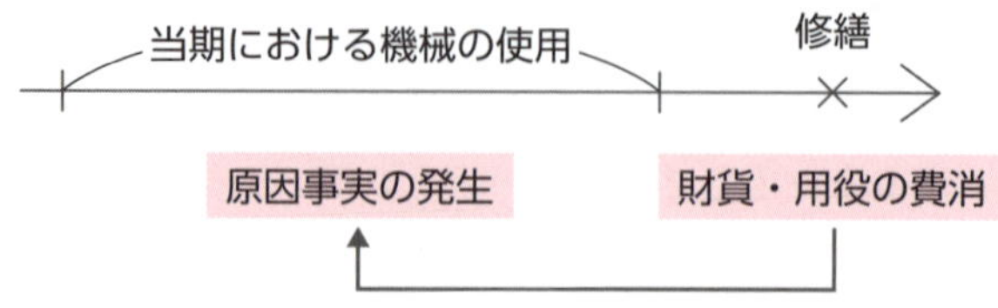

その他の引当金の計上根拠

引当金の計上根拠については、費用収益対応の原則や保守主義に求める見解もあります。

(1) 費用収益対応の原則

費用収益対応の原則を根拠とする見解	費用収益対応の原則では、収益の発生が費用の発生よりも先の場合、収益と費用を対応させるために、収益が認識された期に費用を見越し計上する。この考え方にもとづき設定されるのが、製品保証引当金である。製品保証は、不良品の修理・交換などに要するコストを販売企業が負担し、製品の品質を保証することによって販売を促進する効果がある。したがって、当期に販売（収益の発生）した製品につき、翌期に修理・交換を行った（費用の発生）場合、その費用は当期の売上高が負担すべきなので、当期に製品保証引当金を設定するとともに費用を見越し計上するのである。

(2) 保守主義の原則

保守主義の原則を根拠とする見解	保守主義の原則では、企業はたえず危険にさらされているという考えのもと、利益は多少控えめに計上することが推奨される。この考え方にもとづき設定されるのが、損害補償損失引当金である。 つまり、企業財政に不利な影響を及ぼす可能性がある場合、これに備えて予想される損失を損害補償損失引当金として計上することにより、適当に健全な会計処理という目的が達成できるのである。

2：引当金の範囲と分類

引当金の範囲

試験で出題可能性が高い引当金には、次のようなものがあります。

表示科目	範囲（内容）
製品保証引当金	販売製品の欠陥について、引渡後一定期間無償で補修する定めがある場合に、補修に要する費用を見積計上したもの
工事補償引当金	建設業において、完成・引渡後に、一定期間内であれば無償でアフター・サービスをするという保証契約をした場合、そのサービスに対して見積計上したもの
賞与引当金	社内規定等により、従業員に対して支給する賞与のうち当期負担分をあらかじめ見積計上したもの
退職給付引当金	社内規定等により、従業員に対して退職以後に支給する退職給付の負担分を見積計上したもの
役員退職慰労引当金	役員に対して退職時に支給する退職金の負担分を見積計上したもの
役員賞与引当金	役員に対して支給する賞与のうち当期負担分を見積計上したもの
修繕引当金	通常の修繕に係る費用のうち当期負担分を見積計上したもの
特別修繕引当金	企業が所有している大規模設備などについて、数年ごとに行われる特別の大修繕の際の修繕費用を見積計上したもの
債務保証損失引当金	債務保証を行っている場合に、主たる債務者に代わって弁済義務を負う可能性が高くなったときに、その弁済額を見積計上したもの
損害補償損失引当金	損害賠償請求を受けて係争中の場合、損害賠償義務を負う可能性が高くなったときに、その賠償額を見積計上したもの

引当金の分類

引当金は、その性質の違いから、**評価性引当金**と**負債性引当金**に分けられ、負債性引当金は、さらに債務性の観点から**債務たる引当金**と**債務でない引当金**に細分されます。

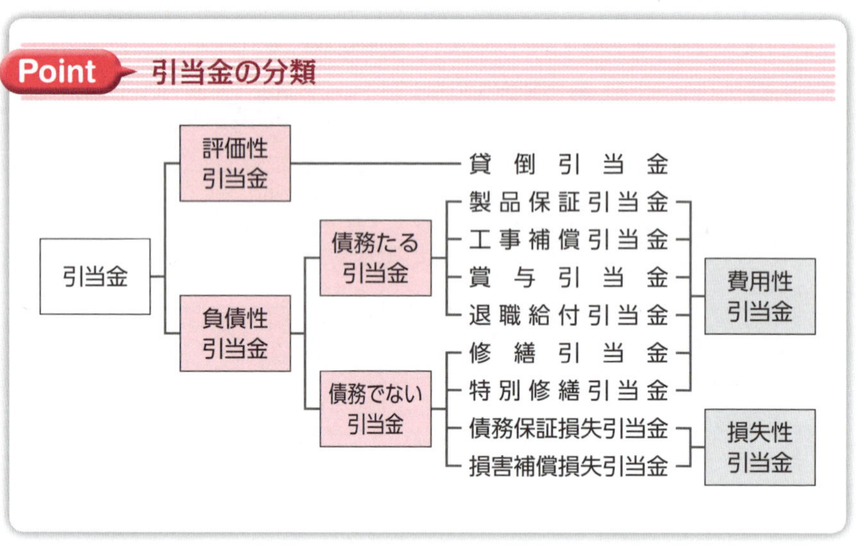

他の項目と引当金の共通点・相違点

負債性引当金と未払費用	
共通点	負債性引当金と未払費用は、費用を計上したときの貸方項目であり、支出が次期以降であるという点で共通している。
相違点	負債性引当金は、財貨または用役の価値費消原因事実の発生にもとづいて計上される未費消の項目であり、未払費用は財貨または用役の価値費消事実の発生にもとづいて計上される、すでに費消された項目である。また、負債性引当金は見積額を基礎に測定されるのに対し、未払費用は契約額を基礎に測定される。

当期末

価値費消事実　　価値費消原因事実

過去の事象（確定）　将来の事象（未確定）

↓　　↓

契約額が基礎　　見積額が基礎

（未払費用）　　（負債性引当金）

貸倒引当金と減価償却累計額	
共通点	貸倒引当金と減価償却累計額は、資産から控除する評価性控除項目である点で共通している。
相違点	貸倒引当金は、財貨または用役の価値費消原因事実の発生にもとづいて計上される項目であり、減価償却累計額は、財貨または用役の価値費消事実の発生にもとづいて計上される項目である。また、貸倒引当金は将来の収入減少額を基礎に測定されるのに対し、減価償却累計額は過去の支出額を基礎に測定される。

価値費消原因事実とは、財貨や用役をまだ消費していないということです。また、価値費消事実とは、財貨や用役をすでに消費してしまったということです。

引当金と積立金

引当金も積立金も将来の支出に備えるための不特定資産の留保を意味するといった点は共通すると思いますが、相違点はどこにあるのですか？

次の図をみてもらうとわかると思うのだけど、引当金は、「期間利益の算出過程」で生じる貸方項目なのに対して、積立金は「剰余金の処分過程」で生じる貸方項目っていう点が違っているのよ。

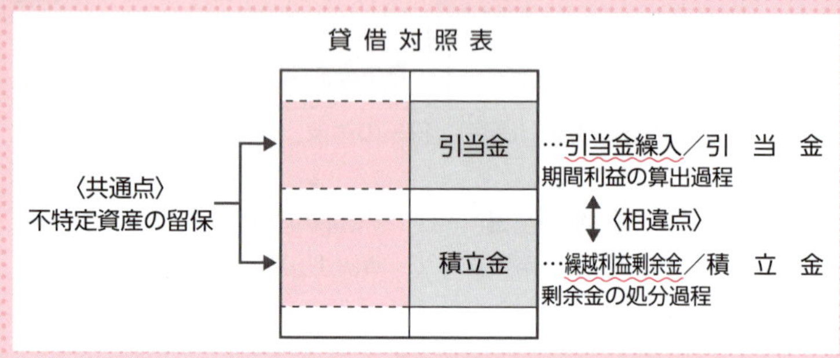

3：引当金の表示

計 Rank B

引当金と引当金繰入額の表示区分

貸借対照表の負債の部に計上される引当金については、一年基準が適用されます。

また、損益計算書の表示科目については、原則として「○○引当金繰入額」となりますが、退職給付引当金については「退職給付費用」の科目で表示します。

Point 引当金の表示科目と表示区分

損益計算書表示科目	損益計算書表示区分	貸借対照表表示科目
製品保証引当金繰入額	販管費	製品保証引当金
賞与引当金繰入額	販管費	賞与引当金
退職給付費用	販管費	退職給付引当金
修繕引当金繰入額	販管費	修繕引当金
役員退職慰労引当金繰入額	販管費	役員退職慰労引当金
役員賞与引当金繰入額	販管費	役員賞与引当金
債務保証損失引当金繰入額	特別損失	債務保証損失引当金
損害補償損失引当金繰入額	特別損失	損害補償損失引当金

負債の部に表示する上記の引当金には、一年基準が適用され、流動負債・固定負債に表示されます。

例題 **引当金**

次の資料にもとづいて、それぞれの貸借対照表（一部）および損益計算書（一部）を完成させなさい。なお、当会計期間はX6年4月1日からX7年3月31日である。

［資　料］

残　高　試　算　表　（単位：千円）

営業諸費用	50,000	退職給付引当金	60,000

1．賞与引当金として、支給対象期間のうち当期に対応する支給見込額を計上する。

支給対象期間：X6年12月1日～X7年5月31日

支給見込額：12,000千円

2．退職給付引当金については期末における要支給額を計上している。

前期末要支給額：60,000千円

当期末要支給額：69,000千円

解答

貸　借　対　照　表　（単位：千円）

科目	金額	科目	金額
（省略）		Ⅰ　流動負債	
		賞与引当金	8,000
		Ⅱ　固定負債	
		退職給付引当金	69,000

損　益　計　算　書　　(単位：千円)

摘　　　要	金	額
Ⅲ　販売費及び一般管理費		
営　業　諸　費　用	50,000	
賞与引当金繰入額	8,000	
退　職　給　付　費　用	9,000	67,000

(仕訳の単位：千円)

1．賞与引当金

(賞与引当金繰入額)	8,000	(賞　与　引　当　金)	8,000*

＊　12,000千円×$\frac{4カ月}{6カ月}$＝8,000千円

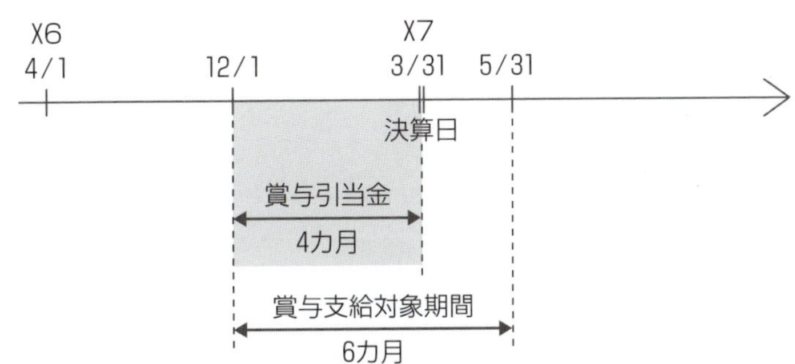

賞与引当金については、対象期間のうち、当期に属する期間を按分計算します。

2．退職給付引当金

（退職給付費用）	9,000	（退職給付引当金）	9,000*

＊　69,000千円－60,000千円＝9,000千円

問題 ››› 問題編の**問題1**に挑戦しましょう！

4：引当金の会計処理

計 Rank B

引当金の会計処理

引当金の会計処理は、次のパターンに分けられます。

(1) **引当金設定額の範囲内での支出（目的使用）**

(修 繕 引 当 金)	×××	(現金及び預金)	×××

(2) **引当金設定額を超える支出の場合（目的使用）**

(修 繕 引 当 金)	×××	(現金及び預金)	×××
(修　　繕　　費)	×××		

(3) **期末残高の戻入れ（目的外使用）**

(修 繕 引 当 金)	×××	(修繕引当金戻入額)	×××

製品保証引当金の例を使用して具体的な処理をみてみましょう！

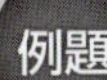

例題 **引当金の処理**

次の取引の仕訳を示しなさい。

1．前期までに販売した商品について、保証費8,000千円を支払った。なお、この保証に備えて製品保証引当金が10,000千円設定されている。

2．前期までに販売した商品について、保証費12,000千円を支払った。なお、この保証に備えて製品保証引当金が10,000千円設定されている。

3．当期末における製品保証引当金の残高2,000千円を利益（営業外収益）に戻し入れることとする。

解答

（仕訳の単位：千円）

1.

（製品保証引当金）	8,000	（現金及び預金）	8,000

2.

（製品保証引当金）	10,000	（現金及び預金）	12,000
（製品保証費）	2,000		

3.

（製品保証引当金）	2,000	（製品保証引当金戻入額）	2,000

問題 >>> 問題編の**問題２**に挑戦しましょう！

5：偶発債務

偶発債務とは

偶発債務とは、現在は可能性としての債務であるが、将来ある事象が発生すれば現実の債務になりうるような事柄をいいます。

この偶発債務は企業の将来の財政状態および経営成績に重大な影響を及ぼすおそれがあるため、注記により開示することが求められています。

たとえば、①受取手形の割引または裏書譲渡（将来の支払義務の可能性）、②係争中の事件（将来の損害賠償義務の可能性）、③保証債務（将来の代理弁済義務の可能性）など、現在は発生していないが将来において現実の債務になる可能性のあるものが該当します。

偶発債務と引当金の違い

偶発債務と引当金は、発生の可能性の高さに違いがあります。

すなわち、発生の可能性が高ければ、引当金を貸借対照表の負債の部に計上することになりますが、発生の可能性が低ければ引当金を計上することはできず、偶発債務として注記により開示します。

Point 偶発債務と引当金の違い

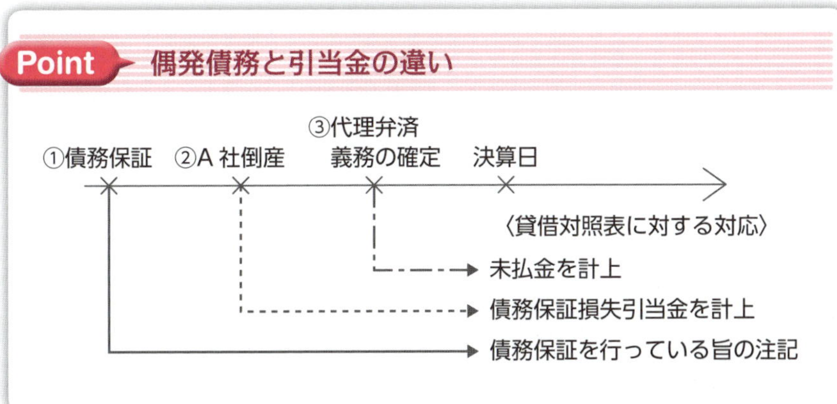

偶発債務の具体例

偶発債務の具体例としては、次のものがあります。

受取手形の割引または裏書譲渡
手形の裏書譲渡では、将来、支払人が支払不能または不渡りとなった場合、裏書人はその譲渡先に対し、手形の支払義務を負うことになるが、現在では可能性としての債務が発生しているだけである。
係争中の事件
会社の製品の欠陥について訴訟が起こされ、損害賠償請求がなされた場合、将来、敗訴した場合は、原告に対して損害賠償義務が生じるが、現在においては可能性としての債務が発生しているだけである。
保証債務
得意先の借入れに際し、会社が連帯保証人となっている場合、将来、その主たる債務者である得意先が支払不能となった場合、連帯保証人である当社は、代理弁済義務を負うことになるが、現在においては可能性としての債務が発生しているだけである。

問題 >>> 問題編の**問題3**に挑戦しましょう！

6：引当金に関連する注記事項 計 Rank A

重要な会計方針に係る事項に関する注記

引当金は一定の要件を満たすことが必要とされていますが、引当金の計上基準は複数あるため、適用している計上基準を開示するために注記します。

また、引当金の中には、会社固有の事情にもとづいて計上され、その計上額も固有の条件にもとづいて算定されるものがあります。この場合は、計上理由および算定方法を開示する注記をします。

〈文例〉

引当金の計上基準は次のとおりである。
① 賞与引当金は従業員に対して支給する賞与の支出に充てるため、賞与支給対象期間のうち、当期に対応する支給見込額を計上している。
② 債務保証損失引当金は債務保証の履行可能性が高くなったため、翌期における代理弁済見込額の全額を計上している。

貸借対照表等に関する注記

(1) 債務保証

債務保証損失引当金は発生の可能性が低い段階では計上できないため、その潜在的な債務（偶発債務）に係る注記が必要となります。

その際には、債務保証の内容（保証先および保証する債務の内容）と、債務保証する金額を記載します。

〈文例〉

A 社の金融機関からの借入金に対し、5,000 千円の債務保証を行っている。

⑵　重要な係争事件に関する損害賠償義務

損害賠償損失引当金は損害賠償義務を負う可能性が低い段階では計上できないため、このような場合には、潜在的な義務（偶発債務）に係る注記が必要となります。

その際には、当該事件の概要および相手方等と、損害賠償請求額を記載します。

〈文例〉

B社から商標権の侵害があったとして、損害賠償請求額80,000千円を受け、現在係争中である。

例題　**引当金の注記**

次の資料にもとづいて、貸借対照表、損益計算書および注記を完成させなさい。

［資　料］

当社が現在行っている保証債務は次のとおりである。

保証先	債務保証額	
A社	5,000千円	A社の金融機関からの借入金に対する債務保証であり、損失発生の可能性は低いと見込まれる。
B社	4,000千円	B社の金融機関からの借入金に対する債務保証であり、損失発生の可能性は高いと見込まれるため、債務保証額の全額につき引当金を計上する。なお、返済期限は翌期中に訪れる。

解答

貸 借 対 照 表	(単位：千円)
Ⅰ 流 動 負 債	
債務保証損失引当金	4,000

損 益 計 算 書	(単位：千円)
Ⅶ 特 別 損 失	
債務保証損失引当金繰入額	4,000

〈注記〉

　A社の金融機関からの借入金に対し、5,000千円の債務保証を行っている。

B社に対する債務保証は、損失の発生が高いと見込まれるため、注記ではなく引当金として財務諸表に計上します。

問題 >>> 問題編の**問題4～問題5**に挑戦しましょう！

退職給付会計

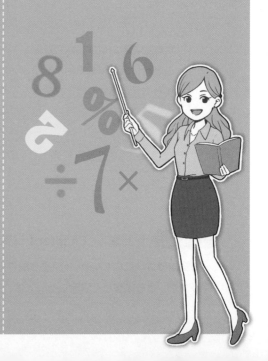

ここでは、退職給付会計を学習していきます。退職給付引当金や退職給付費用の算定・仕訳・処理など、基本的な部分をしっかりマスターしましょう。

Chapter 7

負債会計

退職給付会計

>>多くの計算要素が出てきます。まずは、理解を重視！

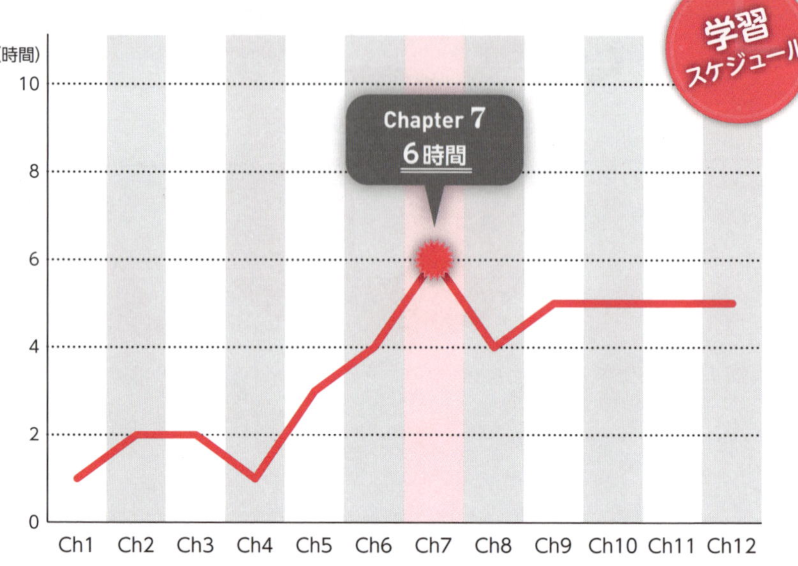

Check List

- □ 退職給付の性格を理解しているか？
- □ 退職給付会計の基本的なしくみを理解しているか？
- □ 退職給付費用の計算を理解しているか？
- □ 数理計算上の差異や過去勤務費用の処理を理解しているか？
- □ 小規模企業等における簡便法を理解しているか？

Link to 簿記論③ **Chapter4** 退職給付会計

簿記論では、このChapterで扱う論点以外にも、退職給付計算の細かい処理を学習します。さらに詳しく学習したい人は、簿記論のほうも同時に学習しましょう。

1：退職給付制度の概要

理 Rank B

退職給付とは

退職給付とは、一定の期間にわたり労働を提供したこと等の事由にもとづいて、退職以後に支給される給付をいい、具体的には、退職一時金と企業年金等が該当します。

退職給付の性格

基準では、退職給付を労働協約等にもとづいて従業員が提供した労働の対価として支払われる賃金の後払いと考え、**賃金後払説**を採用しています。

退職給付に関する会計基準

53　平成10年会計基準は退職給付について、その支給方法や積立方法が異なっているとしても退職給付であることに違いはなく、企業会計において退職給付の性格は、労働の対価として支払われる賃金の後払いであるという考え方に立ち、基本的に勤務期間を通じた労働の提供に伴って発生するものと捉えていた。このような捉え方に立てば、退職給付は、その発生が当期以前の事象に起因する将来の特定の費用的支出であり、当期の負担に属すべき金額は、その支出の事実に基づくことなく、その支出の原因又は効果の期間帰属に基づいて費用として認識するという企業会計における考え方が、企業が直接給付を行う退職給付のみならず企業年金制度による退職給付にも当てはまる。したがって、退職給付はその発生した期間に費用として認識することとなる。

退職給付の性格についての3つの考え方

退職給付の性格については、次のような3つの考え方があります。

賃金後払説	退職給付は、労働の対価として支払われる賃金の後払いであるという考え方
功績報償説	退職給付は、勤続に対する功績報償として支払われるものであるという考え方
生活保障説	退職給付は、老後の生活保障のために支払われるものであるという考え方

基準は賃金後払説に立ち、基本的に、退職給付を勤務期間を通じた労働の提供にともなって発生するものと捉えています。

退職給付の支給方法および積立方法

(1) 退職一時金制度

退職一時金制度とは、退職給付原資の外部積立を行わない（内部引当）制度です。この場合、退職給付は企業からの一時金として支給されます。

(2) 企業年金制度

企業年金制度とは、退職給付原資の外部積立を行う制度です。この場合、退職給付は一般的に保険会社等から年金として支給されます。

基準では、退職給付の支給方法（一時金支給、年金支給）や退職給付の積立方法（内部引当、外部積立）にかかわらず、退職給付として包括的に取扱いを定めています。

Point 退職給付制度のしくみ

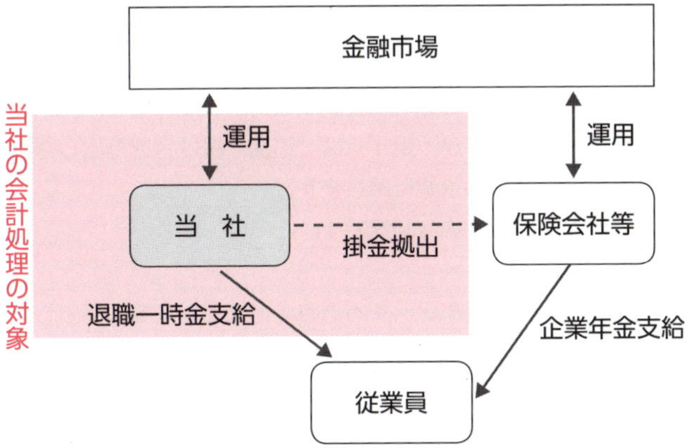

なお、**役員退職慰労金**と**特別割増退職金**は、労働の対価との関係が必ずしも明確ではないことから、基準においては対象外とされています。

役員退職慰労金と特別割増退職金は、次のように、その支給額を特別損失として処理します。

(役員退職慰労金) 特別損失	×××	(現金及び預金)	×××

(特別割増退職金) 特別損失	×××	(現金及び預金)	×××

退職給付制度と「退職給付基準」の適用対象

退職給付制度には次の2つがあります。

(1) 確定給付型制度

確定給付型制度とは、従業員が受給する退職給付額が、勤続年数や給与額をもとにあらかじめ決められている退職給付制度をいいます。

企業は運用の結果、支給原資が不足すれば、追加で掛け金を拠出しなければならないため、運用のリスクは企業にあります。

厚生年金基金などがその典型的な制度です。

(2) 確定拠出型制度

確定拠出型制度とは、従業員が受給する退職給付額が、企業の拠出した掛け金とその後の運用損益によって決まる退職給付制度をいいます。企業は一定の基準によって掛け金を拠出すればよく、その後の運用のリスクは従業員が負担することになります。日本版401kなどがその典型的な制度です。

基準の趣旨は企業が負担すべき退職給付に係る債務を適切に把握し、財務諸表に反映させることです。

したがって、確定給付型の退職給付制度が前提であり、企業に運用のリスクがない確定拠出型制度は、基準の適用対象から外れることになります。

2：退職給付会計の基本的なしくみ 理 計

退職給付会計の基本的なしくみ

退職給付会計で使われる用語には、主に次のようなものがあります。

退職給付見込額	勤務期間に応じて各期に発生する金額を基礎として、それに昇給率、退職率および死亡率等の退職時までに合理的に見込まれる退職給付の変動要因を考慮して見積ったもの。
退職給付債務	退職給付見込額のうち認識時点までに発生していると認められる部分を割り引いたもの。
年金資産	企業年金制度を採用している企業が、退職給付に充てるため外部に積み立てている資産。厚生年金基金制度などで保有する資産は年金資産となる。 年金資産は退職給付債務の控除項目として取り扱われ、期末における公正な評価額により算定される。
退職給付引当金	退職給付債務から年金資産を控除した会計上認識すべき退職給付に係る負債。企業が実質的に負担すべき退職給付債務を未積立退職給付債務という。 退職給付会計において、数理計算に過不足（これを「差異」という）がなければ、未積立退職給付債務が退職給付引当金となる。

Point 退職給付引当金の基本的なしくみ

退職給付引当金は、次のように計算します。

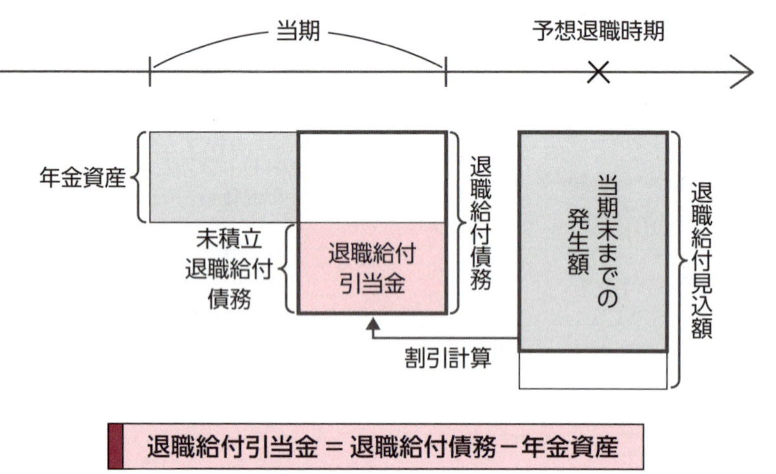

退職給付引当金＝退職給付債務－年金資産

具体的には、**3：退職給付債務**以降で学習します。

例題 退職給付引当金

次の資料にもとづいて、退職給付引当金の金額を計算しなさい。

［資　料］

(1)　退職給付債務：8,000千円

(2)　年金資産の公正評価額（時価）：3,500千円

退職給付引当金：4,500千円*

＊ 8,000千円－3,500千円＝4,500千円
退職給付債務　年金資産

年金資産の額が超過する場合

年金資産の額が退職給付債務を超える場合には、資産（前払年金費用）として計上します。

3：退職給付債務

退職給付債務

退職給付債務とは、退職給付のうち、認識時点までに発生していると認められる部分を割り引いたものをいいます。

Point　退職給付債務の計算（現価方式）

退職給付債務は、退職により見込まれる退職給付の総額（退職給付見込額）のうち、期末までに発生していると認められる額を割り引いて計算します。

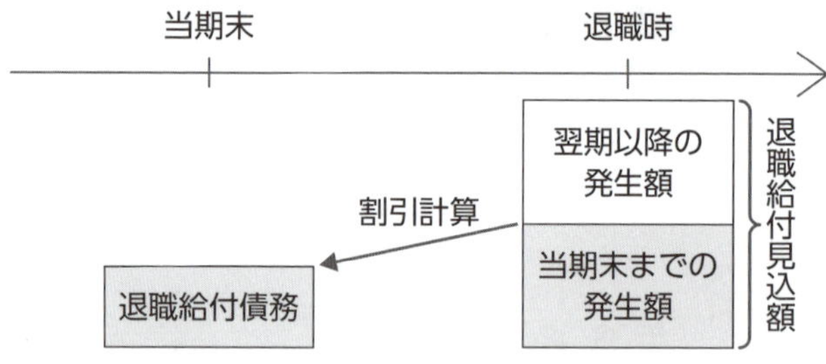

現価方式の採用理由

退職給付見込額のうち当期末までの発生額を、そのまま退職給付債務の額と捉えることには問題があります。

その理由は、買掛金や借入金等の他の債務と比較して、退職給付債務は決済されるまでの期間が非常に長いからです。つまり、退職給付見込額のうち期末までの発生額は、将来給付される時点において期待される退職給付の額であり、期末時点の企業の負担額と一致するものではありません。

そこで、貨幣の時間価値を考慮に入れるため、割引計算を行う現価方式が採用されています。

退職給付見込額

(1) 退職給付見込額の見積り

退職給付見込額は、合理的に見込まれる退職給付の変動要因を考慮して見積ります。

(2) 退職給付見込額の期間帰属

退職給付見込額のうち期末までに発生したと認められる額は、次のいずれかの方法を選択適用して計算します。この場合、いったん採用した方法は、原則として、継続して適用しなければなりません。

期間定額基準	退職給付見込額を全勤務期間で割った額を、各期の発生額とする方法
給付算定式基準	退職給付制度の給付算定式に従って各勤務期間に帰属させた給付にもとづいて見積った額を、退職給付見込額の各期の発生額とする方法

(3) 割引率

退職給付債務の計算における割引率は、安全性の高い債券の利回りを基礎として決定します。

割引率の基礎となる安全性の高い債券の利回りとは、期末における国債、政府機関債および優良社債の利回りをいいます。

退職給付見込額に変動要因を加味する理由

実際の退職給付の支払いは退職時における退職給付の額にもとづいて行われるものであり、現時点の退職給付の支払額のみにもとづいて将来の退職給付の額を見積ることは、退職給付の実態が適切に反映していないと考えられます。したがって、退職時に見込まれる退職給付の額は、退職時までに合理的に見込まれる退職給付の変動要因を考慮して見積ります。

4：年金資産

意義

年金資産とは、特定の退職給付制度のために、その制度について企業と従業員との契約（退職金規程等）等にもとづいて積み立てられた、一定の要件を満たす特定の資産をいいます。

退職給付に関する会計基準

7 「年金資産」とは、特定の退職給付制度のために、その制度について企業と従業員との契約（退職金規程等）等に基づき積み立てられた、次のすべてを満たす特定の資産をいう。

⑴ 退職給付以外に使用できないこと
⑵ 事業主及び事業主の債権者から法的に分離されていること
⑶ 積立超過分を除き、事業主への返還、事業主からの解約・目的外の払出し等が禁止されていること
⑷ 資産を事業主の資産と交換できないこと

年金資産が退職給付債務から控除される理由

年金資産が退職給付債務から控除されるのは、年金資産は、退職給付の支払いのためのみに使用されることが制度的に担保されていることなどから、これを収益獲得のために保有する一般の資産と同様に企業の貸借対照表に計上することには問題があり、かえって財務諸表の利用者に誤解を与えるおそれがあると考えられるからです。

なお、年金資産の額は、期末における時価（公正な評価額）により計算されます。

5：退職給付費用

理 計

退職給付費用

(1) 勤務費用（退職給付債務の増加要因）

勤務費用とは、1期間の労働の対価として発生したと認められる退職給付をいい、退職給付見込額のうち当期に発生したと認められる額を、一定の割引率および残存勤務期間にもとづいて割引計算を行うことにより算定されます。

(2) 利息費用（退職給付債務の増加要因）

利息費用とは、割引計算により算定された期首時点における退職給付債務について、期末までの時の経過により発生する計算上の利息をいいます。

利息費用は退職給付債務の増加要因であり、期首の退職給付債務に割引率を掛けて算定します。

利息費用＝期首退職給付債務×割引率

(3) 期待運用収益（年金資産の増加要因）

期待運用収益とは、年金資産の運用により生じると合理的に期待される計算上の収益をいい、退職給付費用の控除項目として取り扱われます。

期待運用収益は、期首の年金資産の額に長期期待運用収益率を掛けて算定します。

期待運用収益＝期首年金資産×長期期待運用収益率

Point 退職給付費用の算定

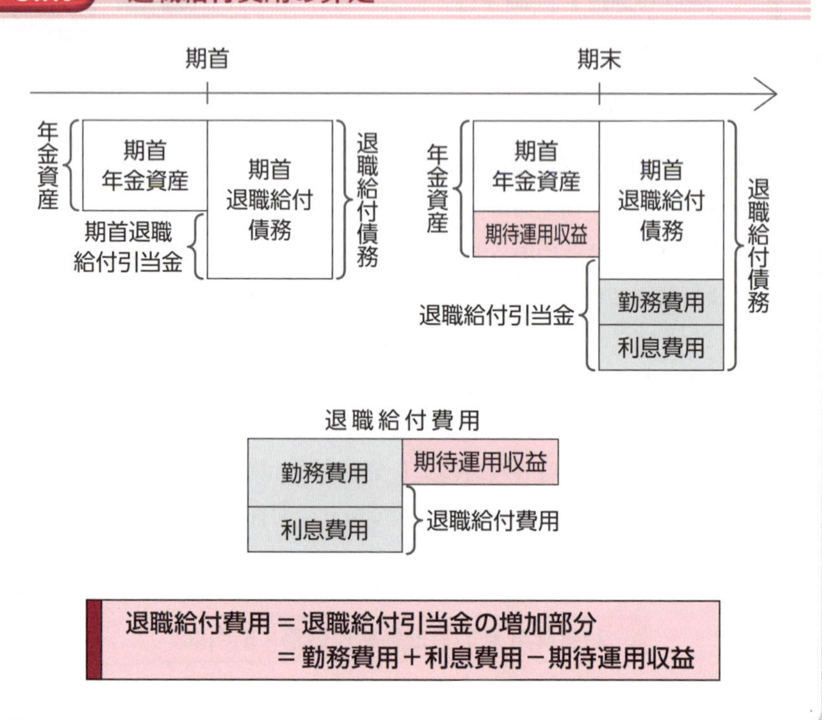

退職給付費用＝退職給付引当金の増加部分
＝勤務費用＋利息費用－期待運用収益

例題 退職給付費用

次の資料にもとづいて、退職給付費用の金額を計算しなさい。

［資　料］

(1)　期首の退職給付債務：30,000千円

(2)　期首の年金資産の公正評価額（時価）：16,500千円

(3)　当期の勤務費用：30,900千円

(4)　当期の利息費用は、期首の退職給付債務に割引率を掛けて計算する。なお、割引率は3%である。

(5)　当期の期待運用収益は、期首の年金資産に長期期待運用収益率を掛けて計算する。なお、長期期待運用収益率は4%である。

解答

退職給付費用：31,140千円＊1

＊1　30,900千円（勤務費用）＋900千円（利息費用）＊2－660千円（期待運用収益）＊3＝31,140千円

＊2　30,000千円（期首退職給付債務）×3％（割引率）＝900千円

＊3　16,500千円（期首年金資産）×4％（長期期待運用収益率）＝660千円

退職給付費用

勤務費用 30,900千円	期待運用収益＊3 660千円
利息費用＊2 900千円	退職給付費用＊1 31,140千円

退職給付会計の会計処理

(1) 当期の退職給付費用の計上

退職給付会計では、期首において退職給付引当金への繰入処理を行います。

具体的には、退職給付債務の増加要因である勤務費用と利息費用の合計から、年金資産の増加要因である期待運用収益を控除した金額を退職給付費用勘定で処理し、退職給付引当金へ繰り入れます。

(退職給付費用)	×××*	(退職給付引当金)	×××

* 退職給付費用＝勤務費用＋利息費用－期待運用収益

期首において繰入処理を行うのは、退職給付債務、勤務費用および利息費用が、通常、期首時点のデータにもとづいて測定されるためです。

(2) 年金掛金の拠出

企業が年金基金に対して掛け金を支払った場合、年金基金に対して金銭が支払われると同時に、年金基金に積み立てられている年金資産が増加することになります。したがって、この時点において退職給付債務に変動がなければ、純額で求められる退職給付引当金の額が減少することになるため、帳簿上は下記の処理が行われます。

(退職給付引当金)	×××	(現金及び預金)	×××

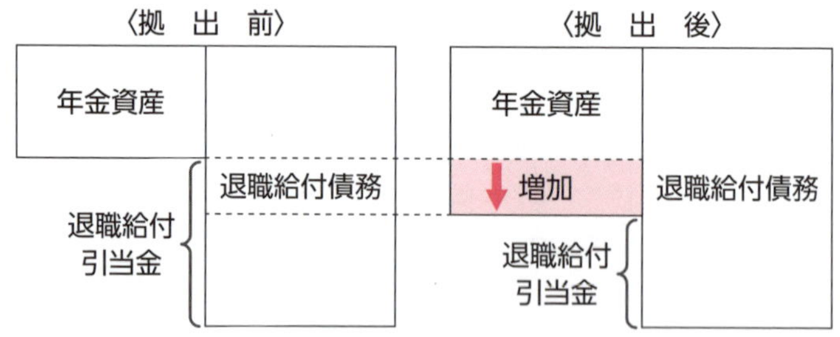

(3) 従業員への退職給付

① 退職一時金の直接支給

企業から直接退職給付が支払われた場合、退職した従業員に対して金銭が支払われると同時に、企業が負担すべき退職給付債務が減少することになります。したがって、この時点において年金資産の額に変動がなければ、純額で求められる退職給付引当金が減少することになるため、帳簿上は下記の処理が行われます。

(退職給付引当金)	×××	(現金及び預金)	×××

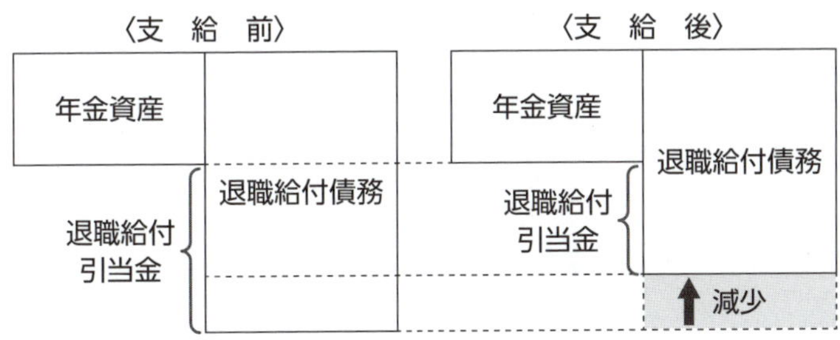

② 企業年金の支給

年金基金から支払いが行われた場合、企業年金の財源となった年金資産が減少すると同時に、企業が負担すべき退職給付債務が減少することになります。したがって、年金資産が減少すると同時に、退職給付債務も減少することになり、純額で求められる退職給付引当金に変動は生じないため、帳簿上は処理が不要（仕訳不要）です。

仕　訳　な　し

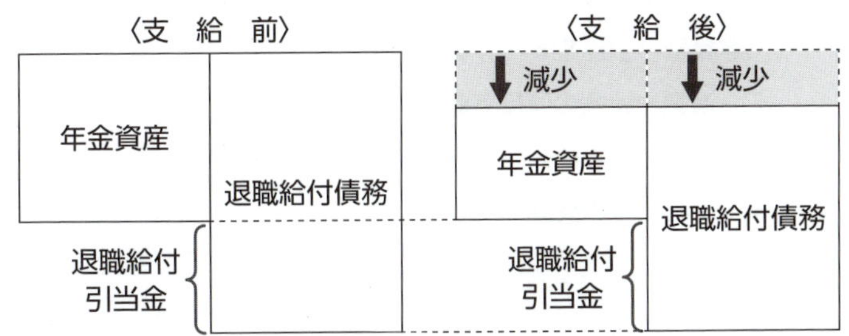

退職給付会計

次の(1)～(4)の仕訳を示しなさい。

(1) 退職給付費用の計算

① 期首の退職給付債務：20,000千円

② 期首の年金資産の公正評価額（時価）：11,000千円

③ 当期の勤務費用：1,200千円

④ 当期の利息費用は、期首の退職給付債務に割引率を掛けて計算する。なお、割引率は3%である。

⑤ 当期の期待運用収益は、期首の年金資産に長期期待運用収益率を掛けて計算する。なお、長期期待運用収益率は4%である。

(2) 年金基金に掛け金1,000千円を支払った。

(3) 退職従業員に1,600千円を直接支給した。

(4) 年金基金から退職従業員に600千円の支払いがあった。

（仕訳の単位：千円）

(1) 退職給付費用の計上

(退職給付費用)	1,360*1	(退職給付引当金)	1,360

＊1 1,200千円（勤務費用）＋600千円（利息費用）*2 − 440千円（期待運用収益）*3 ＝1,360千円

＊2 20,000千円（期首退職給付債務）× 3％＝600千円

＊3 11,000千円（期首年金資産）× 4％＝440千円

(2) 年金掛金の拠出

(退職給付引当金)	1,000	(現金及び預金)	1,000

(3) 退職一時金の直接支給

(退職給付引当金)	1,600	(現金及び預金)	1,600

(4) 企業年金の支給

仕訳なし

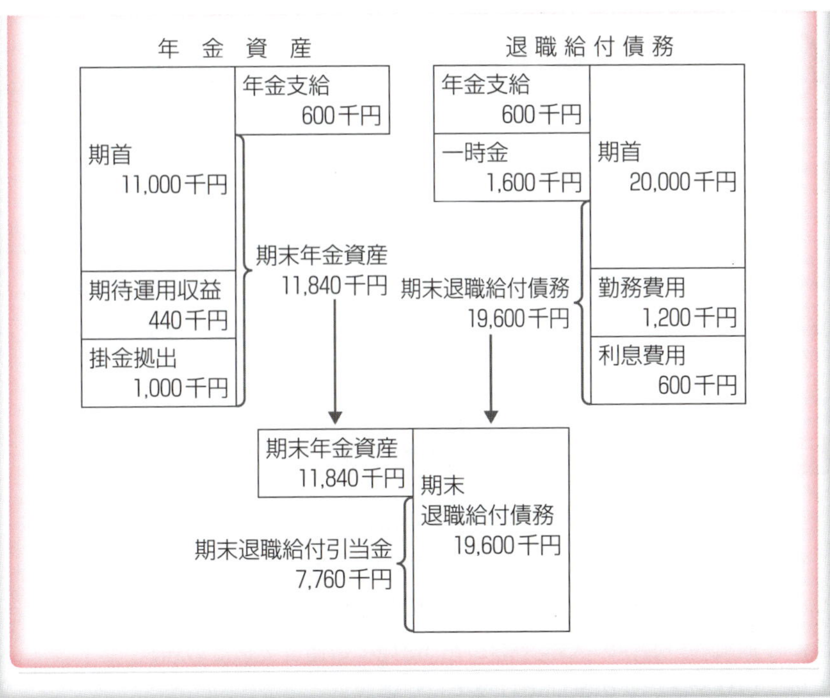

問題 >>> 問題編の**問題 1** に挑戦しましょう！

6：数理計算上の差異

数理計算上の差異

退職給付会計では、期首において退職給付債務と年金資産について、数理計算にもとづいて増減の予測を行いますが、通常、この予測値と期末に測定した実際値との間には差異が生じます。この差異を**数理計算上の差異**といいます。

Point　数理計算上の差異の発生要因

あらかじめ定めた基礎率と各事業年度における実際の数値との差異および基礎率を変更した場合に生じる差異が発生要因となります。

(1)　年金資産の期待運用収益と実際の運用成果との差異

(2)　退職給付債務の数理計算に用いた見積数値と実績との差異

(3)　見積数値の変更等により発生した差異

数理計算上の差異は、退職給付引当金の過不足額をもたらします（以下、本書では、不足額を「損失」、過大額を「利得」といいます）。

数理計算上の差異の算定方法

当期発生数理計算上の差異は、次の方法により算定します。

① **数理計算上の差異＝期末退職給付債務（実績）－期末退職給付債務（予測）**
　退職給付債務分

② **数理計算上の差異＝期末年金資産（実績）－期末年金資産（予測）**
　年金資産分

③ **当期発生数理計算上の差異＝①＋②**

Point 数理計算上の差異の算定方法

（実績）	未積立退職給付債務（予測）		（実績）
期末年金資産	期首年金資産	期首退職給付債務	期末退職給付債務
	＋期待運用収益	＋勤務費用	
数理計算上の差異（損失）	＋年金掛金拠出	＋利息費用	
	△年金支給	△一時金支給	
		△年金支給	数理計算上の差異（利得）

：差異の発生原因を意味しています。（＋期待運用収益・＋勤務費用・＋利息費用）

費用処理方法

数理計算上の差異は、原則として、各年度の発生額について発生年度に費用処理する方法または平均残存勤務期間以内の一定の年数で按分する方法（定額法）により費用処理を行います。

また、未認識数理計算上の差異残高の一定割合を費用処理する方法（定率法）によることもできます。

Point 数理計算上の差異の費用処理方法

(1)　定額法（発生年度別に計算を行います）

$$費用処理額＝数理計算上の差異の発生額\times\frac{1年}{費用処理年数}$$

(2)　定率法

費用処理額＝未認識数理計算上の差異残高×定率法償却率

数理計算上の差異のうち、費用処理されていないものを「未認識数理計算上の差異」といいます。

数理計算上の差異について遅延認識を行う理由

数理計算上の差異には、予測と実績の乖離だけでなく、予測数値の修正も反映されることから、各期に生じる差異をただちに費用として計上することが退職給付に係る債務の状態を忠実に表現するとはいえない面があるため、遅延認識を行います。

例題 数理計算上の差異

次の資料にもとづいて、当期における退職給付費用、期末における退職給付引当金および未認識数理計算上の差異の額を求めなさい。

［資　料］

1．退職給付費用の計算
- ①　期首の退職給付債務：10,000千円
- ②　期首の年金資産の公正評価額（時価）：5,500千円
- ③　当期の勤務費用：600千円
- ④　当期の利息費用は、期首の退職給付債務に割引率を掛けて計算する。なお、割引率は3%である。
- ⑤　当期の期待運用収益は、期首の年金資産に長期期待運用収益率を掛けて計算する。なお、長期期待運用収益率は4%である。

2．年金基金に掛け金500千円を支払った。

3．退職従業員に800千円を直接支給した。

4．年金基金から退職従業員に300千円の支払いがあった。

5．期末実績値
- ①　期末の退職給付債務：11,400千円
- ②　期末の年金資産の公正評価額（時価）：6,020千円

6．数理計算上の差異は発生年度から平均残存勤務期間である15年間で定額法によって費用処理する。

解答 **退職給付費用：780千円**
期末退職給付引当金：3,980千円
未認識数理計算上の差異：1,400千円

（仕訳の単位：千円）

(1) 退職給付費用の見積計上

(退職給付費用)	680*1	(退職給付引当金)	680

＊1　600千円＋300千円＊2－220千円＊3＝680千円
　　（勤務費用）（利息費用）（期待運用収益）

＊2　10,000千円×3％＝300千円
　　（期首退職給付債務）

＊3　5,500千円×4％＝220千円
　　（期首年金資産）

(2) 年金掛金の拠出

(退職給付引当金)	500	(現金及び預金)	500

(3) 退職一時金の直接支給

(退職給付引当金)	800	(現金及び預金)	800

(4) 企業年金の仕訳

仕　訳　な　し

(5) 数理計算上の差異の発生額

① 年金資産から生じる数理計算上の差異

6,020千円－5,920千円＊1＝100千円（利得）
（実績値）（見積値）

＊1　5,500千円＋220千円＋500千円－300千円＝5,920千円
　　（期首年金資産）（期待運用収益）（掛金）（年金支給）

② 退職給付債務から生じる数理計算上の差異

11,400千円－9,800千円＊2＝1,600千円（損失）
（実績値）（見積値）

＊2　10,000千円＋600千円＋300千円－800千円－300千円＝9,800千円
　　（期首退職給付債務）（勤務費用）（利息費用）（一時金）（年金支給）

③ 数理計算上の差異の金額

②－①＝1,500千円（損失）

(6) 数理計算上の差異の費用処理額

$$1,500千円 \times \frac{1年}{15年} = 100千円$$

(7) 数理計算上の差異の費用処理

(退職給付費用)	100	(退職給付引当金)	100

(8) 当期における退職給付費用

680千円＋100千円＝780千円

(9) 期末退職給付引当金および未認識数理計算上の差異

期末年金資産 (実績) 6,020千円	期末退職給付債務 (実績) 11,400千円
未認識数理計算上の差異 1,400千円*	
期末退職給付引当金 3,980千円	

* 1,500千円－100千円＝1,400千円

この例題では、数理計算上の差異を発生年度から費用処理していますが、翌年度から費用処理することもできます。本試験では、問題文の指示に従いましょう。

重要性基準と回廊アプローチ

どのように数理計算上の差異を認識するかについては、次の２つの考え方があります。

重要性基準	基礎率等の計算基礎に重要な変動が生じない場合には計算基礎を変更しない等、計算基礎の決定にあたって合理的な範囲で重要性による判断を認める方法
回廊アプローチ	退職給付債務の数値を毎期末時点において厳密に計算し、その結果生じた計算差異について、一定の範囲内は認識しない方法

このうち、退職給付に関する会計基準では重要性基準を採用しています。これは、退職給付債務が長期的な見積計算であることから、重要性による判断を認めることが適切と考えられるからです。

7：過去勤務費用

過去勤務費用

過去勤務費用とは、退職給付水準の改訂等に起因して発生した退職給付債務の増加額または減少額であり、退職金規程等の改訂にともない退職給付水準が変更された結果生じる、改訂前の退職給付債務と改訂後の退職給付債務の改訂時点における差額のことです。

Point 過去勤務費用

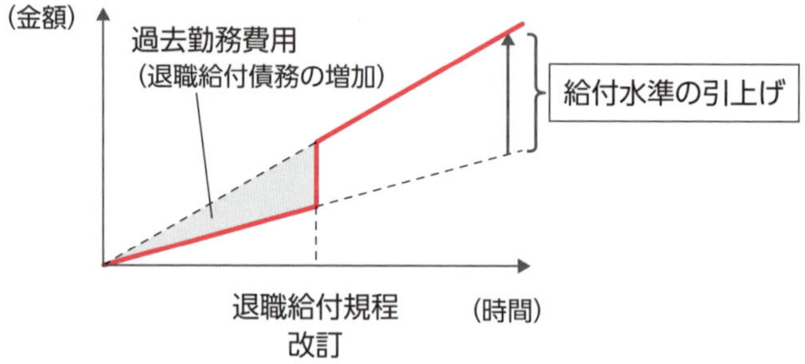

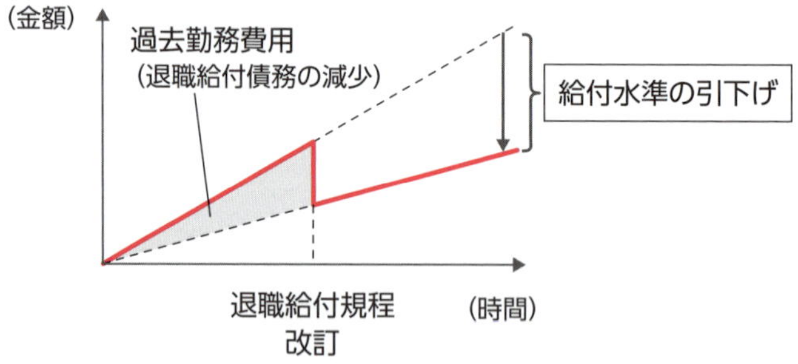

(金額)
過去勤務費用
(退職給付債務の増加)
給付水準の引上げ
退職給付規程
改訂
(時間)

(金額)
過去勤務費用
(退職給付債務の減少)
給付水準の引下げ
退職給付規程
改訂
(時間)

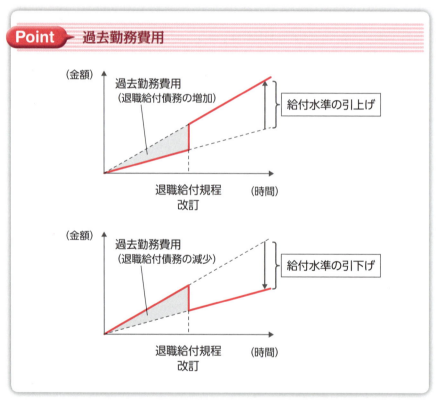

過去勤務費用のうち、費用処理されていないものを「未認識過去勤務費用」といいます。

費用処理方法

過去勤務費用は、原則として各年度の発生額について発生年度に費用処理する方法または平均残存勤務期間以内の一定の年数で按分する方法（定額法）により費用処理を行います。

なお、定率法によった場合には、未認識過去勤務費用の残高に一定割合を掛けて計算します。

(1) 定額法

$$費用処理額 = 過去勤務費用の発生額 \times \frac{1年}{費用処理年数}$$

(2) 定率法

費用処理額＝未認識過去勤務費用残高×定率法償却率

なお、期中に退職給付規程を改訂したときには、月割りで計算することもあります。

過去勤務費用について遅延認識を行う理由

過去勤務費用の発生要因である給付水準の改訂等が、従業員の勤労意欲が将来にわたって向上するとの期待のもとに行われる面があるため、遅延認識を行います。

例題 **過去勤務費用**

次の資料にもとづいて、過去勤務費用の費用処理額を計算しなさい。

[資　料]

1．当期首に発生した過去勤務費用（損失）は900,000千円である。

2．過去勤務費用は、発生年度から15年で定額法により費用処理する。

解答 **費用処理額：60,000千円**

(1)　過去勤務費用の費用処理額

$$900{,}000\text{千円} \times \frac{1\text{年}}{15\text{年}} = 60{,}000\text{千円}$$

(2)　会計処理（単位：千円）

(退職給付費用)	60,000	(退職給付引当金)	60,000

問題 >>> 問題編の**問題２**～**問題４**に挑戦しましょう！

8：小規模企業等における簡便法 計

小規模企業等における簡便法

退職給付会計基準の適用にあたり、従業員が比較的少ない小規模企業等（原則として従業員数が300人未満の企業）では、原則法による計算によらずに、簡便法により計算した退職給付債務を用いて退職給付引当金および退職給付費用を計上することができます。

簡便法により退職給付債務を計算する方法には、退職一時金制度、企業年金制度それぞれについて3通り（計6通り）ありますが、本試験の出題傾向に鑑みて、本書では最も簡便な2つの方法について解説します。

退職一時金制度を採用している場合

1つめは、退職一時金制度を採用しており、退職給付に係る期末自己都合要支給額を退職給付債務とする方法です。

この場合、貸借対照表に計上される退職給付引当金の額および損益計算書に計上される退職給付費用の額は、次の算式により算定します。

退職給付引当金＝当期末自己都合要支給額

退職給付費用＝当期末自己都合要支給額
－（前期末自己都合要支給額－退職給付引当金取崩額）

簡便法による退職給付会計(1)

次の資料にもとづいて、当期末の貸借対照表に計上される退職給付引当金の額および損益計算書に計上される退職給付費用の額を求めなさい。なお、当社は退職一時金制度を採用しており、退職給付に関する会計基準の適用については簡便法を採用し、期末自己都合要支給額を退職給付債務として計算している。

残 高 試 算 表 （単位：千円）

仮　払　金	15,000	退職給付引当金	412,100

［資　料］

1．前期末自己都合要支給額：412,100千円

2．当期末自己都合要支給額：425,000千円

3．当期における退職従業員に係る自己都合要支給額（退職給付引当金取崩額）：15,000千円

なお、退職従業員に係る退職給付額については、仮払金処理している。

解答

退職給付引当金：425,000千円（当期末自己都合要支給額）
退職給付費用：27,900千円

（仕訳の単位：千円）

(1)　退職給付引当金の取崩し

(退職給付引当金)	15,000	(仮　払　金)	15,000

(2)　退職給付費用の計上

(退職給付費用)	27,900*	(退職給付引当金)	27,900

＊ 425,000千円（当期末自己都合要支給額）－（412,100千円（前期末自己都合要支給額）－15,000千円（取崩額））＝27,900千円

問題 >>> 問題編の**問題5**に挑戦しましょう！

退職一時金制度および企業年金制度を採用している場合

2つめは、退職一時金制度においては退職給付に係る期末自己都合要支給額を退職給付債務とし、企業年金制度においては年金財政計算上の数理債務を退職給付債務とする方法です。

この場合、貸借対照表に計上される退職給付引当金の額は、次の算式により算定します。

> 退職給付引当金＝期末退職給付債務－期末年金資産公正評価額
> 期末退職給付債務 → 当期末自己都合要支給額＋直近の年金財政計算上の数理債務

Point 簡便法における退職給付引当金

未積立退職給付債務

公正評価額	期末年金資産	
退職給付引当金設定額		期末退職給付債務

期末退職給付債務：
- 企業年金制度：直近の年金財政計算上の数理債務
- 退職一時金制度：期末自己都合要支給額

会計処理

基本的に原則法の会計処理と同じですが、退職給付費用については、期末において退職給付引当金の差額計算により簡便的に算定することになります。

> 退職給付費用
> ＝{(当期末自己都合要支給額＋直近の年金財政計算上の数理債務)－期末年金資産公正評価額}
> －(前期末退職給付引当金－年金掛金拠出額－退職一時金支給額)

数理計算を行わないため、数理計算上の差異は生じません。また、過去勤務費用についても、期末退職給付債務に吸収されることになるため、考慮する必要はありません。

数理債務と期末自己都合要支給額

(1) 数理債務

年金財政計算上の数理債務とは、企業年金制度における将来の給付現価から将来の標準掛金による収入現価を控除したものです（現価：現在価値)。将来の給付のために現時点で保有しておかなければならない積立額です。

(2) 自己都合要支給額

自己都合要支給額とは、企業が退職一時金制度を採用している場合、計算日現在において、全従業員が自己都合で退職すると仮定した場合に支給しなければならない退職金の総額をいいます。

例題　簡便法による退職給付会計(2)

次の資料にもとづいて、当期末の貸借対照表に計上される退職給付引当金の額および損益計算書に計上される退職給付費用の額を求めなさい。なお、当社は退職一時金制度および企業年金制度を採用しており、退職給付に関する会計基準の適用については簡便法を採用し、退職一時金制度については、期末自己都合要支給額を退職給付債務とし、企業年金制度においては、年金財政計算上の数理債務を退職給付債務とする方法により計算している。

残　高　試　算　表　（単位：千円）

仮　払　金	21,000	退職給付引当金	114,000

［資　料］

1．期首における各金額

① 自己都合要支給額：105,000千円

年金財政計算上の数理債務：63,000千円

② 年金資産：54,000千円

2．年金掛金拠出額：6,000千円

当該拠出額については、仮払金処理している。

3．退職年金による支給額：3,000千円

4．退職一時金による支給額：15,000千円

当該支給額については、仮払金処理している。

5．期末における各金額

① 自己都合要支給額：102,000千円

年金財政計算上の数理債務：69,000千円

② 年金資産：54,000千円

解答

退職給付引当金：117,000千円

退職給付費用：24,000千円

（仕訳の単位：千円）

(1) 期首

仕訳なし

(2) 年金掛金拠出額

(退職給付引当金)	6,000	(仮払金)	6,000

(3) 退職年金支給時

仕訳なし

(4) 退職一時金支給時

(退職給付引当金)	15,000	(仮払金)	15,000

(5) 決算時

(退職給付費用)	24,000*	(退職給付引当金)	24,000

＊ (102,000千円＋69,000千円－54,000千円)
当期末自己都合要支給額　当期末数理債務　当期末年金資産

－(114,000千円－6,000千円－15,000千円)＝24,000千円
前期末退職給付引当金　年金掛金拠出額　退職一時金支給額

9：退職給付会計における表示

貸借対照表への表示

退職給付引当金は貸借対照表上、通常、固定負債の区分に表示します。

表示科目	表示区分
退職給付引当金	固定負債

損益計算書への表示

退職給付費用は、損益計算書上、販売費及び一般管理費に表示します。

表示科目	内　容	表示区分
退職給付費用	勤務費用＋利息費用－期待運用収益	販売費及び一般管理費
	数理計算上の差異の費用処理額	
	過去勤務費用の費用処理額	

数理計算上の差異と過去勤務費用をその発生時に全額費用処理する場合などにおいて金額的重要性がある場合には、特別損失に計上することができます。

10：退職給付会計に関連する注記事項 計

重要な会計方針に係る事項に関する注記

退職給付会計に関連する重要な会計方針の注記事項には、退職給付引当金の計上基準、数理計算上の差異の費用処理方法などがあり、これを注記により開示しなければいけません。

〈文例〉

退職給付引当金は従業員の退職給付に備えるため、以下のとおりに計上している。
① 退職給付引当金は、期末の退職給付債務および年金資産の見込額にもとづき計上している。
② 数理計算上の差異は、発生の翌年度から定額法（期間 10 年）により費用処理している。
③ 過去勤務費用は、定率法（期間 10 年）により費用処理している。

なお、差異（数理計算上の差異、過去勤務費用）の費用処理方法を注記する際には、費用処理方法（定額法、定率法など）および費用処理の期間を示す必要があります。

特に、数理計算上の差異については、費用処理の開始年度（発生年度または翌年度）も記載しなければいけません。

参考 会計基準変更時差異

会計基準変更時差異

会計基準変更時差異とは、退職給付会計基準の適用初年度の期首における「退職給付会計基準による未積立退職給付債務」の金額と「従来の会計基準により計上された退職給与引当金等」の金額との差額であり、適用初年度の期首で算定されます。

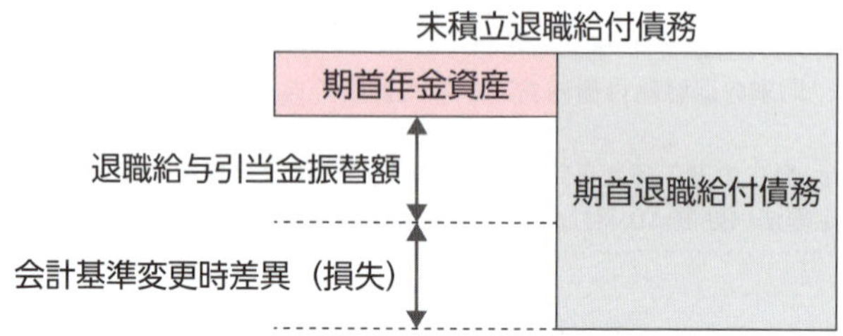

会計基準変更時差異のうち費用処理されていないものを「未認識会計基準変更時差異」といいます。

費用処理方法

会計基準変更時差異は、適用初年度を含め15年以内の一定の年数にわたり、定額法により費用処理を行います。なお、一定の年数にわたる費用処理には、適用初年度に一括して費用処理する方法も含まれます。

$$\text{費用処理額} = \text{会計基準変更時差異の発生額} \times \frac{1\text{年}}{\text{費用処理年数}}$$

費用処理の時期

会計基準変更時差異の費用処理の時期については、発生年度および発生年度の翌年度以降ともに期首となります。

例題 会計基準変更時差異

当社は、「退職給付に係る会計基準」を適用してから当期首までに11年が経過している。当期首における未認識会計基準変更時差異の残高は1,200千円（損失）である。なお、会計基準変更時差異は適用初年度から定額法（15年間）で償却している。

会計基準変更時差異の償却に係る当期の仕訳を示しなさい。

解答

（仕訳の単位：千円）

（退職給付費用）	300*	（退職給付引当金）	300

＊ 残存償却年数：15年－11年＝4年
1,200千円÷4年＝300千円

会計基準変更時差異については、問題の指示どおりに解けば問題ありません。償却期間および償却開始時期に注意しましょう。

資産除去債務

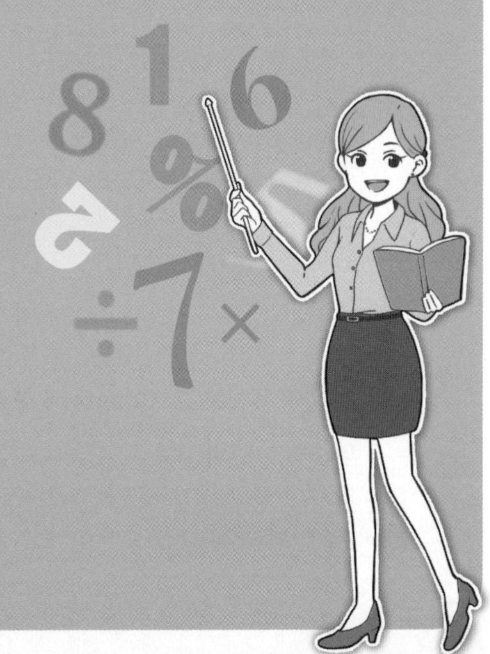

ここでは、資産除去債務について学習します。

主に理論問題で出題されていますが、そのイメージをつかむために計算問題も学習しておきましょう。

Chapter 8

負債会計

資産除去債務

>>会計処理の採用根拠が重要です！

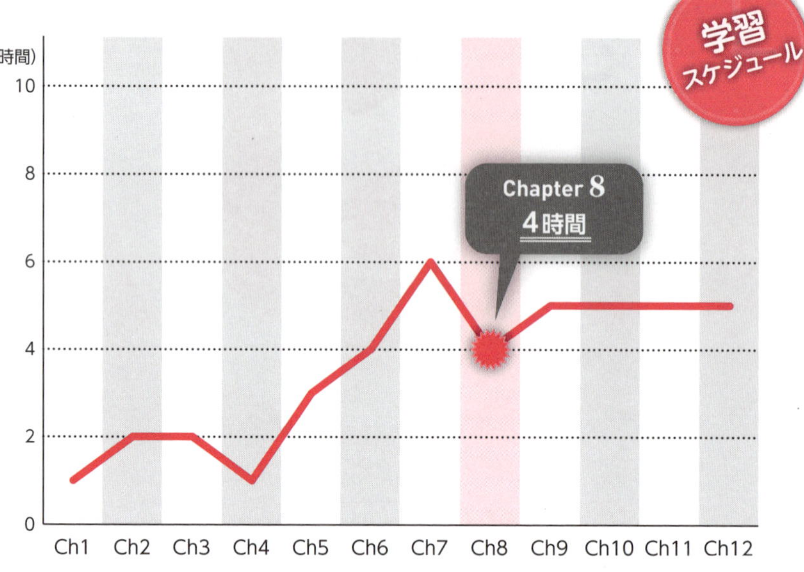

Check List

- □ 資産除去債務の意義を理解しているか？
- □ 資産除去債務の負債性について理解しているか？
- □ 引当金処理の問題点を理解しているか？
- □ 資産負債の両建処理の採用理由を理解しているか？
- □ 資産除去債務の算定方法を理解しているか？

Link to 簿記論③ **Chapter6 資産除去債務**

このChapterで扱う論点は、簿記論では財務諸表論より深い計算を学習します。このような計算は、財務諸表論の理論的背景を学習するうえでも有用ですので、余裕がある方は簿記論も同時に学習しましょう。

1：資産除去債務

資産除去債務とは

資産除去債務とは、有形固定資産の取得、建設、開発または通常の使用によって生じ、当該有形固定資産の除去に関して法令または契約で要求される法律上の義務およびそれに準ずるものをいいます。

資産除去債務に関する会計基準

3　本会計基準における用語の定義は、次のとおりとする。

(1)「資産除去債務」とは、有形固定資産の取得、建設、開発又は通常の使用によって生じ、当該有形固定資産の除去に関して法令又は契約で要求される法律上の義務及びそれに準ずるものをいう。この場合の法律上の義務及びそれに準ずるものには、有形固定資産を除去する義務のほか、有形固定資産の除去そのものは義務でなくとも、有形固定資産を除去する際に当該有形固定資産に使用されている有害物質等を法律等の要求による特別の方法で除去するという義務も含まれる。

(2) 有形固定資産の「除去」とは、有形固定資産を用役提供から除外することをいう（一時的に除外する場合を除く。）。除去の具体的な態様としては、売却、廃棄、リサイクルその他の方法による処分等が含まれるが、転用や用途変更は含まれない。

また、当該有形固定資産が遊休状態になる場合は除去に該当しない。

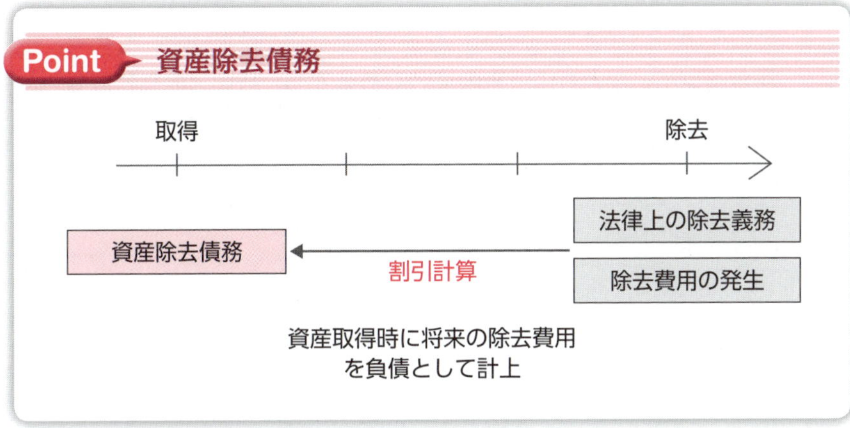

具体的には、アスベストや土壌汚染に対する浄化処理等に係る費用、不動産賃貸借契約における原状回復費等が該当します。なお、有形固定資産の使用期間中に実施する環境修復や修繕は「除去」に該当しません。

2：資産除去債務の負債性

資産除去債務の負債計上

資産除去債務は、有形固定資産を取得したときに負債として計上します。

有形固定資産を取得したとき以外にも、建設したときや開発したとき、通常の使用によって発生したときにも資産除去債務を計上します。

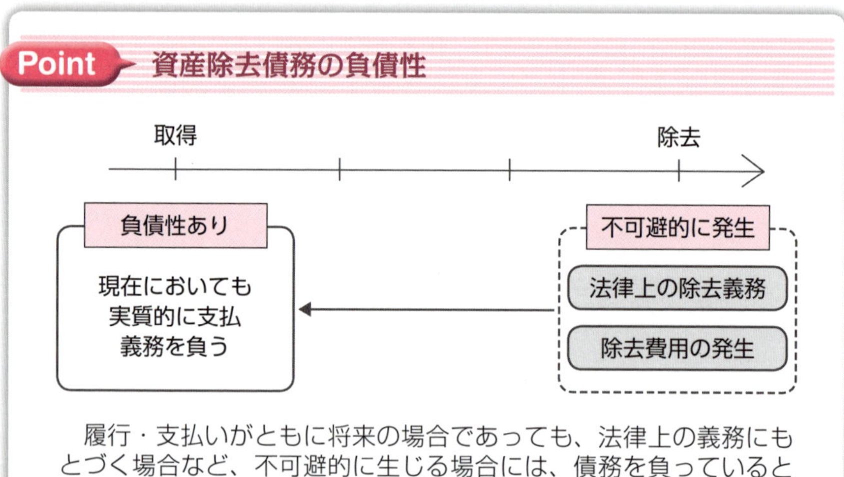

債務の金額を合理的に見積ることができない場合

資産除去債務の発生時にその債務の金額を合理的に見積ることができない場合、これを計上せず、債務額を合理的に見積ることができるようになった時点で負債として計上します。

しかし、そのように合理的に債務の金額を見積ることができない場合にも、財務諸表利用者への注意喚起のため、資産除去債務があるという事実を注記することが求められています。

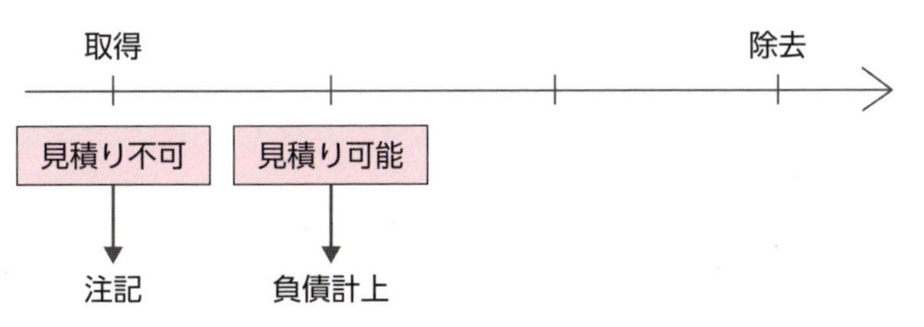

3：会計処理

資産除去債務の会計処理

資産除去債務の会計処理には、次の２つの考え方があります。

引当金処理

引当金処理とは、有形固定資産の除去に係る用役（除去サービス）の費消を、当該有形固定資産の使用に応じて各期間に費用配分し、それに対応する金額を負債として認識する会計処理です。

引当金処理は、有形固定資産の利用に応じて資産除去に係る費用を各期に配分できるという利点があります。

しかし、有形固定資産の除去に必要な金額が貸借対照表に計上されず、資産除去債務の負債計上が不十分になるという欠点があります。

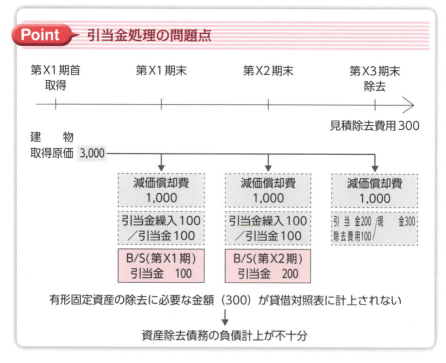

Point 引当金処理の問題点

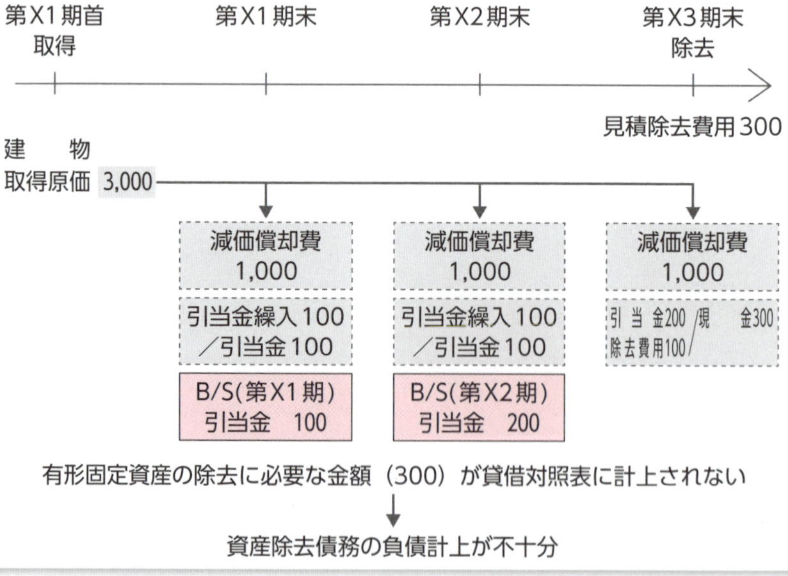

第X1期首 取得 ／ 第X1期末 ／ 第X2期末 ／ 第X3期末 除去

見積除去費用300

建　物
取得原価 3,000

第X1期末	第X2期末	第X3期末
減価償却費 1,000	減価償却費 1,000	減価償却費 1,000
引当金繰入 100 ／引当金 100	引当金繰入 100 ／引当金 100	引 当 金200 ／現　金300 除去費用100／
B/S(第X1期) 引当金 100	B/S(第X2期) 引当金 200	

有形固定資産の除去に必要な金額（300）が貸借対照表に計上されない

↓

資産除去債務の負債計上が不十分

資産負債の両建処理

資産負債の両建処理とは、資産除去債務の全額を負債として計上し、同額を有形固定資産の取得原価に反映させる会計処理です。現行の制度会計では、この資産負債の両建処理が採用されています。

資産負債の両建処理を適用した場合、資産除去債務の全額を負債として計上するとともに、これに対応する除去費用を取得原価に含めることができます。

その結果、除去費用を含めた有形固定資産を減価償却することにより、除去費用を各期間に適切に費用配分することが可能となります（引当金処理を包摂）。

Point 資産負債の両建処理

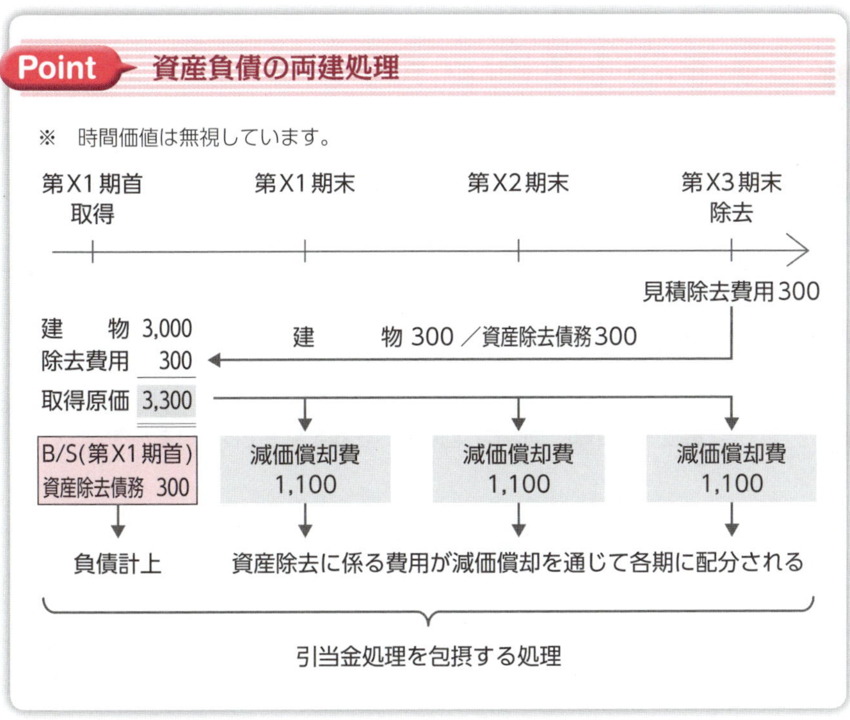

4：除去費用の資産計上と費用配分 理 計

除去費用の資産計上と費用配分

資産除去債務に対応する除去費用は、資産除去債務を負債として計上したときに、その同額を関連する有形固定資産の帳簿価額に加えます。

また、資産計上された資産除去債務に対応する除去費用は、減価償却を通じて、当該有形固定資産の残存耐用年数にわたり、各期に費用配分します。

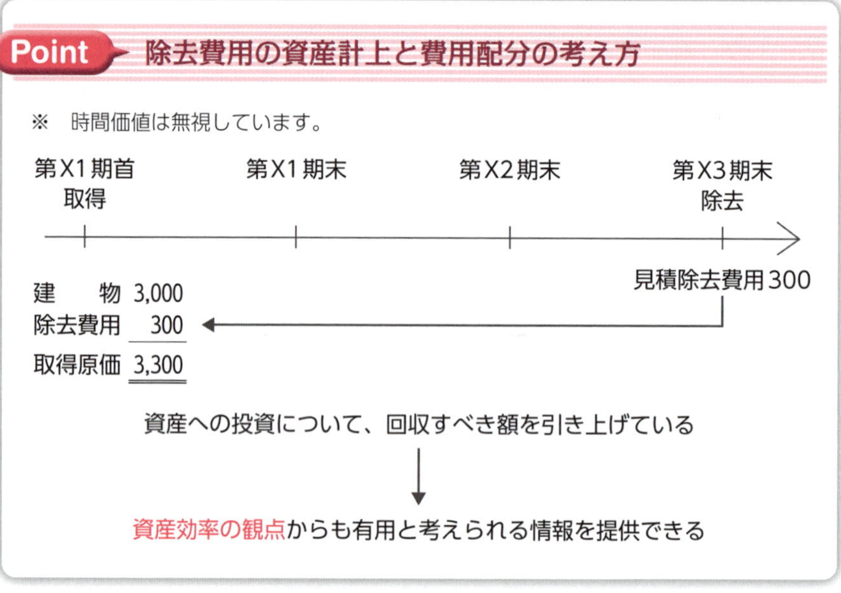

資産除去債務の費用配分額の算定

資産除去債務は、有形固定資産の除去に要する割引前の将来キャッシュ・フローを見積り、割引後の金額（割引価値）で算定します。

割引前の将来キャッシュ・フローの見積り
割引前将来キャッシュ・フローは、合理的で説明可能な仮定、および予測にもとづく自己の支出見積額で計算する。
割引現在価値の算定に用いる割引率の算定
貨幣の時間価値を反映した、無リスクの税引前の利率を使用する。
時の経過による資産除去債務の調整額の処理
発生時の費用として処理し、当該調整額は、期首の負債の帳簿価額に当初負債計上時の割引率を掛けて算定する。

なお、時の経過による資産除去債務の調整額は、損益計算上、関連する有形固定資産の減価償却費と同じ区分に計上します。

Point 資産除去債務の費用配分額の算定

(1) 利息費用

支出見積額1,000円を、割引率3.0%として利息費用を計算すると次のようになります。

利息費用＝資産除去債務期首残高×当初負債計上時の割引率

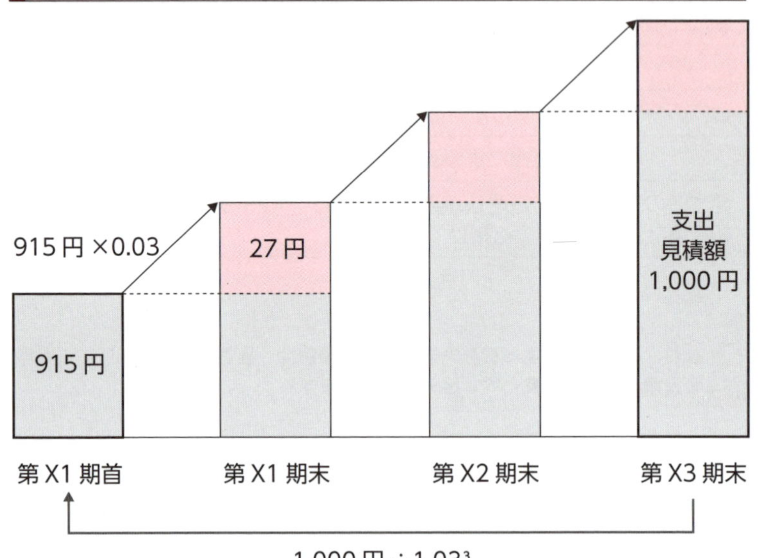

(2) 除去費用の費用配分

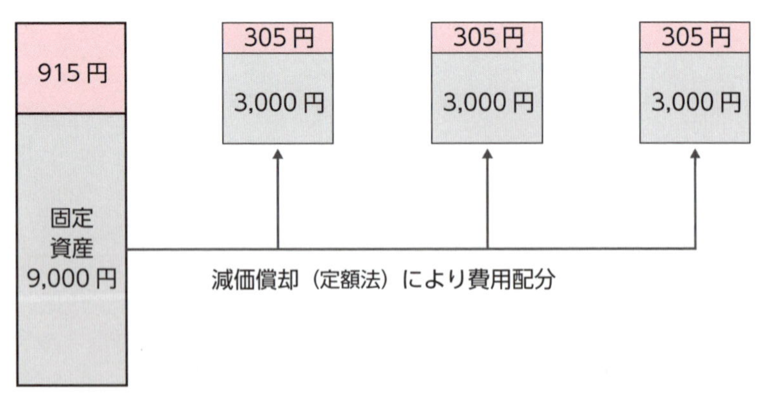

例題 資産除去債務

次の資料にもとづいて、第1期首および各期末における仕訳を示しなさい。なお、計算過程において端数が生じる場合には、そのつど千円未満を四捨五入すること。

［資　料］

1. 第1期首において設備A（取得原価：6,000千円、残存価額：0円、経済的耐用年数：3年、減価償却方法：定額法）を取得した。当社は、当該設備を経済的耐用年数到来時（第3期末）に除去する法的義務がある。
2. 経済的耐用年数到来時（第3期末）における支出見積額：2,000千円
3. 割引現在価値の算定に用いる割引率：3.0%
4. 資産除去債務は取得時に発生する。

解答

（仕訳の単位：千円）

第1期首〈設備取得と資産除去債務の計上〉

借方	金額	貸方	金額
（設　　備）	7,830	（現金及び預金）	6,000
		（資産除去債務）	1,830*

＊　将来キャッシュ・フローの見積額2,000千円÷1.03^3=1,830千円（千円未満四捨五入）

第1期末〈時の経過による資産除去債務の増加〉

借方	金額	貸方	金額
（利 息 費 用）	55*	（資産除去債務）	55

＊　期首における資産除去債務1,830千円×3.0%＝55千円（千円未満四捨五入）

〈減価償却〉

借方	金額	貸方	金額
（減価償却費）	2,610*	（減価償却累計額）	2,610

＊　7,830千円÷3年＝2,610千円

第2期末〈時の経過による資産除去債務の増加〉

借方	金額	貸方	金額
（利 息 費 用）	57*	（資産除去債務）	57

＊　（1,830千円＋55千円）×3.0%＝57千円（千円未満四捨五入）

〈減価償却〉

借方	金額	貸方	金額
（減価償却費）	2,610	（減価償却累計額）	2,610

第3期末〈時の経過による資産除去債務の増加〉

(利　息　費　用)	58*	(資産除去債務)	58

＊　(1,830千円＋55千円＋57千円)×3.0%＝58千円
（千円未満四捨五入）

〈減価償却〉

(減 価 償 却 費)	2,610	(減価償却累計額)	2,610

〈設備Aの除去〉

(減価償却累計額)	7,830	(設　　　　　備)	7,830

〈資産除去債務の履行〉

(資産除去債務)	2,000	(現金及び預金)	2,000

履行差額（資産除去債務の履行時に認識される資産除去債務残高と資産除去債務の決済のために実際に支払われた額との差額）も、関連する有形固定資産の減価償却費と同じ区分に計上します。

除去費用を関連する有形固定資産と別の資産として計上する方法

別資産として計上する考え方
資産除去債務に対応する除去費用を、資産除去債務の負債計上額と同額の資産として計上する方法として、除去費用の資産計上額が、有形固定資産の稼働等にとって必要な除去サービスの享受等に関する何らかの権利に相当するという考え方や、将来提供される除去サービスの前払い（長期前払費用）としての性格を有するという考え方から、資産除去債務に関連する有形固定資産とは区別して把握し、別の資産として計上する方法も考えられた。
反　論
しかし、除去費用は、法律上の権利ではなく財産的価値もないこと、また、独立して収益獲得に貢献するものではないことから、除去債務基準では、別の資産として計上する方法は採用していない。 除去費用は、有形固定資産の稼働にとって不可欠なものであるため、有形固定資産の取得に関する付随費用と同様に処理することとなっている。

割引現在価値の算定に用いる割引率

割引現在価値の算定には無リスク利子率を用いるけれど、なぜ自社の信用リスクを反映させた割引率ではいけないのですか？

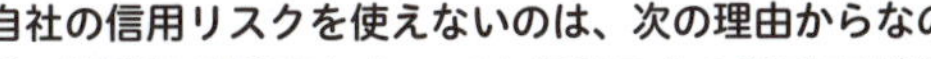

自社の信用リスクを使えないのは、次の理由からなの。

①　退職給付算定においても無リスクの割引率が使用されること。

②　同一の内容の債務について信用リスクの高い企業が高い割引率を用いることにより負債計上額が少なくなるという結果は、財務状態を適切に示さないこと。

③　資産除去債務の性格上、自らの不履行の可能性を前提とする会計処理は、適当ではないこと。

問題 >>> 問題編の**問題１**～**問題２**に挑戦しましょう！

CHAPTER 9

純資産会計

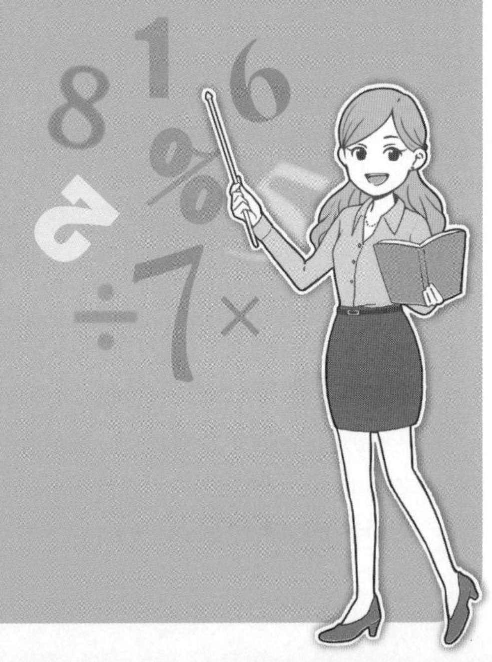

ここでは、純資産における株主資本と株主資本以外の各項目について学習していきます。これらはあとの学習の基礎となるため、各項目が区分される理由もあわせてしっかりとおさえましょう。

Chapter 9

純資産会計

純資産会計

>> 区分することの必要性を意識して読みましょう！

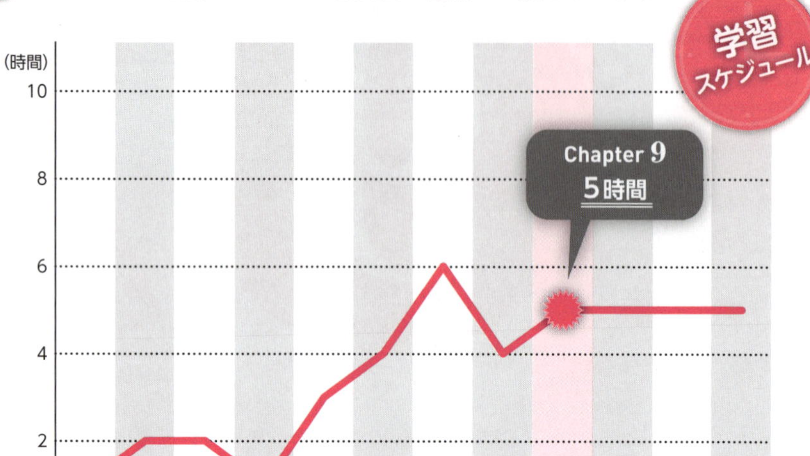

Check List

- □ 純資産および株主資本の意義を理解しているか？
- □ 新株予約権、評価・換算差額等、非支配株主持分の区分理由を理解しているか？
- □ 株主資本と株主資本以外の各項目に区分される理由を理解しているか？
- □ 株主資本等変動計算書の作成目的、記載方法を理解しているか？
- □ 株主資本等変動計算書に記載すべき範囲の考え方を理解しているか？

Link to 簿記論③ **Chapter8** 株主資本等変動計算書／ **Chapter10** 新株予約権

このChapterで扱う論点は、簿記論で学ぶ論点に加え、純資産に関する理論も学習します。なぜこのような計算をするのか？　なぜこのような表示をするのか？という背景は重要なため、簿記論とあわせて学習しましょう。

1：純資産の概要

純資産とは

純資産とは、資産と負債の差額をいい、株主資本と株主資本以外の各項目に区分されます。

Point 純資産の区分

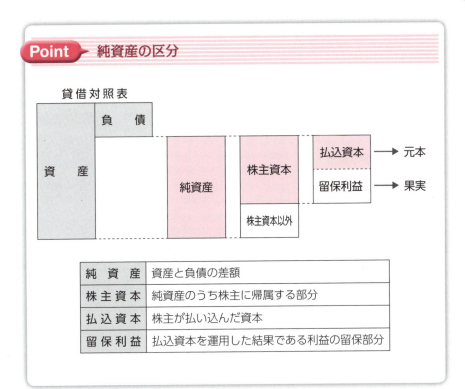

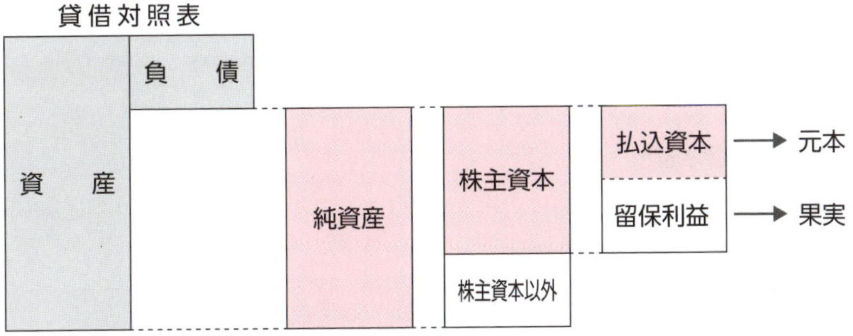

貸借対照表

資産	負債
	純資産

純資産 → 株主資本（払込資本 → 元本、留保利益 → 果実）、株主資本以外

純資産	資産と負債の差額
株主資本	純資産のうち株主に帰属する部分
払込資本	株主が払い込んだ資本
留保利益	払込資本を運用した結果である利益の留保部分

情報開示における純利益と株主資本の重要性

財務報告における情報開示の中で、特に重要なのは、投資の成果を表す利益の情報であると考えられています。

報告主体の所有者に帰属する利益は、基本的に過去の成果ですが、企業価値を評価する際の基礎となる将来キャッシュ・フローの予測やその改訂に広く用いられています。この情報の主要な利用者であり受益者であるのは、報告主体の企業価値に関心をもつ報告主体の現在および将来の所有者（株主）であると考えられているため、当期純利益とこれを生み出す株主資本は重視されています。

株主資本以外の各項目

株主資本以外の各項目には**新株予約権**、**評価・換算差額等**、**非支配株主持分**が含まれます。

(1) 新株予約権の表示

新株予約権を純資産の部に表示する理由、および株主資本以外の区分に表示する理由は、次のとおりです。

純資産の部に表示する理由

新株予約権は、将来、権利行使され払込資本となる可能性がある一方、失効して払込資本とはならない可能性もある。このように、発行者側の新株予約権は、権利行使の有無が確定するまでの間、その性格が確定せず、また、新株予約権は返済義務のある負債ではないため、純資産の部に記載する。

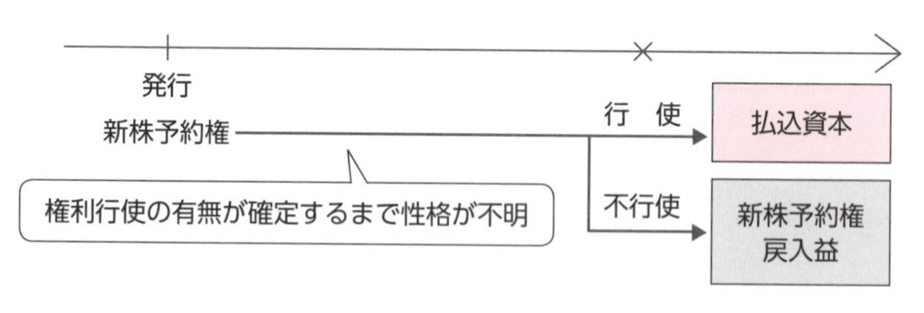

株主資本以外の区分に表示する理由

新株予約権は、報告主体の所有者である株主とは異なる新株予約権者との取引によるものであり、（親会社）株主に帰属するものではないため、株主資本とは区別している。

(2) 評価・換算差額等の表示

評価・換算差額等を純資産の部に表示する理由、および株主資本以外の区分に表示する理由は、次のとおりです。

純資産の部に表示する理由
貸借対照表上、資産性または負債性を有しない項目については、純資産の部に記載することが適当であるため、資産性または負債性のない評価・換算差額等は純資産の部に記載する。
株主資本以外の区分に表示する理由
評価・換算差額等は、払込資本ではなく、かつ、いまだ当期純利益に含められていないことから、株主資本とは区別し、株主資本以外の項目とする。

(3) 非支配株主持分の表示

非支配株主持分を純資産の部に表示する理由、および株主資本以外の区分に表示する理由は、次のとおりです。

純資産の部に表示する理由
非支配株主持分は、返済義務のある負債ではないため、純資産の部に記載する。
株主資本以外の区分に表示する理由
非支配株主持分は、子会社の資本のうち親会社に帰属していない部分であり、親会社株主に帰属するものでないため、株主資本とは区別する。

非支配株主持分については、教科書４で詳しく学習します！

その他有価証券評価差額金や非支配株主持分の純資産への表示

近年、その他有価証券評価差額金や非支配株主持分などの貸方項目に関して、負債の部に計上するか、純資産の部に計上するか、負債と純資産の中間区分を設けて計上するか議論が分かれています。

企業会計基準では、財務会計の概念フレームワークをベースとして、貸方項目に関しては、純資産が抽象概念であることから、返済義務のあるものは負債に計上し、負債でないものを純資産の部に計上するものとしています。

これは、負債の部に記載すべき項目を積極的に定義することにより、報告主体の支払能力などを適切に示すことができ、財政状態をより適切に表示することが可能となるためです。

中間区分を設けることの問題点

純資産は報告主体の所有者に帰属するもの、負債は返済義務のあるものとそれぞれ明確にしたうえで貸借対照表の貸方項目を区分する場合、純資産や負債に該当しない項目が生じることがあります。この場合には、独立した中間区分を設けることが考えられますが、中間区分自体の性格や中間区分と損益計算書との関係を巡る問題が指摘されています。

株主資本と株主資本以外の各項目に区分する理由

財務報告における情報開示においては、投資の成果を表す**当期純利益**とこれを生み出す**株主資本**との関係を示すことが重要です。

つまり、損益計算書における当期純利益の額と貸借対照表における株主資本の変動額（資本取引を除く）が一致する関係（**クリーン・サープラス関係**）を重視して、純資産の部を株主資本と株主資本以外の各項目に区分しています。

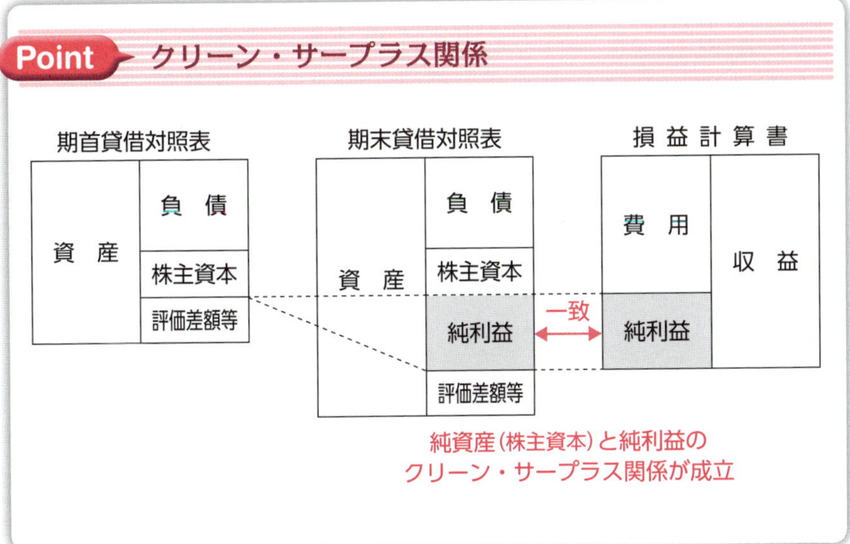

クリーン・サープラス関係については、教科書１でもふれています。確認しておきましょう。

2：株主資本等変動計算書

株主資本等変動計算書とは

株主資本等変動計算書は、貸借対照表の純資産の部の一会計期間における変動額のうち、主として、株主に帰属する部分である株主資本の各項目の変動事由を報告するために作成するものです。

主として株主資本の項目の変動を表示するものですが、評価・換算差額等、新株予約権等の株主資本以外の項目の変動も表示しています。

株主資本等変動計算書の作成方法

株主資本等変動計算書のフォームには、(1)純資産の各項目を横に並べる様式と(2)純資産の各項目を縦に並べる様式の２つがあります。

(1) 純資産の各項目を横に並べる様式

株主資本等変動計算書（一部）
自××年4月1日　至××年3月31日

（単位：円）

	株主資本									
	資本金	資本剰余金			利益剰余金				自己株式	株主資本合計
		資本準備金	その他資本剰余金	資本剰余金合計	利益準備金	その他利益剰余金		利益剰余金合計		
						○○積立金	繰越利益剰余金			
当期首残高	750,000	75,000	30,000	105,000	75,000	30,000	150,000	255,000	△30,000	1,080,000
当期変動額										
新株の発行	37,500	37,500		37,500						75,000
剰余金の配当					1,500		△16,500	△15,000		△15,000
当期純利益							37,500	37,500		37,500
自己株式の取得									△2,700	△2,700
自己株式の処分			△150	△150					3,300	3,150
株主資本以外の項目の当期変動額（純額）										
当期変動額合計	37,500	37,500	△150	37,350	1,500	0	21,000	22,500	600	97,950
当期末残高	787,500	112,500	29,850	142,350	76,500	30,000	171,000	277,500	△29,400	1,177,950

下段へ続く

上段より続く

	評価・換算差額等			新株予約権	純資産合計
	その他有価証券評価差額金	繰延ヘッジ損益	評価・換算差額等合計		
当期首残高	15,000	7,500	22,500	4,500	1,107,000
当期変動額					
新株の発行					75,000
剰余金の配当					△15,000
当期純利益					37,500
自己株式の取得					△2,700
自己株式の処分					3,150
株主資本以外の項目の当期変動額（純額）	9,000	4,500	13,500	7,500	21,000
当期変動額合計	9,000	4,500	13,500	7,500	118,950
当期末残高	24,000	12,000	36,000	12,000	1,225,950

⑵　純資産の各項目を縦に並べる様式

株主資本等変動計算書（一部）

自××年４月１日　至××年３月31日　（単位：円）

株主資本	
資本金	
当期首残高	750,000
当期変動額	
新株の発行	37,500
当期変動額合計	37,500
当期末残高	787,500
資本剰余金	
資本準備金	
当期首残高	75,000
当期変動額	
新株の発行	37,500
当期変動額合計	37,500
当期末残高	112,500
その他資本剰余金	
当期首残高	30,000
当期変動額	
自己株式の処分	△ 150
当期変動額合計	△ 150
当期末残高	29,850
資本剰余金合計	
当期首残高	105,000
当期変動額	
新株の発行	37,500
自己株式の処分	△ 150
当期変動額合計	37,350
当期末残高	142,350
利益剰余金	
利益準備金	
当期首残高	75,000
当期変動額	
剰余金の配当	1,500
当期変動額合計	1,500
当期末残高	76,500
その他利益剰余金	
○○積立金	
当期首残高	30,000
当期末残高	30,000
繰越利益剰余金	
当期首残高	150,000
当期変動額	
剰余金の配当	△ 16,500
当期純利益	37,500
当期変動額合計	21,000
当期末残高	171,000
利益剰余金合計	
当期首残高	255,000
当期変動額	
剰余金の配当	△ 15,000
当期純利益	37,500
当期変動額合計	22,500
当期末残高	277,500
自己株式	
当期首残高	△ 30,000
当期変動額	
自己株式の取得	△ 2,700
自己株式の処分	3,300
当期変動額合計	600
当期末残高	△ 29,400
株主資本合計	
当期首残高	1,080,000
当期変動額	
新株の発行	75,000
剰余金の配当	△ 15,000
当期純利益	37,500
自己株式の取得	△ 2,700
自己株式の処分	3,150
当期変動額合計	97,950
当期末残高	1,177,950
評価・換算差額等	
その他有価証券評価差額金	
当期首残高	15,000
当期変動額	
株主資本以外の項目の当期変動額（純額）	9,000
当期変動額合計	9,000
当期末残高	24,000
繰延ヘッジ損益	
当期首残高	7,500
当期変動額	
株主資本以外の項目の当期変動額（純額）	4,500
当期変動額合計	4,500
当期末残高	12,000
評価・換算差額等合計	
当期首残高	22,500
当期変動額	
株主資本以外の項目の当期変動額（純額）	13,500
当期変動額合計	13,500
当期末残高	36,000
新株予約権	
当期首残高	4,500
当期変動額	
株主資本以外の項目の当期変動額（純額）	7,500
当期変動額合計	7,500
当期末残高	12,000
純資産合計	
当期首残高	1,107,000
当期変動額	
新株の発行	75,000
剰余金の配当	△ 15,000
当期純利益	37,500
自己株式の取得	△ 2,700
自己株式の処分	3,150
株主資本以外の項目の当期変動額（純額）	21,000
当期変動額合計	118,950
当期末残高	1,225,950

Point 株主資本等変動計算書の記載方法

<table>
<tr><th colspan="2">株主資本等変動計算書</th></tr>
<tr><td colspan="2">貸借対照表の純資産の部の表示に従う。</td></tr>
<tr><td rowspan="6">記載方法</td><td>株主資本の各項目</td></tr>
<tr><td>(1) 当期首残高、当期変動額および当期末残高を示す。
(2) 当期変動額については、各変動事由ごとに当期変動額および変動事由を示す。</td></tr>
<tr><td>株主資本以外の各項目</td></tr>
<tr><td>(1) 当期首残高、当期変動額および当期末残高を示す。
(2) 当期変動額については、当期変動額を純額で示す。</td></tr>
<tr><td>当期純利益（または当期純損失）</td></tr>
<tr><td>繰越利益剰余金の変動事由として表示する。</td></tr>
<tr><th colspan="2">当期末残高</th></tr>
<tr><td colspan="2">株主資本等変動計算書の当期末残高＝当期末の貸借対照表の金額</td></tr>
</table>

株主資本等変動計算書の記載項目の範囲の考え方

株主資本等変動計算書に記載すべき項目の範囲については、主に次の考え方があります。

純資産すべての項目とする考え方	株主資本のみとする考え方
資産と負債の差額である純資産について、国際的な会計基準では株主資本以外の項目についても、一会計期間の変動を開示する考え方を採用しているため、その国際的な会計基準との調和を重視すべき。	財務報告における情報開示の中で、財務諸表利用者にとって特に重要な情報は投資の成果を表す利益の情報であり、当該情報の主要な利用者であり受益者である株主に対して、当期純利益とこれを生み出す株主資本との関係を示すことが重要である。

制度上における株主資本等変動計算書の記載項目の範囲 

基準では、このような考え方を踏まえ、開示項目の範囲については、国際的調和の観点から純資産の部のすべての項目とするものの、株主資本とそれ以外の項目とでは一会計期間における変動事由ごとの金額に関する情報の有用性が異なること、および株主資本以外の各項目を変動事由ごとに表示することに対する事務負担の増大などを考慮し、株主資本の各項目については、変動事由ごとにその金額を表示することとし、株主資本以外の各項目は、原則として、当期変動額を純額で表示することとしました。

例題 株主資本等変動計算書

次の資料にもとづいて、1．純資産の項目を横に並べる様式と、2．純資産の項目を縦に並べる様式で、Z株式会社の当期（X3年4月1日からX4年3月31日まで）における株主資本等変動計算書を会社計算規則に準拠して作成しなさい。

なお、「会計方針の開示、会計上の変更及び誤謬の訂正に関する会計基準」にもとづく遡及処理は行われていないものとする。

［資料1］X3年3月31日の貸借対照表（一部抜粋）

貸借対照表

（単位：千円）

純資産の部	
Ⅰ 株主資本	（ 243,000 ）
1 資本金	150,000
2 資本剰余金	（ 16,500 ）
(1)資本準備金	15,000
(2)その他資本剰余金	1,500
3 利益剰余金	（ 76,500 ）
(1)利益準備金	7,500
(2)その他利益剰余金	（ 69,000 ）
別途積立金	1,500
繰越利益剰余金	67,500
Ⅱ 評価・換算差額等	（ 270 ）
1 その他有価証券評価差額金	270
純資産の部合計	243,270

［資料2］参考資料

⑴　X3年4月に新株の発行による増資30,000千円を実施し、資本金として15,000千円、資本準備金として15,000千円をそれぞれ計上している。

⑵　X3年6月の株主総会において繰越利益剰余金からの配当15,000千円の支払いと利益準備金への繰入れ1,500千円を決議し、配当を行った。

　また、同日の株主総会で繰越利益剰余金7,500千円を減少させ、同額を別途積立金に積み立てる処分を決議した。

⑶　X3年10月に自己株式16,500千円を有償にて取得している。

⑷　X4年1月において新株予約権1,500千円を有償にて発行している。また、X4年3月において当該予約権のうち10%部分が権利行使されたため、9,000千円の払込みを受けるとともに自己株式（帳簿価額7,500千円）を処分した。

⑸　当社が前期末および当期末に保有している有価証券はA社株式1銘柄であり、保有目的はその他有価証券に該当する。当社では、有価証券について「金融商品に関する会計基準」にもとづいて処理し、その他有価証券に係る評価差額は税効果会計を適用のうえ、全部純資産直入法により処理することとしている。なお、法定実効税率は前期・当期ともに40%である。また、前期末および当期末の評価に必要な事項は次のとおりである。

銘　柄	取得原価	X3年3月31日の期末時価	X4年3月31日の期末時価
A社株式	1,800千円	2,250千円	2,550千円

⑹　当期（X3年期）の当期純利益は30,000千円である。

解答

1．純資産の項目を横に並べる様式

純資産の項目を横に並べる様式の場合には、変動事由ごとに株主資本の項目の当期変動額を記載します。

株主資本等変動計算書

Z株式会社　　自×3年4月1日　至×4年3月31日　　（単位：千円）

	株主資本									
	資本金	資本剰余金			利益剰余金				自己株式	株主資本合計
		資本準備金	その他資本剰余金	資本剰余金合計	利益準備金	その他利益剰余金		利益剰余金合計		
						別途積立金	繰越利益剰余金			
当期首残高	150,000	15,000	1,500	16,500	7,500	1,500	67,500	76,500	－	243,000
当期変動額										
新株の発行	15,000	15,000		15,000						30,000
剰余金の配当					1,500		△16,500	△15,000		△15,000
別途積立金の積立						7,500	△ 7,500	－		－
当期純利益							30,000	30,000		30,000
自己株式の取得									△16,500	△16,500
自己株式の処分			1,650	1,650					7,500	9,150
株主資本以外の項目の当期変動額（純額）										
当期変動額合計	15,000	15,000	1,650	16,650	1,500	7,500	6,000	15,000	△ 9,000	37,650
当期末残高	165,000	30,000	3,150	33,150	9,000	9,000	73,500	91,500	△ 9,000	280,650

下段へ続く

上段より続く

	評価・換算差額等		新株予約権	純資産合計
	その他有価証券評価差額金	評価・換算差額等合計		
当期首残高	270	270	－	243,270
当期変動額				
新株の発行				30,000
剰余金の配当				△ 15,000
別途積立金の積立				－
当期純利益				30,000
自己株式の取得				△ 16,500
自己株式の処分				9,150
株主資本以外の項目の当期変動額（純額）	180	180	1,350	1,530
当期変動額合計	180	180	1,350	39,180
当期末残高	450	450	1,350	282,450

2．純資産の項目を縦に並べる様式

純資産の項目を縦に並べる様式の場合には、表示区分・表示科目ごとに株主資本の項目の当期変動額を記載します。

株主資本等変動計算書

Z株式会社　　自×3年4月1日　至×4年3月31日　　(単位：千円)

株主資本	
資本金	
当期首残高	150,000
当期変動額	
新株の発行	15,000
当期変動額合計	15,000
当期末残高	165,000
資本剰余金	
資本準備金	
当期首残高	15,000
当期変動額	
新株の発行	15,000
当期変動額合計	15,000
当期末残高	30,000
その他資本剰余金	
当期首残高	1,500
当期変動額	
自己株式の処分	1,650
当期変動額合計	1,650
当期末残高	3,150
資本剰余金合計	
当期首残高	16,500
当期変動額	
新株の発行	15,000
自己株式の処分	1,650
当期変動額合計	16,650
当期末残高	33,150
利益剰余金	
利益準備金	
当期首残高	7,500
当期変動額	
剰余金の配当	1,500
当期変動額合計	1,500
当期末残高	9,000
その他利益剰余金	
別途積立金	
当期首残高	1,500
当期変動額	
別途積立金の積立	7,500
当期変動額合計	7,500
当期末残高	9,000
繰越利益剰余金	
当期首残高	67,500
当期変動額	
剰余金の配当	△ 16,500
別途積立金の積立	△ 7,500
当期純利益	30,000
当期変動額合計	6,000
当期末残高	73,500
利益剰余金合計	
当期首残高	76,500
当期変動額	
剰余金の配当	△ 15,000
別途積立金の積立	−
当期純利益	30,000
当期変動額合計	15,000
当期末残高	91,500

自己株式	
当期首残高	−
当期変動額	
自己株式の取得	△ 16,500
自己株式の処分	7,500
当期変動額合計	△ 9,000
当期末残高	△ 9,000
株主資本合計	
当期首残高	243,000
当期変動額	
新株の発行	30,000
剰余金の配当	△ 15,000
別途積立金の積立	−
当期純利益	30,000
自己株式の取得	△ 16,500
自己株式の処分	9,150
当期変動額合計	37,650
当期末残高	280,650
評価・換算差額等	
その他有価証券評価差額金	
当期首残高	270
当期変動額	
株主資本以外の項目の当期変動額（純額）	180
当期変動額合計	180
当期末残高	450
評価・換算差額等合計	
当期首残高	270
当期変動額	
株主資本以外の項目の当期変動額（純額）	180
当期変動額合計	180
当期末残高	450
新株予約権	
当期首残高	−
当期変動額	
株主資本以外の項目の当期変動額（純額）	1,350
当期変動額合計	1,350
当期末残高	1,350
純資産合計	
当期首残高	243,270
当期変動額	
新株の発行	30,000
剰余金の配当	△ 15,000
別途積立金の積立	−
当期純利益	30,000
自己株式の取得	△ 16,500
自己株式の処分	9,150
株主資本以外の項目の当期変動額（純額）	1,530
当期変動額合計	39,180
当期末残高	282,450

（仕訳の単位：千円）

(1)

（現金及び預金）	30,000	（資　本　金）	15,000
		（資 本 準 備 金）	15,000

(2)

（繰越利益剰余金）	16,500	（現金及び預金）	15,000
		（利 益 準 備 金）	1,500
（繰越利益剰余金）	7,500	（別 途 積 立 金）	7,500

(3)

（自 己 株 式）	16,500	（現金及び預金）	16,500

(4)

（現金及び預金）	1,500	（新 株 予 約 権）	1,500
（現金及び預金）	9,000	（自 己 株 式）	7,500
（新 株 予 約 権）	150＊	（その他資本剰余金）	1,650

＊　1,500千円×10%＝150千円

(5)

① 前期末計上その他有価証券の戻入処理

（繰延税金負債）	180＊1	（投資有価証券）	450
（その他有価証券評価差額金）	270＊2		

＊1　(2,250千円－1,800千円)×40%＝180千円（繰延税金負債）
＊2　(2,250千円－1,800千円)－180千円＝270千円
（その他有価証券評価差額金）

② 当期末計上その他有価証券の時価評価の処理

（投資有価証券）	750	（繰延税金負債）	300＊1
		（その他有価証券評価差額金）	450＊2

＊1　(2,550千円－1,800千円)×40%＝300千円（繰延税金負債）
＊2　(2,550千円－1,800千円)－300千円＝450千円(その他有価証券評価差額金)
※　その他有価証券評価差額金（評価・換算差額等）の当期変動額の純額
450千円－270千円＝180千円
当期末残高　前期末残高　当期変動額（純額）

(6)

（当 期 純 利 益）	30,000	（繰越利益剰余金）	30,000

※　当期純利益は繰越利益剰余金の変動事由として表示します。

〈X4年3月31日の貸借対照表（一部抜粋）〉

貸借対照表

（単位：千円）

純資産の部		
Ⅰ 株主資本	（	280,650 ）
1 資本金		165,000
2 資本剰余金	（	33,150 ）
(1)資本準備金		30,000
(2)その他資本剰余金		3,150
3 利益剰余金	（	91,500 ）
(1)利益準備金		9,000
(2)その他利益剰余金	（	82,500 ）
別途積立金		9,000
繰越利益剰余金		73,500
4 自己株式		△9,000
Ⅱ 評価・換算差額等	（	450 ）
1 その他有価証券評価差額金		450
Ⅲ 新株予約権	（	1,350 ）
純資産の部合計		282,450

問題 >>> 問題編の**問題1～問題2**に挑戦しましょう！

3：純資産に関連する注記事項

株主資本等変動計算書に関する注記

株主資本等変動計算書に関する注記事項は、次のとおりです。

- 当該事業年度の末日における発行済株式の数
- 当該事業年度の末日における自己株式の数
- 当該事業年度中に行った剰余金の配当に関する事項
- 当該事業年度末日後に行う剰余金の配当に関する事項
- 当該事業年度の末日における当該株式会社が発行している新株予約権の目的となる当該株式会社の株式の数

(1) 当該事業年度の末日における発行済株式の数

〈文例〉

当該事業年度の末日における発行済株式の数　普通株式　500,000株

(2) 当該事業年度の末日における自己株式の数

〈文例〉

当該事業年度の末日における自己株式の数　普通株式　1,000株

(3) 当該事業年度中に行った剰余金の配当に関する事項

〈文例〉

当該事業年度中に行った剰余金の配当に関する事項
配当の総額　35,000千円

(4) 当該事業年度末日後に行う剰余金の配当に関する事項

〈文例〉

当該事業年度の末日後に行う剰余金の配当に関する事項
配当の総額　20,000千円

(5)　当該事業年度の末日における当該株式会社が発行している新株予約権の目的となる当該株式会社の株式の数

〈文例〉

新株予約権の目的となる株式の数　普通株式　650 株

1株当たり情報に関する注記

1株当たり情報に関する注記として、1株当たり純資産額と1株当たり当期純利益または当期純損失の額を注記表示します。

(1)　1株当たり純資産額

〈文例〉

1 株当たり純資産額　325 円 27 銭

(2)　1株当たり当期純利益または当期純損失の額

〈文例〉

1 株当たり当期純利益　31 円 95 銭

1株当たり情報については、参考で説明しています。

参考 1株当たり情報

(1) 1株当たり純資産額

1株当たり純資産額は、普通株主に帰属する期末の純資産額を、期末普通株式の発行済株式数から自己株式数を控除した株式数で割って計算します。

1株当たり純資産額は、普通株主に帰属する企業の財政状態を示すことを目的として開示されるものであるため、普通株主に帰属しない金額は、1株当たり純資産額の算定上、期末純資産額に含めません。

> **1株当たり純資産額**
>
> $$=\frac{\text{貸借対照表上の純資産の部の合計額}-\text{新株式申込証拠金}-\text{新株予約権}}{\text{期末発行済株式数}-\text{期末保有自己株式数}}$$

計算上、円未満の端数が生じる場合には、円未満第2位まで（円未満第3位以下切捨て）を求めるのが慣行です。なお、分子の純資産の部の合計額から控除する項目には、ほかに自己株式申込証拠金などがあります。

(2) 1株当たり当期純利益または当期純損失の額

1株当たり当期純利益または当期純損失の額は、普通株主に帰属する一会計期間の成果を示し、投資者の的確な投資判断に資する情報を提供することを開示の目的としているため、普通株主に帰属する当期純利益の額を普通株式の期中平均株式数で割って算定します。

> **1株当たり当期純利益**
>
> $$=\frac{\text{損益計算書上の当期純利益}}{\text{普通株式の期中平均発行株式数}-\text{普通株式の期中平均自己株式数}}$$

期中平均株式数は次の計算式を用いて算定します。

> **期中平均株式数**
>
> $$=\text{期首発行済株式数}+\text{期中発行株式数}\times\frac{\text{発行日から期末までの日数}}{365\text{日}}$$

期中平均株式数は月割計算で算定することもあります。本試験では、問題文の指示に従ってください。
また、計算上、円未満の端数が生じる場合には、円未満第2位まで（円未満第3位以下切捨て）を求めるのが慣行です。

例題

1株当たり純資産額

次の資料にもとづいて、1株当たり純資産額を求めなさい。

[資　料]

(1)　当期末の純資産合計額：2,880,000千円

上記の純資産合計額には、新株式申込証拠金105,000千円、新株予約権75,000千円が含まれている。

(2)　期末発行済株式数：5,000千株

(3)　当社が期末現在に保有する自己株式の数：700千株

解答　**1株当たり純資産額：627円90銭**

1株当たり純資産額：

$$\frac{2{,}880{,}000\text{千円} - 105{,}000\text{千円} - 75{,}000\text{千円}}{5{,}000\text{千株} - 700\text{千株}} = 627.906\cdots \rightarrow 627\text{円}90\text{銭}$$

普通株主に帰属しない新株式申込証拠金と新株予約権を期末純資産額から控除します。

例題　1株当たり当期純利益

次の資料にもとづいて、1株当たり当期純利益の額を求めなさい。なお、当期はX6年4月1日からX7年3月31日までである。

［資　料］

1．期首発行済株式数：30,000千株
2．X6年8月1日に9,000千株の新株発行（有償増資）を行った。
3．X6年10月1日に自己株式3,600千株を取得した。
4．損益計算書上の当期純利益：1,077,000千円
5．当社が発行する株式はすべて普通株式である。
6．期中平均発行済株式数は、月割計算を用いて算定している。

解答　**1株当たり当期純利益：31円49銭**

〈1株当たり当期純利益〉

(1)　損益計算書上の当期純利益：1,077,000千円

(2)　普通株式の期中平均株式数

①　普通株式の期中平均発行済株式数

$$30{,}000\text{千株}+9{,}000\text{千株}\times\frac{8\text{カ月}}{12\text{カ月}}=36{,}000\text{千株}$$

②　普通株式の期中平均自己株式数

$$3{,}600\text{千株}\times\frac{6\text{カ月}}{12\text{カ月}}=1{,}800\text{千株}$$

③　①－②＝34,200千株

(3)　1株当たり当期純利益

(1)÷(2)＝31.491…→31円49銭

期中平均発行済株式数から期中平均自己株式数を控除します。

問題 >>> 問題編の**問題3**に挑戦しましょう！

株主資本

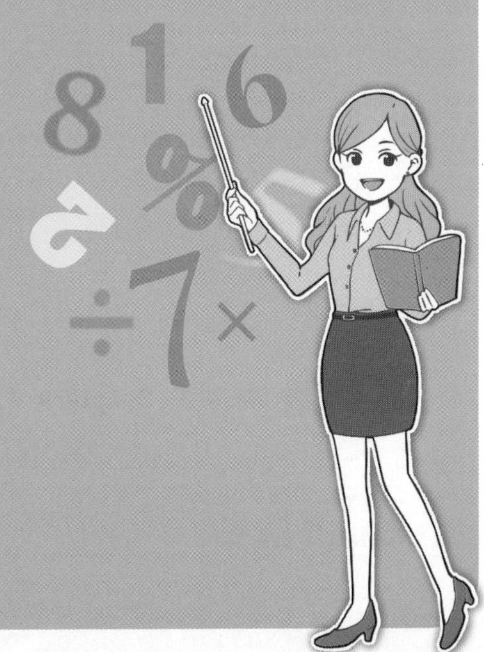

ここでは、株主資本について学習します。株主資本の区分や自己株式の処理など、非常に重要な論点なので、しっかりおさえましょう。

Chapter 10

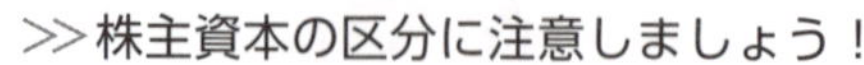

株主資本

>>株主資本の区分に注意しましょう！

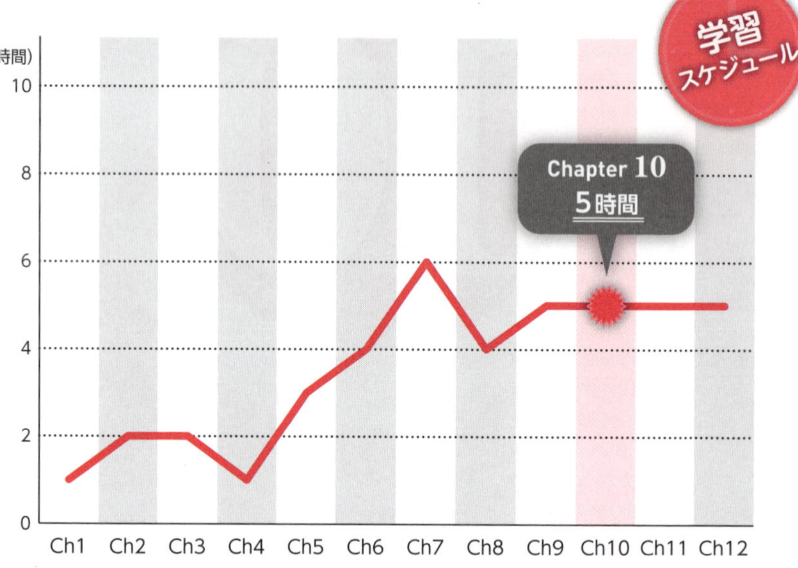

Check List

- □ 区分の基本的考えを理解しているか？
- □ 新株発行にともなう会計処理を理解しているか？
- □ 剰余金の配当にともなう準備金の積立てについて理解しているか？
- □ 株主資本の計数の変動について理解しているか？
- □ 自己株式の理論上の考え方を理解しているか？

Link to 簿記論③ **Chapter9 株主資本**

簿記論では、このChapterで扱う論点以外に、株式分割や自己株式と新株の同時交付などの細かい処理を学習します。もっと詳しく学習したい人は、簿記論も同時に学習しましょう。

1：区分の基本的考え

企業会計基準における資本（株主資本）の区分

企業会計基準では、株主資本は、**資本金**、**資本剰余金**および**利益剰余金**に区分されます。

Point 企業会計基準における区分の理由

企業会計基準では、株主資本の区分について、株主の払込資本とその運用結果としての利益の留保分たる留保利益とを区別することに重点をおいています。

払込資本は、資本取引から生じた資本部分で維持拘束性を特質とするものであり、留保利益は、損益取引から生じた利益部分で処分可能性を特質とするものです。

区分	
Ⅰ 資　本　金 Ⅱ 資 本 剰 余 金 　1 資 本 準 備 金 　2 その他資本剰余金	払込資本
Ⅲ 利 益 剰 余 金 　1 利 益 準 備 金 　2 その他利益剰余金	留保利益

すなわち、基準では、投資者保護のための情報開示の観点から、元本（払込資本）と果実（留保利益）を明確に区別すべきとする考え方をとっており、株主資本を上記のように区分しています。

会社法における理論的な区分

会社法では、理論上、株主資本は、資本金、準備金および剰余金に区分されます。

会社法における理論的な区分の理由

会社法は、株主と債権者の利害調整の観点から分配可能額の計算を重視しています。

その分配可能額の計算において重要な役割を果たすのは、資本金や準備金ではなく剰余金なので、その他資本剰余金とその他利益剰余金を分配可能額を構成する剰余金と位置づけており、これらを分配可能額の計算のスタートとしています。

Ⅰ 資　本　金 Ⅱ 準　備　金 　1 資本準備金 　2 利益準備金	分配可能額を構成しない項目
Ⅲ 剰　余　金 　1 その他資本剰余金 　2 その他利益剰余金	分配可能額を構成する項目

このように、会社法では、分配可能額を構成する剰余金と、それ以外の資本金・準備金とを区別することを重視して株主資本を区分しています。

会社法会計における表示上の区分

会社法会計では、株主資本は、資本金、資本剰余金および利益剰余金に区分して表示します。

会社法会計における表示上の区分の理由

計算書類等における表示に関しては、企業会計基準および財務諸表等規則に合わせています。これは、金融商品取引法会計と会社法会計の一元化の観点から表示上の調整が図られたことによります。

Ⅰ 資　本　金
Ⅱ 資本剰余金
1 資本準備金
2 その他資本剰余金
Ⅲ 利益剰余金
1 利益準備金
2 その他利益剰余金

分配可能額を構成する項目（2 その他資本剰余金、2 その他利益剰余金）

資本剰余金の区分と利益剰余金の区分の考え方

(1) 資本剰余金の区分の考え方

基準では、資本剰余金は資本準備金とその他資本剰余金に区分しています。これは、分配可能額を構成するその他資本剰余金とそれ以外の資本準備金を区別する必要がある会社法の考え方を考慮しているからです。

(2) 利益剰余金の区分の考え方

基準では、利益剰余金は利益準備金とその他利益剰余金に区分しています。これは、分配可能額を構成するその他利益剰余金とそれ以外の利益準備金を区別する必要がある会社法の考え方を考慮しているからです。

2：新株発行にともなう会計処理 理 計

新株発行にともなう会計処理

新株発行の会計処理は、払込期日を定めた場合、期間的に次のように処理します。

Point 新株発行にともなう会計処理と表示

新株式申込証拠金は、申込期日までは申込みの取消しが可能であることから、一種の預り金と考えられるため、負債の部の流動負債に表示します。

そして、申込期日の翌日から払込期日の前日までの新株式申込証拠金は、申込期日の経過後は申込みの取消しができないことから、資本金と同様の拘束力をもつため、純資産の部の資本金の次に表示します。

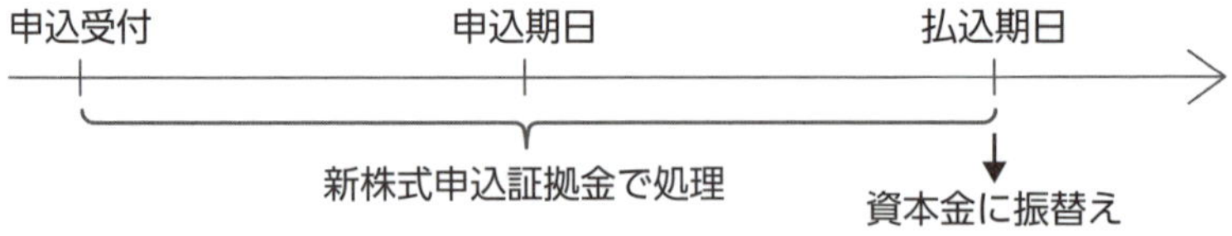

期　間	表示科目	表示区分
申込期間中	新株式申込証拠金	負債の部・流動負債
申込期日の翌日から払込期日の前日まで	新株式申込証拠金	純資産の部・資本金の次
払込期日	資本金	純資産の部・資本金

純資産の部	
Ⅰ 株主資本	(×××)
1 資本金	×××
2 新株式申込証拠金	×××
3 資本剰余金	(×××)
(1) 資本準備金	×××
⋮	⋮

資本金と資本準備金の計算

会社法では、原則として、払込みまたは給付に係る額の全額を資本金として計上します。

ただし、払込みまたは給付に係る額の２分の１を超えない額は、資本準備金として計上することができます。

これは、日商簿記２級の復習です。忘れてしまっていたら、教科書に戻って復習しましょう。

例題 **新株発行**

次の資料にもとづいて、必要な仕訳を示しなさい。

［資　料］

(1) 株式の発行に際しての払込金額は24,000千円である。

(2) 払込金額のうち資本金に組み入れる額は会社法に規定する最低限度額とする。

解答

（仕訳の単位：千円）

（現金及び預金）	24,000	（資　本　金）	12,000
		（資本準備金）	12,000

(1)　資本金の額

会社法に規定する最低限度額：24,000千円×$\frac{1}{2}$＝12,000千円

(2)　資本準備金の額

24,000千円－12,000千円＝12,000千円

問題 ≫≫ 問題編の**問題１**～**問題２**に挑戦しましょう！

3：剰余金の配当にともなう準備金の積立て 理 計

Rank A

剰余金の配当にともなう準備金の積立ての会計処理

剰余金（その他資本剰余金およびその他利益剰余金）の配当をする場合、その剰余金の配当により減少する剰余金の額に10分の1を掛けた額を、準備金の額が資本金の4分の1に達するまで積み立てなければなりません。

Point 剰余金の配当にともなう会計処理

(1) その他資本剰余金から配当した場合

その他資本剰余金から配当した場合には、資本準備金の積立てを行います。

(その他資本剰余金)	×××	(現金及び預金)	×××
		(資本準備金)	×××

(2) その他利益剰余金から配当した場合

その他利益剰余金から配当した場合には、利益準備金の積立てを行います。

(繰越利益剰余金)	×××	(現金及び預金)	×××
		(利益準備金)	×××

なお、準備金の積立額は次のようになります。

$$\left.\begin{array}{l}\text{資本金}\times\dfrac{1}{4}-\text{準備金の額}\\ \text{剰余金の配当の額}\times\dfrac{1}{10}\end{array}\right\}\text{いずれか少ない額}$$

なお、準備金の積立額の計算を行う際の基準となる資本金および準備金の額は、効力発生日における資本金および準備金の額です。

CHAPTER 10 株主資本

剰余金の配当

次の各問における剰余金の配当に係る仕訳を示しなさい。

問1　その他資本剰余金の配当の場合

(1)　期末の貸借対照表・純資産の部

資　本　金	140,000千円	資本準備金	20,000千円
その他資本剰余金	15,000千円	利益準備金	13,500千円

(2)　翌期に開催された株主総会で、次の事項が決議された。

①　その他資本剰余金を原資とする剰余金の配当：12,500千円

②　上記①に係る準備金の積立て：会社法に規定する額

問2　その他利益剰余金の配当の場合

(1)　期末の貸借対照表・純資産の部

資　本　金	140,000千円	資本準備金	20,000千円
利益準備金	13,500千円	繰越利益剰余金	25,000千円

(2)　翌期に開催された株主総会で、次の事項が決議された。

①　その他利益剰余金を原資とする剰余金の配当：17,500千円

②　上記①に係る準備金の積立て：会社法に規定する額

解答

（仕訳の単位：千円）

問1　その他資本剰余金の配当

（その他資本剰余金）	13,750	（現金及び預金）	12,500
		（資本準備金）	1,250*

＊　(a)　12,500千円×$\frac{1}{10}$＝1,250千円

(b)　140,000千円×$\frac{1}{4}$－(20,000千円＋13,500千円)＝1,500千円

(c)　(a)＜(b)　∴1,250千円

問2　その他利益剰余金の配当

（繰越利益剰余金）	19,000	（現金及び預金）	17,500
		（利益準備金）	1,500*

＊ (a) 17,500千円×$\frac{1}{10}$＝1,750千円

(b) 140,000千円×$\frac{1}{4}$－(20,000千円＋13,500千円)＝1,500千円

(c) (a)>(b) ∴1,500千円

準備金の積立額の算定は、「いずれか少ない額」です。

その他資本剰余金とその他利益剰余金の両方から配当した場合

その他資本剰余金とその他利益剰余金の両方から配当が行われた場合、資本準備金および利益準備金の積立額は次のように計算します。

Point その他資本剰余金とその他利益剰余金の両方から配当した場合

(1) 準備金の積立額

資本金×$\frac{1}{4}$－準備金の額
剰余金の配当の額×$\frac{1}{10}$
} いずれか少ない額

(2) 資本準備金の積立額

上記(1)の金額×$\frac{\text{その他資本剰余金の配当額}}{\text{剰余金の配当額の合計}}$

(3) 利益準備金の積立額

上記(1)の金額×$\frac{\text{その他利益剰余金の配当額}}{\text{剰余金の配当額の合計}}$

剰余金の配当

次の資料にもとづいて、剰余金の配当に係る仕訳を示しなさい。

1．期末の貸借対照表・純資産の部の内訳

資　本　金	560,000千円	資本準備金	80,000千円
その他資本剰余金	60,000千円	利益準備金	54,000千円
繰越利益剰余金	100,000千円		

2．翌期に開催された株主総会で、次の事項が決議された。

(1) その他資本剰余金の配当

① その他資本剰余金を原資とする剰余金の配当：50,000千円

② 上記①に係る準備金の積立て：会社法に規定する額

(2) その他利益剰余金の配当

① その他利益剰余金を原資とする剰余金の配当：70,000千円

② 上記①に係る準備金の積立て：会社法に規定する額

（仕訳の単位：千円）

その他資本剰余金の配当

（その他資本剰余金）	52,500	（現金及び預金）	50,000
		（資本準備金）	2,500

その他利益剰余金の配当

（繰越利益剰余金）	73,500	（現金及び預金）	70,000
		（利益準備金）	3,500

① 準備金の積立額

(a) $(50{,}000\text{千円}+70{,}000\text{千円})\times\frac{1}{10}=12{,}000\text{千円}$

(b) $560{,}000\text{千円}\times\frac{1}{4}-(80{,}000\text{千円}+54{,}000\text{千円})=6{,}000\text{千円}$

(c) (a)＞(b)　∴6,000千円

② 資本準備金の積立額

$$6{,}000\text{千円}\times\frac{50{,}000\text{千円}}{50{,}000\text{千円}+70{,}000\text{千円}}=2{,}500\text{千円}$$

③ 利益準備金の積立額

$$6{,}000千円 \times \frac{70{,}000千円}{50{,}000千円 + 70{,}000千円} = 3{,}500千円$$

問題 >>> 問題編の**問題3**に挑戦しましょう！

4：株主資本の計数の変動

株主資本の計数の変動

会社法においては、株主資本の計数の変動について、いつでも株主総会の決議（一定の要件を満たす場合には、取締役会の決議）で行うことができると規定されています。

Point 株主資本の計数の変動

払込資本は払込資本内で、留保利益は留保利益内でのすべての組合せの計数変動が認められており、資本と利益は、基本的に区別されています。

増加項目 減少項目		払込資本			留保利益	
		資本金	資本準備金	その他資本剰余金	利益準備金	その他利益剰余金
払込資本	資本金		○	○	—	—
	資本準備金	○		○	—	—
	その他資本剰余金	○	○		—	—
留保利益	利益準備金	○	—	—		○
	その他利益剰余金	○	—	—	○	

ただし、利益準備金またはその他利益剰余金を減少させて、資本金の額を増加させることはできます。

例題　株主資本の計数の変動

次の(1)〜(5)について、効力発生日における仕訳を示しなさい。

(1) 当期の株主総会の決議で、その他資本剰余金1,000千円を取り崩し、資本金700千円、資本準備金300千円へ計上することを決議した。

(2) 当期の株主総会の決議で、資本金800千円を取り崩し、資本準備金へ計上することを決議した。

(3) 当期の株主総会の決議で、資本金800千円を取り崩し、その他資本剰余金へ計上することを決議した。

(4) 当期の株主総会の決議で、資本準備金300千円を取り崩し、資本金へ計上することを決議した。

(5) 当期の株主総会の決議で、資本準備金300千円を取り崩し、その他資本剰余金へ計上することを決議した。

解答

(仕訳の単位：千円)

(1) その他資本剰余金の資本金・資本準備金への振替え

(その他資本剰余金)	1,000	(資　本　金)	700
		(資本準備金)	300

(2) 資本金の資本準備金への振替え

(資　本　金)	800	(資本準備金)	800

(3) 資本金のその他資本剰余金への振替え

(資　本　金)	800	(その他資本剰余金)	800

(4) 資本準備金の資本金への振替え

(資本準備金)	300	(資　本　金)	300

(5) 資本準備金のその他資本剰余金への振替え

(資本準備金)	300	(その他資本剰余金)	300

資本金および資本準備金の額の減少および利益準備金の減少によって生じる剰余金の取扱い

〈資本金および資本準備金の額の減少によって生じる剰余金〉

取　扱　い	その他資本剰余金に計上する
理　　　由	減額前の資本金および資本準備金のもっていた会計上の性格が変わるわけではなく、資本性の剰余金の性格を有すると考えられるため、その他資本剰余金に計上される。

〈利益準備金の額の減少によって生じる剰余金〉

取　扱　い	その他利益剰余金に計上する
理　　　由	利益準備金はもともと留保利益を原資とするものであり、利益性の剰余金の性格を有するものと考えられるため、その他利益剰余金に計上される。

任意積立金の積立てと取崩し

任意積立金とは、株主総会で決議された利益の社内留保額です。

Point 任意積立金の積立てと取崩し

任意積立金は、利益準備金と同様に繰越利益剰余金により積み立てられ、また、これを取り崩すこともできます。

(1)　任意積立金の積立て

(繰越利益剰余金)	×××	(研究開発積立金)	×××

(2)　任意積立金の取崩し

(研究開発積立金)	×××	(繰越利益剰余金)	×××

利益準備金の積立てが会社法の規定により強制されるのに対し、任意積立金の積立ては基本的に会社の自由意思による点が異なります。

その他利益剰余金がマイナスの場合のその他資本剰余金による補填

基準では、財政状態および経営成績の適正開示の観点から、資本剰余金と利益剰余金を混同してはならない旨を規定しています。

原　　則	資本剰余金を利益剰余金に振り替えることは認められない。
例　　外	その他利益剰余金が負の値の場合には、その他資本剰余金で補填することが認められる。 （その他資本剰余金）　×××　（繰越利益剰余金）　×××

払込資本と留保利益の区分が問題となるのは両者が正の値の場合であり、上記の例外の場合には、資本剰余金と利益剰余金の混同にはあたらないと考えられています。

例題 株主資本の計数の変動

次の取引の仕訳を示しなさい。

(1) 当期の株主総会の決議で、繰越利益剰余金の配当3,000千円および利益準備金600千円ならびに新築積立金2,000千円の積立てを決議した。

(2) 建物の新築にともなって、株主総会の決議で積み立てた新築積立金2,000千円を取り崩した。

(3) 当期の株主総会の決議で、利益準備金600千円を取り崩し、繰越利益剰余金へ計上することを決議した。

(4) 当期の株主総会の決議で、その他利益剰余金のマイナス残高500千円をその他資本剰余金で補填することとした。

解答

(仕訳の単位：千円)

(1) 繰越利益剰余金からの配当および利益準備金の積立てならびに任意積立金の積立て

(繰越利益剰余金)	5,600	(現金及び預金)	3,000
		(利益準備金)	600
		(新築積立金)	2,000

(2) 任意積立金の取崩し

(新築積立金)	2,000	(繰越利益剰余金)	2,000

(3) 利益準備金からその他利益剰余金への振替え

(利益準備金)	600	(繰越利益剰余金)	600

(4) マイナスのその他利益剰余金のその他資本剰余金による損失処理

(その他資本剰余金)	500	(繰越利益剰余金)	500

利益の資本組入れ

(1) **利益準備金を減少させて、資本金を増加させた場合**

(利益準備金)	×××	(資本金)	×××

(2) **その他利益剰余金を減少させて、資本金を増加させた場合**

(繰越利益剰余金)	×××	(資本金)	×××

利益の資本組入れ

(1) 従来の処理

資本準備金またはその他資本剰余金を原資とした資本組入れ→○

利益準備金またはその他利益剰余金を原資とした資本組入れ→×

〈理 由〉

会社計算規則において、資本金の額を増加させる原資が資本準備金またはその他資本剰余金に限定されていたため、利益準備金またはその他利益剰余金を原資として資本金の額を増加させることが制限されていたため。

(2) 現在の処理

資本準備金またはその他資本剰余金を原資とした資本組入れ→○

利益準備金またはその他利益剰余金を原資とした資本組入れ→○

〈理 由〉

会社計算規則が改正され、資本金の額を増加させる原資は資本準備金またはその他資本剰余金に限定されないことになり、利益準備金またはその他利益剰余金を原資として資本金の額を増加させることが認められることになったため。

問題 >>> 問題編の**問題４～問題６**に挑戦しましょう！

5：自己株式

自己株式の取得の手続

株式会社は、市場において行う取引または公開買付により**自己株式**を取得することができます。この場合、取得する株式の数、対価の内容およびその総額、株式を取得することができる期間（1年を超えることはできません）について定めればよく、これ以上の手続は、特に定める必要はありません。

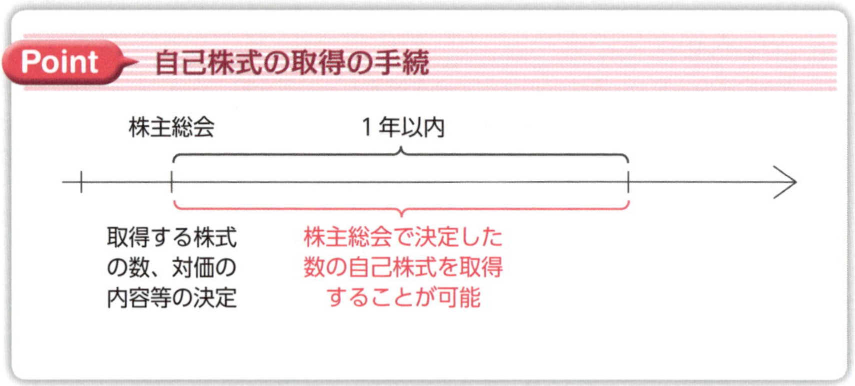

自己株式の理論上の考え方

自己株式の理論上の考え方として、**資産説**と**資本控除説**があります。

制度上、資本控除説を採用し、純資産の部の株主資本の末尾に自己株式として一括して控除する形式で表示します。

資　産　説	自己株式を取得したのみでは株式は失効しておらず、他の有価証券と同様に換金性のある会社財産と捉え、資産として扱う考え方
資本控除説	自己株式の取得は株主との間の資本取引であり、会社所有者に対する会社財産の払戻しの性格を有するものと捉え、資本の控除として扱う考え方

自己株式が株主資本全体の控除項目として表示される理由

自己株式を純資産の部の株主資本の控除とする場合の会計処理には、次の2つの方法があります。

⑴　取得原価で一括して株主資本全体の控除項目とする方法
⑵　株主資本の構成要素に配分して直接減額する方法

⑵の方法は、自己株式の取得を自己株式の消却に類似する行為とする考えにもとづきます。

しかし、自己株式を取得したのみでは発行済株式総数が減少するわけではなく、取得後の処分もありえます。

したがって、自己株式の保有は処分または消却までの暫定的な状態であると考え、⑴の取得原価で一括して純資産の部の株主資本全体の控除項目とする方法が採用されています。

自己株式の取得の処理と表示

自己株式を取得した場合、取得原価をもって、純資産の部の株主資本から控除する形式で表示します。

なお、自己株式の取得に係る付随費用（支払手数料）については、自己株式の取得原価に算入せず、支払手数料として営業外費用に表示します。

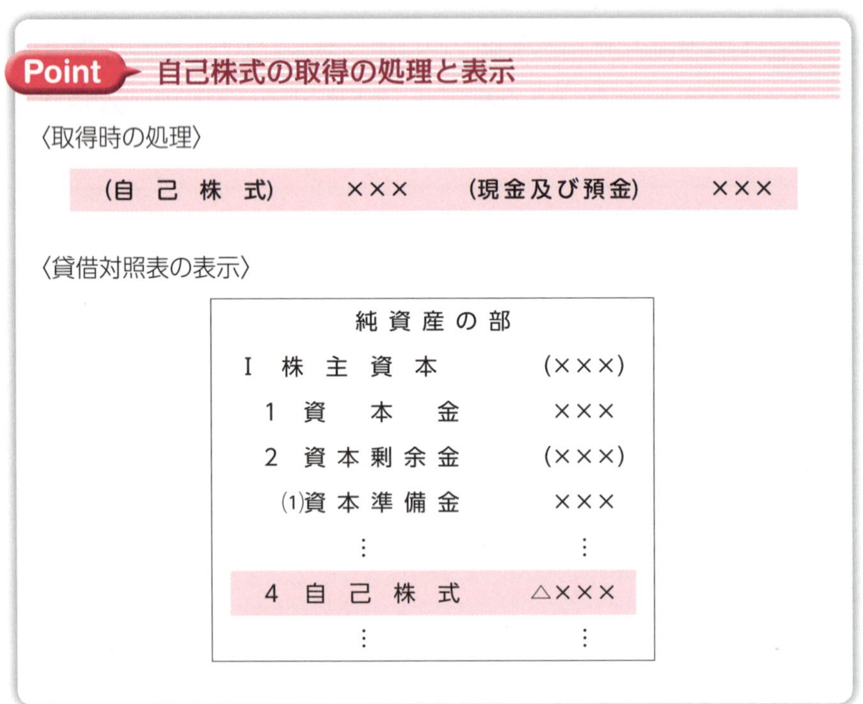

Point 自己株式の取得の処理と表示

〈取得時の処理〉

(自　己　株　式)	×××	(現金及び預金)	×××

〈貸借対照表の表示〉

純資産の部	
Ⅰ 株 主 資 本	(×××)
1 資　本　金	×××
2 資本剰余金	(×××)
(1)資本準備金	×××
⋮	⋮
4 自 己 株 式	△×××
⋮	⋮

自己株式の処分の処理

自己株式を処分した場合、自己株式の帳簿価額（取得原価）と処分価額との差額は、次のように処理します。

(1) 自己株式の帳簿価額＜自己株式の処分価額の場合

(現金及び預金)	×××	(自　己　株　式)	×××
		(その他資本剰余金) 自己株式処分差益	×××

(2) 自己株式の帳簿価額＞自己株式の処分価額の場合

(現金及び預金)	×××	(自　己　株　式)	×××
(その他資本剰余金) 自己株式処分差損	×××		

なお、自己株式の処分に係る付随費用（処分のための手数料等）については、新株発行に係る付随費用と同様に、株式交付費として処理します。

自己株式の処分とは、会社が保有する自己株式を第三者に売却することと覚えておきましょう！

自己株式処分差損益がその他資本剰余金から増減される理由

自己株式の取得と処分を一連の取引とみた場合、自己株式の取得が純資産の部の株主資本からの分配の性格を有すると考えられ、自己株式の処分が新株の発行と同様の経済的実態を有する点を考慮すると、利益剰余金の額を増減させるべきではなく、資本剰余金の額の増減とすることが適切だからです。

また、資本準備金からの減額が会社法上の制約を受けるため、その他資本剰余金から減額させるという理由もあげることができます。

自己株式の消却の処理

自己株式を消却した場合、消却手続が完了したときに、消却の対象となった自己株式の帳簿価額をその他資本剰余金から減額します。

(その他資本剰余金)	×××	(自　己　株　式)	×××

自己株式の消却とは、会社が保有する自己株式を無効にすることと覚えておきましょう！

その他資本剰余金の残高が負の値になった場合の取扱い

自己株式の処分および自己株式の消却の会計処理の結果、その他資本剰余金の残高が負の値となった場合、会計期間末において、その他資本剰余金を0円とし、その負の値をその他利益剰余金（繰越利益剰余金）から減額します。

(繰越利益剰余金)	×××	(その他資本剰余金)	×××

その他資本剰余金が負の値になった場合の考え方

その他資本剰余金の残高を超えた自己株式処分差損が発生した場合、その他資本剰余金は負の値になります。

しかし、資本剰余金は株主からの払込資本のうち資本金に含まれないものを表すため、本来、負の残高の資本剰余金という概念は想定されていません。

したがって、資本剰余金の残高が負の値になる場合は、その他利益剰余金で補填するしかないと考えます。

例題 自己株式

以下の資料にもとづいて、貸借対照表および損益計算書を作成しなさい。

[資料1]

残高試算表 (単位：千円)

自己株式	5,000	その他資本剰余金	4,000

[資料2]

以下の取引は、すべて未処理である。

1．自己株式を2,000千円で取得し、手数料200千円を支払った。
2．自己株式（帳簿価額3,000千円）を4,000千円で処分し、手数料500千円を支払った。なお、当該手数料は支出した事業年度の費用として処理する。
3．自己株式（帳簿価額2,000千円）を消却した。
4．繰越利益剰余金（適正額）は5,000千円である。

解答

損益計算書 (単位：千円)

営業外費用	
株式交付費	500
支払手数料	200
⋮	⋮

貸借対照表 (単位：千円)

V 株主資本	
2 資本剰余金	(XXX)
その他資本剰余金	3,000
⋮	⋮
4 自己株式	△2,000

(1) 自己株式の取得

(自己株式)	2,000	(現金及び預金)	2,200
(支払手数料)	200*		

* 自己株式の取得に係る付随費用は、「支払手数料」として営業外費用に表示します。

CHAPTER 10 株主資本

(2) 自己株式の処分

(現金及び預金)	4,000	(自　己　株　式)	3,000
		(その他資本剰余金)	1,000
(株 式 交 付 費)	500*	(現金及び預金)	500

* 自己株式の処分に係る付随費用は、「株式交付費」として取り扱います。

(3) 自己株式の消却

(その他資本剰余金)	2,000	(自　己　株　式)	2,000

問題 >>> 問題編の**問題７～問題１１**に挑戦しましょう！

新株予約権

ここでは、新株予約権、ストック・オプションについて学習します。株主資本ではありませんが、純資産の中でも計算、理論ともに重要な論点なので、しっかりおさえましょう。

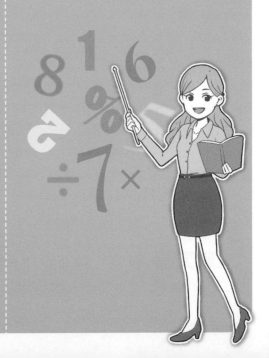

Chapter 11

純資産会計

新株予約権

>> 株主資本以外の純資産です！

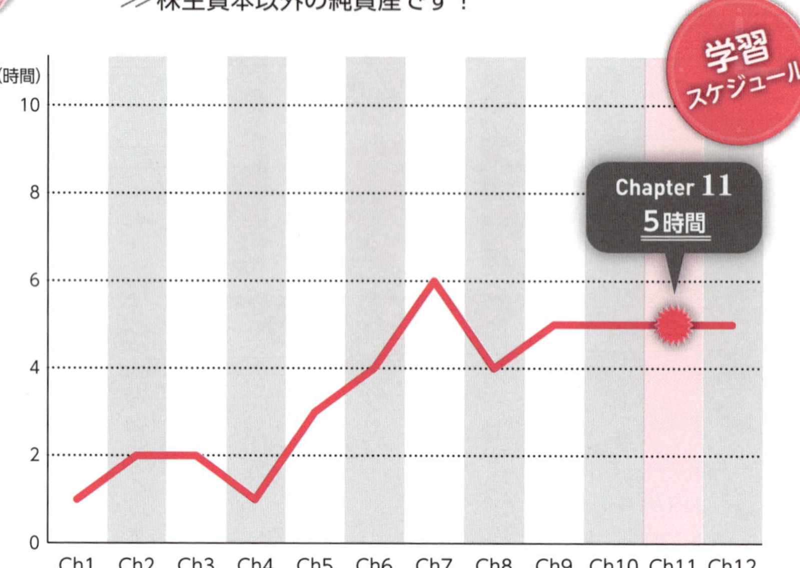

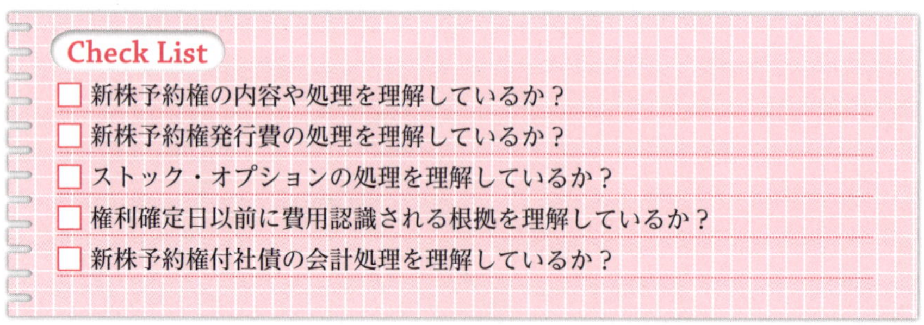

Check List

- □ 新株予約権の内容や処理を理解しているか？
- □ 新株予約権発行費の処理を理解しているか？
- □ ストック・オプションの処理を理解しているか？
- □ 権利確定日以前に費用認識される根拠を理解しているか？
- □ 新株予約権付社債の会計処理を理解しているか？

Link to 簿記論③ Chapter10 新株予約権

簿記論でも、このChapterで扱う論点と同様の学習をします。

1：新株予約権

新株予約権の内容

新株予約権とは、株式会社に対して行使することにより、その株式会社の株式の交付を受けることができる権利のことです。

この新株予約権を単独で発行する場合、発行時と権利の行使時に対価の払込みが行われます。

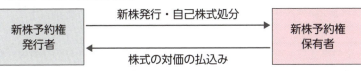

Point 発行時と権利行使時における対価の払込み

(1) 新株予約権の発行時

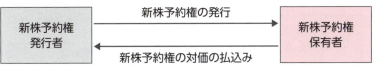

新株予約権発行者 →（新株予約権の発行）→ 新株予約権保有者

新株予約権保有者 →（新株予約権の対価の払込み）→ 新株予約権発行者

(2) 新株予約権の権利行使時

新株予約権発行者 →（新株発行・自己株式処分）→ 新株予約権保有者

新株予約権保有者 →（株式の対価の払込み）→ 新株予約権発行者

新株予約権の発行手続

新株予約権を引き受ける者を募集するには、新株予約権の内容および数のほか、新株予約権の払込金額、新株予約権の割当日、募集新株予約権の払込みの期日を定めるときは、その期日等を定めることとされています。

なお、募集事項の決定は、公開会社であれば、取締役会の決議によって行うのが原則です。

新株予約権の発行形態

新株予約権は、一般的に単独で発行することが認められ、また、社債に付して発行（新株予約権付社債）することも認められます。

また、新株予約権のうち、特に企業がその従業員等に、報酬として付与するストック・オプションの発行も認められています。

新株予約権の発行形態	単独で発行（新株予約権、ストック・オプション）
	社債に付して発行（新株予約権付社債）

株式交付に係る払込金額

新株予約権の行使により交付される株式数は、次のように求めます。

交付株式数＝新株予約権の個数×新株予約権１個あたりの交付株式数

また、新株の発行にともなう払込金額または自己株式の処分にともなう払込金額は、次のように求めます。

払込金額＝新株予約権として計上した額のうち権利行使分
＋権利行使にともなう払込金額

新株予約権を単独発行した場合の処理と表示

新株予約権はその発行にともなう払込金額を、「新株予約権」として純資産の部に表示します。

Point 発行時と権利行使時における対価の払込み

〈新株予約権発行時〉

(現金及び預金)	×××	(新 株 予 約 権)	×××

〈貸借対照表上の表示〉

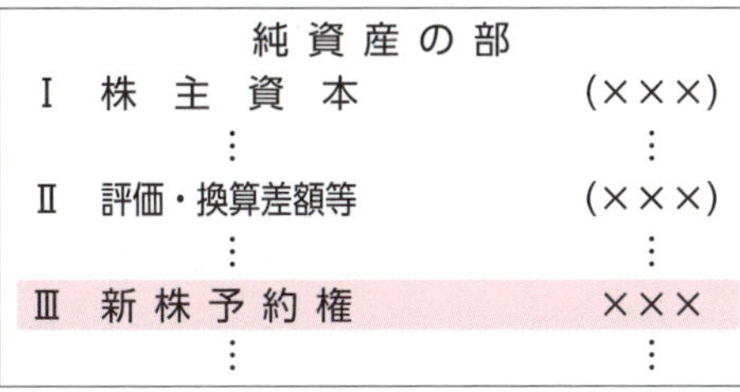

純 資 産 の 部	
Ⅰ 株 主 資 本	(×××)
⋮	⋮
Ⅱ 評価・換算差額等	(×××)
⋮	⋮
Ⅲ 新 株 予 約 権	×××
⋮	⋮

新株予約権の権利行使時の処理

(1) 新株を発行する場合

新株を発行した場合、権利行使部分に対応する新株予約権と新株の払込金額を、資本金または資本準備金に振り替えます。

(現金及び預金)	×××	(資 本 金)	×××
(新 株 予 約 権)	×××	(資 本 準 備 金)	×××

原則として払込金額の全額を資本金としますが、例外として払込金額の$\frac{1}{2}$の額を資本金の最低限度額とし、残余部分を資本準備金とすることもできます。

⑵ 自己株式を処分する場合

自己株式を処分する場合、権利行使部分に対応する新株予約権と払込金額の合計金額から自己株式の帳簿価額を控除した金額をその他資本剰余金として処理します。

(現金及び預金)	×××	(自己株式)	×××
(新株予約権)	×××	(その他資本剰余金)	×××

⑶ 新株予約権の権利行使期間満了時

新株予約権が行使されずに権利行使期間が満了し、当該新株予約権が失効したときは、当該失効に対応する部分を失効が確定した会計期間の利益として処理します。

(新株予約権)	×××	(新株予約権戻入益)	×××

新株予約権発行費

新株予約権の発行に係る費用についても、資金調達などの財務活動に係るものについては、社債発行費と同様に取り扱います。

原則：全額支出した事業年度の費用として処理

表示科目（P/L）	新株予約権発行費
損益区分	営業外費用

例外：繰延資産として計上し、３年以内の効果が及ぶ期間にわたって定額法により償却

表示科目（B/S）	新株予約権発行費
表示科目（P/L）	新株予約権発行費償却
損益区分	営業外費用

例題 新株予約権

次の資料にもとづいて、必要な仕訳を示しなさい。

［資　料］

(1)　次の条件で、新株予約権 5 個(1 個の払込金額は 100 千円)を発行した。

①　新株予約権の行使により、1 個あたり 10 株の新株の発行または自己株式の処分を行う。

②　新株予約権の行使に際して必要な払込金額は、1 個あたり 1,000 千円（1 株あたり 100 千円）である。

③　新株予約権の発行に係る費用 70 千円を支出した。当該費用は支出事業年度の費用として処理する。

(2)　新株予約権 2 個が権利行使されたため、2,000 千円の払込みを受けるとともに、新株を発行した。なお、資本組入額は会社法の規定の最低限度額とする。

(3)　新株予約権 2 個が権利行使されたため、2,000 千円の払込みを受けるとともに、自己株式（帳簿価額 1,800 千円）を処分した。

(4)　権利行使期間が満了したが、未行使の新株予約権が 1 個ある。

（仕訳の単位：千円）

⑴　発行時

（現金及び預金）	500	（新株予約権）	500*
（新株予約権発行費） 営業外費用	70	（現金及び預金）	70

＊　5個×100千円＝500千円

⑵　権利行使時（新株の発行）

（現金及び預金）	2,000	（資本金）	1,100*
（新株予約権）	200	（資本準備金）	1,100*

＊　（2,000千円＋200千円）× $\frac{1}{2}$ ＝1,100千円

⑶　権利行使時（自己株式の処分）

（現金及び預金）	2,000	（自己株式）	1,800*1
（新株予約権）	200	（その他資本剰余金）	400*2

＊1　自己株式の帳簿価額

＊2　（2,000千円＋200千円）－1,800千円＝400千円
払込金額　新株予約権　自己株式

⑷　権利行使期間満了時

（新株予約権）	100	（新株予約権戻入益）	100

新株予約権が行使されずに権利行使期間が満了し、当該新株予約権が失効したときは、当該失効に対応する部分を失効が確定した会計期間の特別利益として処理します。

問題 >>> 問題編の**問題1**に挑戦しましょう！

2：ストック・オプションの処理 理 計

ストック・オプションとは

ストック・オプションとは、株式会社が、会社の役員・使用人その他の者に対して、その役務の提供等の対価として、一定の金額を支払うことによって株式の交付を受けることができる権利を与える場合における、当該権利のことをいいます。

ストック・オプションは、職務執行の対価として交付されるものであることから、一般的に報酬としての性格をもつものと考えられます。

したがって、ストック・オプションを付与された役員および使用人等は、自社の株価が値上がりしたときに権利行使を行って株式を取得し、取得した株式を市場で売却することにより、権利行使価格と市場価格との差額を利益として享受することができます。

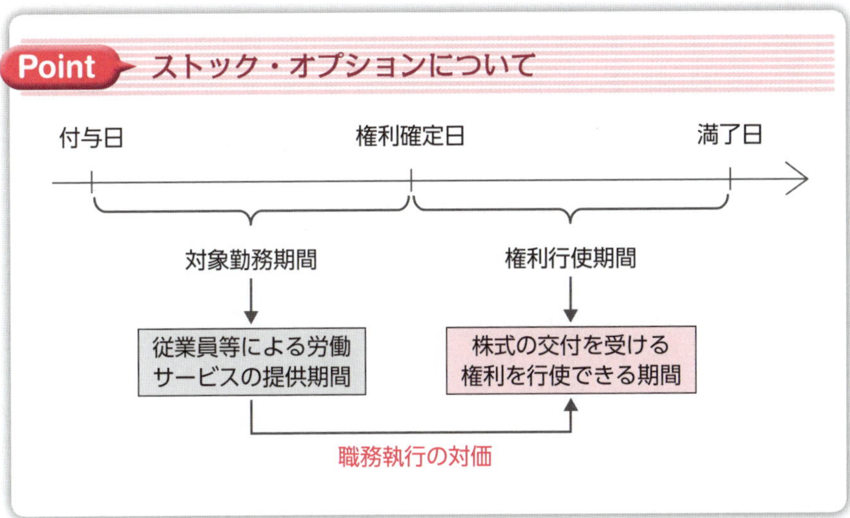

付与日とは、ストック・オプションが付与された日であり、権利確定日とは、株式の交付を受けることができる権利が確定する日のことです。

ストック・オプションの会計処理

ストック・オプションを付与し、これに応じて企業が従業員等から取得するサービスは、その取得に応じて費用として計上し、対応する金額を、ストック・オプションの権利の行使または失効が確定するまでの間、貸借対照表の純資産の部に新株予約権として計上します。

(1) ストック・オプション付与時

仕 訳 な し

(2) 権利確定日までの各事業年度

ストック・オプションの公正な評価額のうち、対象勤務期間を基礎とする方法その他の合理的な方法にもとづき各期に発生したと認められる額を株式報酬費用として計上します。

(株式報酬費用) 販売費及び一般管理費	×××	(新株予約権) 純資産の部	×××

各期に発生したと認められる額

$$=\text{公正な評価額}\times\frac{\text{対象勤務期間のうち当期末までの期間}}{\text{対象勤務期間}}-\text{既計上額}$$

↓

公正な評価単価×ストック・オプション数×従業員数等

プラスα 権利確定日以前に費用として認識される根拠

従業員等に付与されたストック・オプションを対価として、これと引換えに企業に追加的にサービスが提供され、企業に帰属することとなったサービスを消費したと考えられるため、費用として認識されます。

企業に帰属したサービスを貸借対照表に計上しない理由

企業に帰属したサービスを貸借対照表に計上しないのは、なぜですか？

それは、単にサービスの性質上、貯蔵性がなく取得と同時に消費されてしまうからなの。だから企業に帰属したサービスの消費は財貨の消費と本質的に変わらないから、貸借対照表に計上されないのよ。

(3) 権利行使時以降の処理

新株予約権の単独発行の場合と同じく、ストック・オプションが権利行使され、これに対して新株を発行した場合には、新株予約権として計上した額のうち、当該権利行使に対応する部分を払込資本に振り替えます。

また、権利不行使による失効が生じた場合には、新株予約権として計上した額のうち、当該失効に対応する部分を利益として計上します。

この処理は、新株予約権の時と同様になります。

プラスα 失効した場合の会計処理の根拠

ストック・オプションが行使されないまま失効すれば、結果として会社は株式を時価未満で引き渡す義務を免れることになり、無償で提供されたサービスを消費したと考えることができるからです。

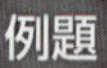

ストック・オプション

次の資料にもとづいて、(1)〜(6)において必要な仕訳を示しなさい。

[資　料]

1．従業員１名あたり10個、計50名に対し、新株予約権を付与する。

2．対象勤務期間は付与日（X2年４月１日）から２年間

3．権利行使期間（X4年４月１日〜X5年３月末日）

4．付与日のストック・オプションの公正な評価単価は3,000円

5．権利行使により取得できる株式の数は１個あたり50株、権利行使にともなう払込金額は１株あたり750円

6．資本組入額は会社法に規定する最低限度額である。

(1)　ストック・オプション付与時（X2年４月１日）

(2)　付与日から権利確定日までの決算時（X3年３月末日）

(3)　付与日から権利確定日までの決算時（X4年３月末日）

(4)　権利行使日（X4年９月末日）
　　20名分の新株予約権が行使され、新株を発行した。

(5)　権利行使日（X5年１月末日）
　　20名分の新株予約権が行使され、自己株式（帳簿価額8,000千円）を処分した。

(6)　権利行使期間満了時（X5年３月末日）
　　残りの新株予約権は失効したものとする。

（仕訳の単位：千円）

(1) ストック・オプション付与時（X2年４月１日）

仕　訳　な　し

(2) 付与日から権利確定日までの決算時（X3年３月末日）

（株式報酬費用）	750*	（新株予約権）	750

* ストック・オプションの公正な評価額のうち、各期に発生したと認められる額

① ストック・オプションの公正な評価額
3,000円×10個×50名＝1,500千円

② 各期に発生したと認められる額

$$\underset{\text{公正な評価額}}{1{,}500\text{千円}} \times \frac{12\text{カ月}}{2\text{年} \times 12\text{カ月}} = 750\text{千円}$$

(3) 付与日から権利確定日までの決算時（X4年3月末日）

(株式報酬費用)	750*	(新株予約権)	750

＊ ストック・オプションの公正な評価額のうち、各期に発生したと認められる額

① ストック・オプションの公正な評価額
3,000円×10個×50名＝1,500千円

② 各期に発生したと認められる額
1,500千円－750千円＝750千円
公正な評価額　既計上額

各期に発生したと認められる額は、ストック・オプションの公正な評価額からすでに計上されている新株予約権の額を控除した残額となります。

(4) 権利行使時（新株の発行）

(現金及び預金)	7,500*1	(資本金)	4,050*3
(新株予約権)	600*2	(資本準備金)	4,050*3

＊1 750円×50株×10個×20名＝7,500千円
＊2 3,000円×10個×20名＝600千円（権利行使に対応する部分）
＊3 $(7{,}500\text{千円} + 600\text{千円}) \times \frac{1}{2} = 4{,}050\text{千円}$

(5) 権利行使時（自己株式の処分）

(現金及び預金)	7,500*1	(自己株式)	8,000
(新株予約権)	600*2	(その他資本剰余金)	100*3

＊1 750円×50株×10個×20名＝7,500千円
＊2 3,000円×10個×20名＝600千円（権利行使に対応する部分）
＊3 貸借差額

(6) 権利行使期間満了時

(新株予約権)	300	(新株予約権戻入益)	300*

＊ 3,000円×10個×(50名－20名－20名)＝300千円
（失効に対応する部分）

ストック・オプション権利不確定による失効がある場合は、その失効数を控除して計算します。

ストック・オプションに係る費用認識の正当性

従来、次の根拠にもとづき、ストック・オプションの費用認識の会計処理は行われてきませんでした。

(1) ストック・オプションの付与によっても、新旧株主間で富の移転が生じるにすぎないため、現行の企業会計の枠組みの中では特に会計処理を行うべきではない。

(1)の根拠に対する反論
ストック・オプションの付与は、新旧株主間の富の移転を生じさせる取引であるが、従業員等に対してストック・オプションを付与する取引のように対価として利用されている取引と、自社の株式の時価未満での発行のように発行価額の払込み以外に給付の受入れをともなわない取引は、異なる種類の取引であり、この２つを会計上同様の取引として評価するという(1)の指摘は、必ずしも成り立たない。

(2) 企業では現金その他の会社財産の流出が生じないため、費用認識を行うべきではない。

(2)の根拠に対する反論
対価としての会社財産の流出は費用認識の必要条件ではなく、ストック・オプションによって取得したサービスの消費も、消費の事実に着目すれば、企業にとっての費用と考えられる。

以上の反論により、ストック・オプションに係る費用認識の根拠には正当性があると考えられます。

新旧株主間の富の移転とは、たとえば新株が時価未満で発行された場合には、新株を引き受ける者が当該株式の時価と発行価格との差額分の利益を享受する反面、既存株主にはこれに相当する持分の希薄化が生じることをいいます。

問題 >>> 問題編の**問題２**～**問題４**に挑戦しましょう！

3：新株予約権付社債

新株予約権付社債とは

新株予約権付社債とは、新株予約権を行使する権利が付いた社債のことをいいます。

新株予約権付社債は、社債のメリットと、新株予約権のメリットの両方をもつ債券です。

新株予約権付社債の種類

新株予約権付社債は、権利行使時に社債による払込みとすることがあらかじめ決められているかどうかで、**転換社債型新株予約権付社債**と**転換社債型以外の新株予約権付社債**に分類されます。

転換社債型新株予約権付社債	権利行使時に、金銭等による払込みに代えて、社債の償還による払込み（代用払込）とすることがあらかじめ決められているもの
転換社債型以外の新株予約権付社債	権利行使時に、社債による払込みとすることがあらかじめ決められていないもの。つまり、権利行使時に、金銭等による払込みとするか、金銭等による払込みに代えて社債の償還による払込み（代用払込）とするかを選択できるもの

代用払込とは、発行している社債を償還する代わりに新株または自己株式を移転することです。

区分法と一括法

新株予約権付社債の会計処理方法には、**区分法**と**一括法**があります。

区分法	新株予約権付社債の発行にともなう払込金額を、社債の対価部分と新株予約権の対価部分に区分したうえで、社債の対価部分は、普通社債の発行に準じて処理し、新株予約権の対価部分は新株予約権の発行者側の会計処理に準じて処理する方法
一括法	新株予約権付社債の発行にともなう払込金額を、社債の対価部分と新株予約権の対価部分に区分せず、普通社債の発行に準じて処理する方法

新株予約権付社債の種類と会計処理方法の関係は、次のようになっています。

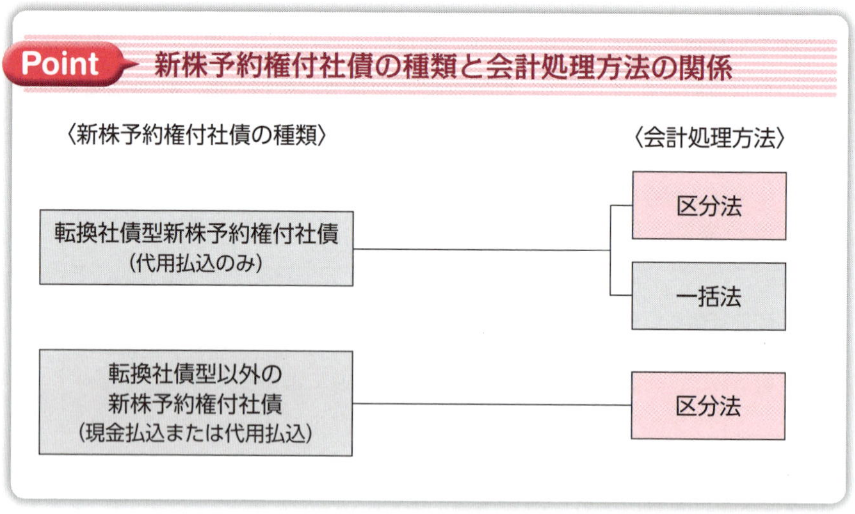

区分法による会計処理

(1) 発行時

新株予約権付社債を発行した際の払込金額を、新株予約権部分と社債部分に分けて処理します。

例題　区分法―発行時

X1年4月1日(期首)　新株予約権付社債を発行した。社債の償還期限は5年で、償却原価法（定額法）を適用する。代金の決済はすべて当座預金とする。区分法による発行時の仕訳を示しなさい。

社債額面金額：10,000円（100口）
払込金額：社債の払込金額は額面100円につき95円
　　　　　新株予約権の払込金額は1個につき5円
付与割合：社債1口につき1個の新株予約権を発行
　　　　　（新株予約権1個につき2株）
行使価額：1株につき50円

解答

借方	金額	貸方	金額
(当座預金)	10,000*3	(社債)	9,500*1
		(新株予約権)	500*2

＊1　$10{,}000円 \times \dfrac{95円}{100円} = 9{,}500円$

＊2　@5円×(100口×1個)＝500円
　　（100口×1個：新株予約権発行数）

＊3　貸方合計

⑵ 権利行使時

① 金銭等による払込み

発行する株式数を求め、権利行使にともなう払込金額を計算するとともに、権利行使された分の新株予約権を減らします。この合計額が新株の払込金額となります。

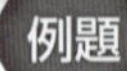

区分法―権利行使時（金銭等による払込み）

X4年4月1日　前例題において発行した新株予約権付社債の60%について権利行使を受け、新株を発行した。払込金額は全額を資本金としている。区分法により、金銭等による払込みを受けたときの、権利行使時の仕訳を示しなさい。なお、社債の帳簿価額は期首時点で9,800円である。

(新株予約権)	300*1	(資本金)	6,300*3
(当座預金)	6,000*2		

＊1　@5円×100個×60%＝300円
＊2　@50円×(100口×1個×2株×60%)＝6,000円
（新株発行数：100口×1個×2株×60%）
＊3　借方合計

金銭等による払込みのため、社債自体は減少しません。

② 代用払込

権利行使された分の新株予約権と、代用払込を受けた社債の帳簿価額を減らします。この合計額が新株の払込金額となります。

例題 **区分法—権利行使時（代用払込）**

前例題において、区分法により、社債による代用払込を受けたときの、権利行使時の仕訳を示しなさい。なお、社債の帳簿価額は期首時点で9,800円である。

解答

（新株予約権）	300＊1	（資本金）	6,180＊3
（社債）	5,880＊2		

＊1　@5円×100個×60％＝300円

＊2　9,800円×60％＝5,880円
　　社債帳簿価額
　　（償却原価）

＊3　借方合計

代用払込による社債の減少は、通常の社債の償還と同様に考えます。したがって、金利調整差額がある場合は、当期分の償却原価の調整を行ってから社債の帳簿価額を減らします。

(3) 権利行使期間満了時

権利行使期間の満了時は、新株予約権の帳簿価額を**新株予約権戻入益**に振り替えます。

区分法—権利行使期間満了時

X5年3月31日　権利行使期間が満了した。X1年4月1日に発行した新株予約権付社債のうち10%について、権利行使がなされなかった。

このとき、区分法により、権利行使期間満了時の仕訳を示しなさい。

なお、社債の帳簿価額は9,900円であり、償還期限まで1年を残している。

解答

(新株予約権)	50	(新株予約権戻入益)	50*

＊　@5円×100個×10%＝50円

なお、新株予約権の権利行使期間が満了し、新株予約権が消滅しても、社債は償還日まで残りますので、社債部分についてはなんの処理も行いません。

一括法による会計処理

(1) **発行時**

払込金額を新株予約権部分と社債部分に分けずに、全額社債として処理します。

例題　一括法―発行時

X1年4月1日(期首)　新株予約権付社債を発行した。社債の償還期限は5年である。なお、代金の決済はすべて当座預金とする。一括法による発行時の仕訳を示しなさい。

社債額面金額：10,000円（100口）
払　込　金　額：社債の払込金額は額面100円につき95円
新株予約権の払込金額は1個につき5円
付　与　割　合：社債1口につき1個の新株予約権を発行
（新株予約権1個につき2株）
行　使　価　額：1株につき50円

解答

(当　座　預　金)	10,000	(社　　　　債)	10,000*

＊　発行時の払込金額

(2) 権利行使時

一括法は、転換社債型新株予約権付社債のみ認められています。したがって、権利行使時は、代用払込により処理します。

例題 一括法―権利行使時

X4年4月1日　前例題において発行した新株予約権付社債の60%について権利行使を受け、新株を発行した。払込金額は全額を資本金としている。

一括法により、社債による代用払込を受けたときの、権利行使時の仕訳を示しなさい。

解答

(社　　債)	6,000*	(資　本　金)	6,000

*　10,000円×60%＝6,000円

転換社債型新株予約権付社債では、権利行使時には必ず代用払込が行われ、新株予約権とともに社債が減少します。したがって、新株予約権と社債を区分して計上する必要性が乏しいため、一括法による処理が認められています。

(3) 権利行使期間満了時

新株予約権と社債を区別せず、帳簿上はすべて社債として計上しているため、新株予約権が消滅してもなんの処理も行いません。

問題 >>> 問題編の**問題5**に挑戦しましょう！

CHAPTER 12

分配可能額

ここでは、分配可能額について学習していきます。複雑な計算が多いですが、パターンを覚えれば簡単に解けるようになるため、しっかりと学習していきましょう。

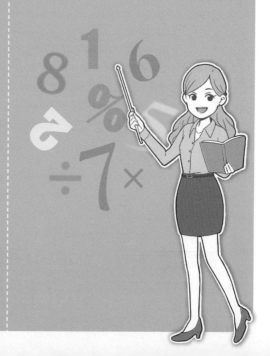

Chapter 12

分配可能額

>> すべては利害調整のため！

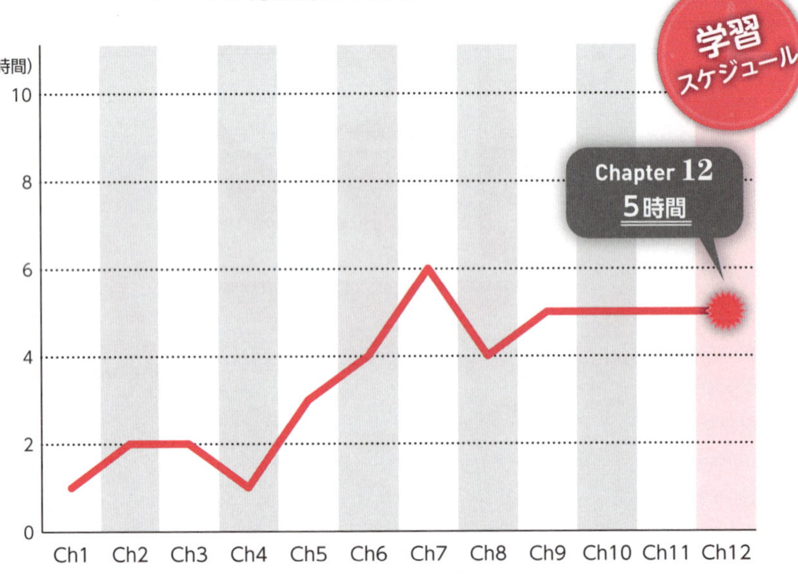

Check List

- □ 分配可能額計算の趣旨を理解しているか？
- □ 分配可能額計算における自己株式の取扱いを理解しているか？
- □ 自己株式を処分・消却した場合の取扱いを理解しているか？
- □ のれん等調整額の控除額を理解しているか？
- □ その他有価証券評価差額金の評価差損の処理を理解しているか？

Link to 簿記論③ **Chapter11** 分配可能額

簿記論でも、このChapterで扱う論点と同様の学習をします。

1：分配可能額の計算（その1） 理 計

分配可能額の意義

分配可能額とは、債権者を保護するために規定された金額で、株主に配当できる金額の上限のことです。

会社法では、分配可能額を株主と債権者の利害調整という、制度目的を支える重要な計数と位置づけています。

払戻規制

会社法は、剰余金の配当や自己株式の有償取得などを調整し、統一的に払戻規制をかけています。

Point 払戻規制の流れ

まず①会社法の規定に従って算定された剰余金の額から②調整項目を加減して③分配可能額を算定します。

① 剰 余 金	② 調 整 項 目
	③ 分配可能額

←払戻規制（② 調整項目）

分配可能額計算の基礎となる日

会社法では、「株式会社は、その株主に対し、剰余金の配当をすることができる」と規定しており、いつでも株主総会の決議により株主に対して配当を行うことができます。

しかし、払戻規制により配当できる金額が決められているため、剰余金の配当等を行う場合には、まず、効力発生日時点の分配可能額を計算する必要があります。

Point 効力発生日

効力発生日とは、剰余金の配当等の効力が生じる日です。

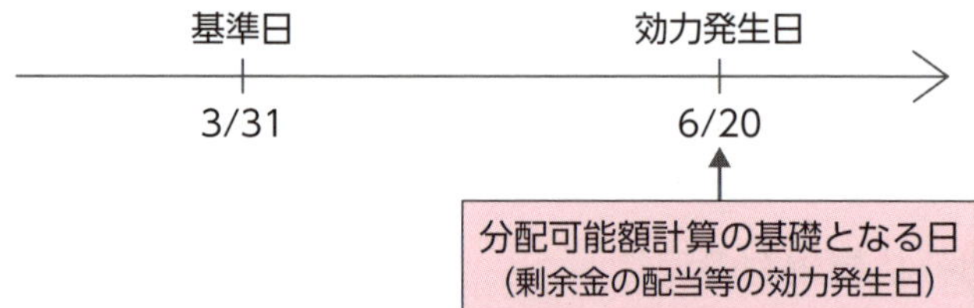

なお、ここでいう基準日とは剰余金の配当等を受ける権利について基準となる日であり、基準日時点の株主に配当を受ける権利を与えることになります。

分配可能額の計算

効力発生日における分配可能額は、次の手順に従って計算します。

Step1 最終事業年度の末日の貸借対照表の計数を基礎として、最終事業年度の末日における剰余金の額を算定する。

↓

Step2 その最終事業年度の末日の剰余金の額に効力発生日までの剰余金の増減額を加減し、効力発生日における剰余金の額を算定する。

↓

Step3 その効力発生日の剰余金の額をさらに調整し、効力発生日における分配可能額を算定する。

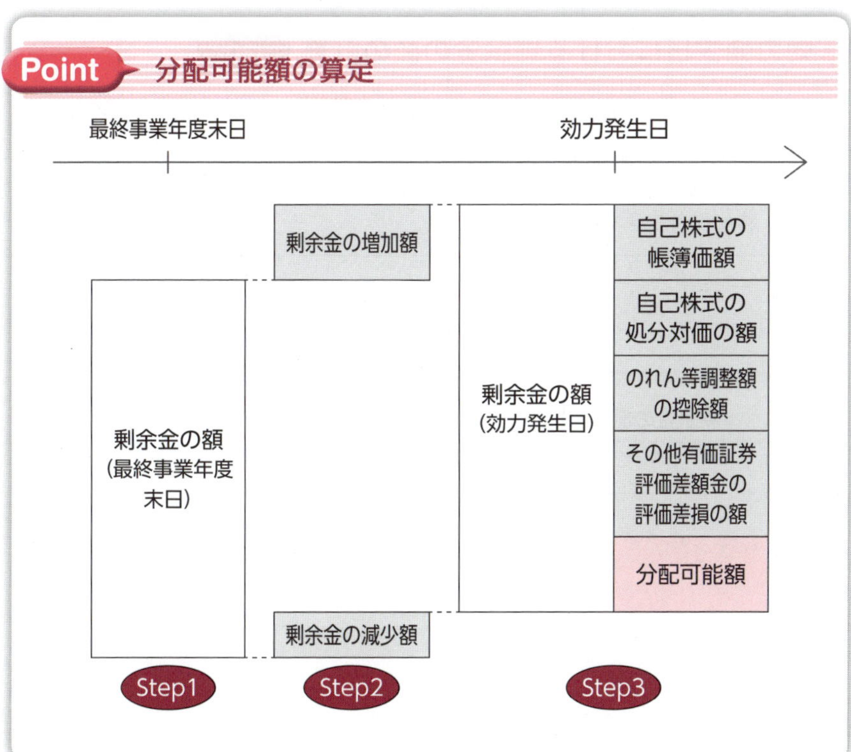

最終事業年度の末日における剰余金の額の計算 Step1

最終事業年度の末日における剰余金の額は、最終事業年度の末日における貸借対照表の「その他資本剰余金」と「その他利益剰余金」の合計額となります。

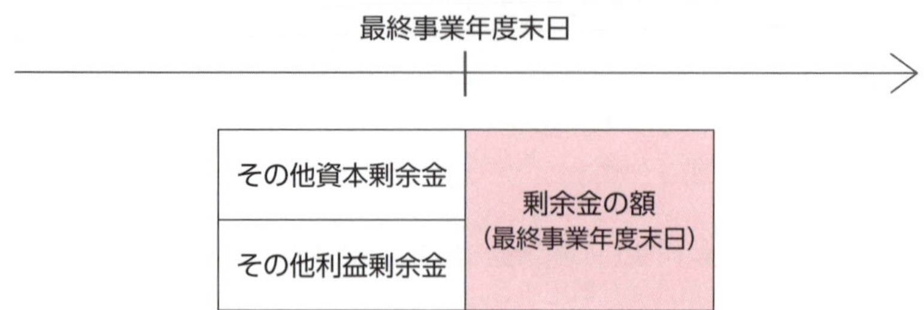

効力発生日における剰余金の額の計算 Step2

効力発生日における剰余金の額は、最終事業年度の末日における剰余金の額に効力発生日までの剰余金の増減額を加減して算定します。

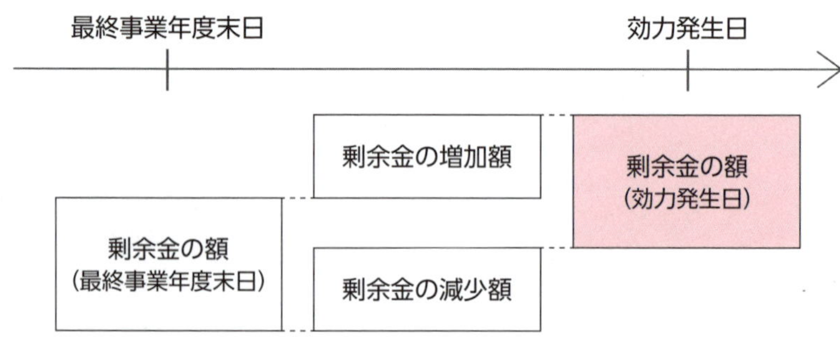

剰余金の増加および減少の具体例をみていきましょう！

(1) **資本金・資本準備金の減少によりその他資本剰余金が増加した場合**

(2) **利益準備金の減少にともなってその他利益剰余金が増加した場合**

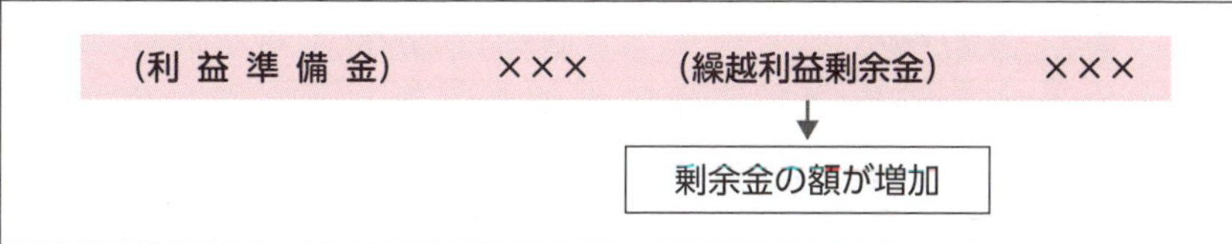

(3) **その他資本剰余金の減少により、資本金・資本準備金が増加した場合**

(4) **その他利益剰余金の減少により、利益準備金が増加した場合**

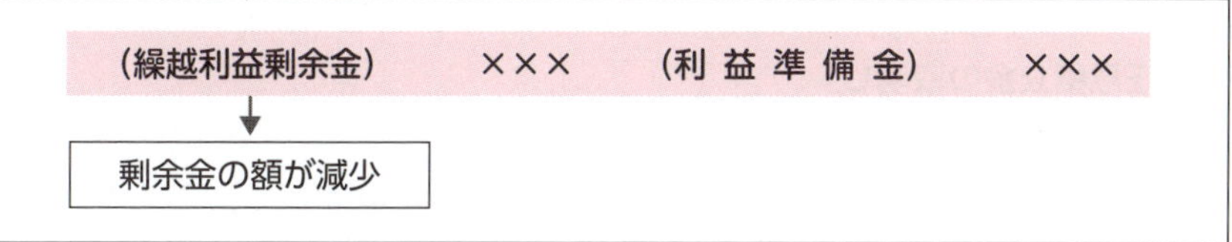

(5) **その他利益剰余金の減少により、資本金が増加した場合**

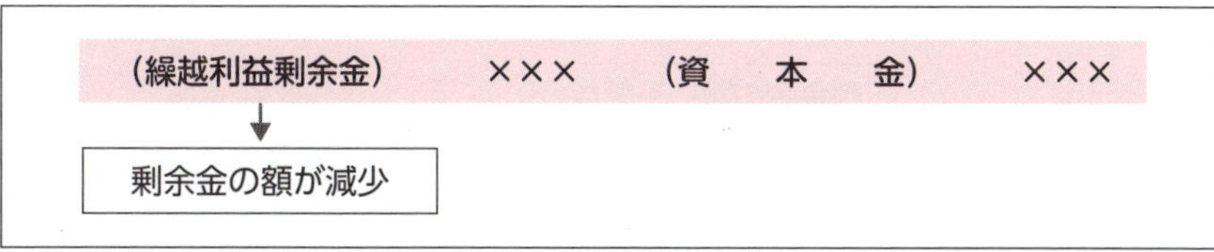

⑹ 最終事業年度の末日後の剰余金の配当

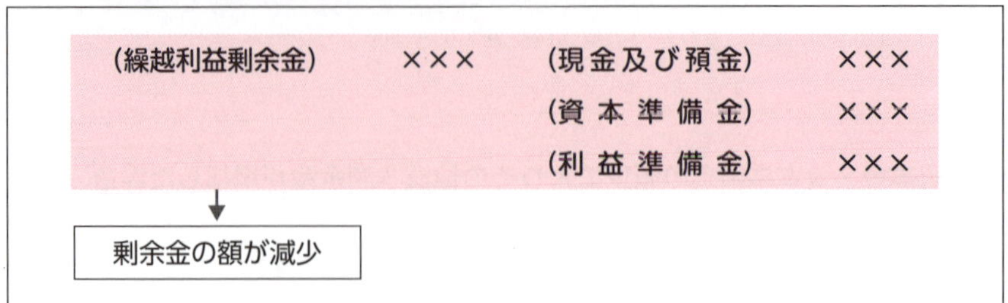

⑺ その他資本剰余金の減少による損失の処理による影響

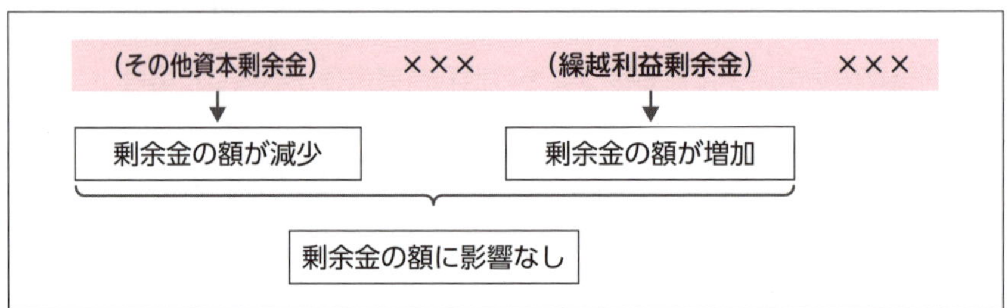

⑻ 任意積立金の積立て

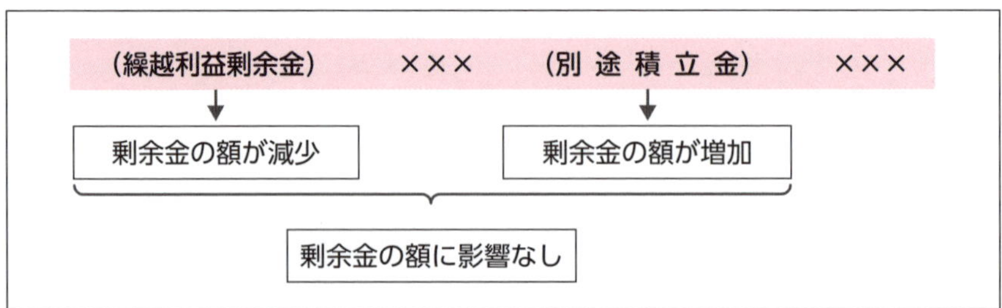

⑼ 任意積立金の取崩し

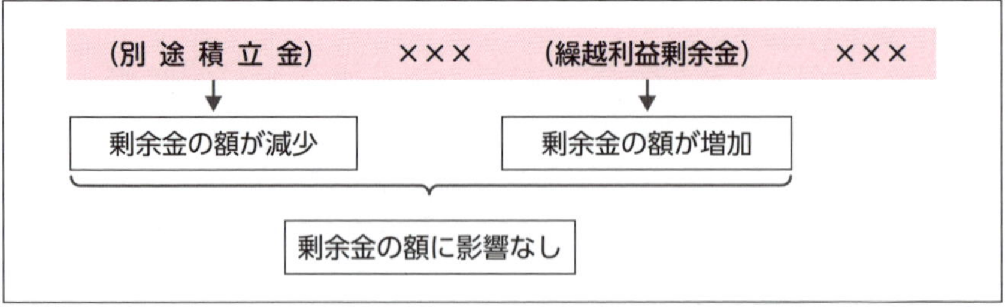

⑽ 自己株式の処分

① 自己株式の帳簿価額<自己株式の処分対価の場合

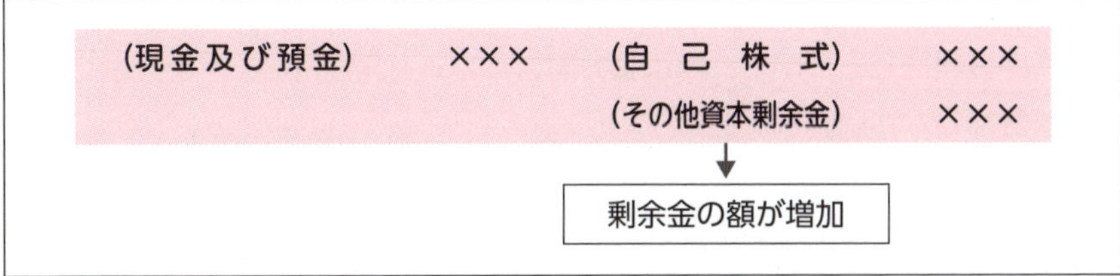

(現金及び預金)	×××	(自己株式)	×××
		(その他資本剰余金)	×××

(その他資本剰余金) → 剰余金の額が増加

② 自己株式の帳簿価額>自己株式の処分対価の場合

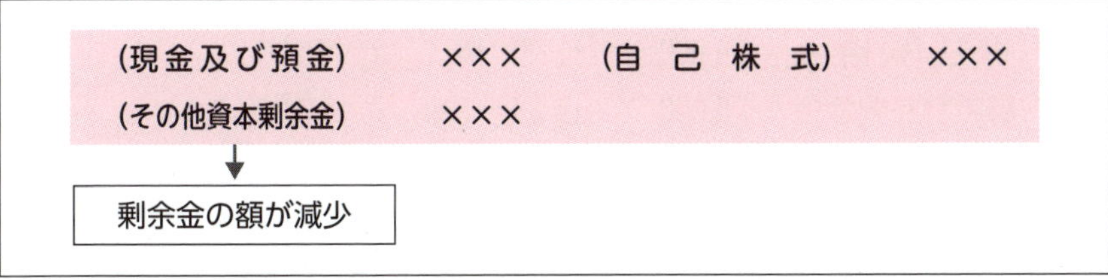

(現金及び預金)	×××	(自己株式)	×××
(その他資本剰余金)	×××		

(その他資本剰余金) → 剰余金の額が減少

⑾ 自己株式の消却

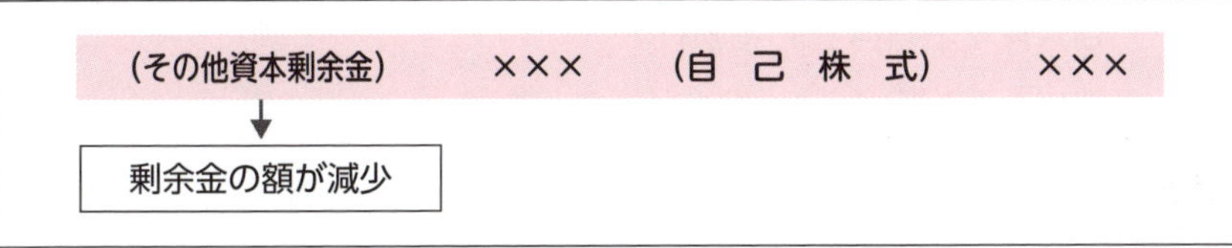

(その他資本剰余金)	×××	(自己株式)	×××

(その他資本剰余金) → 剰余金の額が減少

自己株式も分配可能額の計算において考慮します。自己株式の処理については**2：分配可能額の計算（その2）**で学習します。

例題　効力発生日における剰余金の額

次の資料にもとづいて、剰余金の配当等の効力発生日における剰余金の額を計算しなさい。

［資　料］

1．最終事業年度の末日の純資産の部の項目の一部（単位：千円）

資本金	600,000	新株式申込証拠金	15,000
資本準備金	75,000	その他資本剰余金	16,500
利益準備金	54,000	任意積立金	15,000
繰越利益剰余金	6,000	自己株式	3,000

2．効力発生日までの株主資本の計数変動等は次のとおりである。

① 任意積立金の全額を繰越利益剰余金に振り替えた。

② 利益準備金15,000千円を繰越利益剰余金に振り替えた。

③ その他資本剰余金16,500千円を資本準備金に振り替えた。

④ 自己株式3,000千円を消却した。

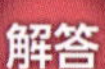

解答　**剰余金の額：33,000千円**

(1) 最終事業年度の末日における剰余金の額

16,500千円＋(15,000千円＋6,000千円)＝37,500千円

（16,500千円：その他資本剰余金、15,000千円＋6,000千円：その他利益剰余金）

(2) 効力発生日までの剰余金の増減額

① 任意積立金の繰越利益剰余金への振替
剰余金の額に対する影響なし

② 利益準備金の繰越利益剰余金への振替
剰余金の額が15,000千円増加

③ その他資本剰余金の資本準備金への振替
剰余金の額が16,500千円減少

④ 自己株式の消却
剰余金の額が3,000千円減少

⑶ 効力発生日における剰余金の額

37,500千円＋15,000千円－16,500千円－3,000千円＝33,000千円

問題 >>> 問題編の**問題１**～**問題３**に挑戦しましょう！

2：分配可能額の計算（その2） 理 計

分配可能額の計算上調整すべき項目 Step3

いままで学習した剰余金以外で、分配可能額の計算上調整すべき項目には、主に次のものがあります。

- 自己株式の帳簿価額
- 自己株式の処分対価
- のれん等調整額の控除額
- その他有価証券評価差額金の評価差損の額

これらを順番に学習していきましょう！

自己株式の帳簿価額

自己株式の帳簿価額は、分配可能額の計算において控除項目となります。

(1) **自己株式の帳簿価額を分配可能額から控除する理由**

自己株式の帳簿価額は、すでに株主に対して株式の取得と引換えに払い戻した財産の価額の合計額に相当するものであり、分配可能額に含めることは不適切であるため、分配可能額から控除します。

(2) **控除すべき額**

分配可能額の計算上控除すべき自己株式の帳簿価額は、効力発生日における自己株式の帳簿価額です。

したがって、最終事業年度の末日における貸借対照表の自己株式の帳簿価額に、効力発生日までの自己株式の帳簿価額の増減額を加減して算定します。

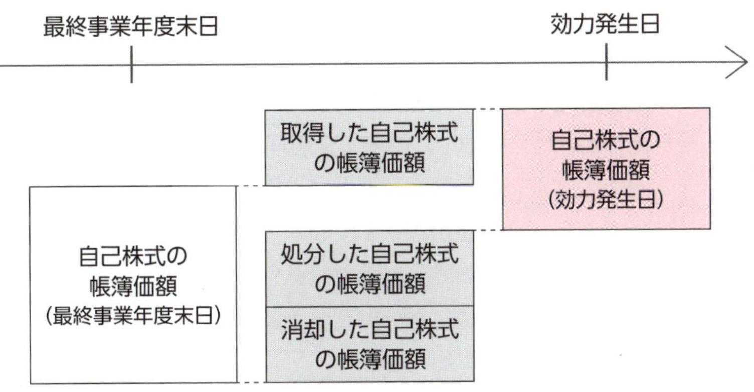

① 自己株式の取得

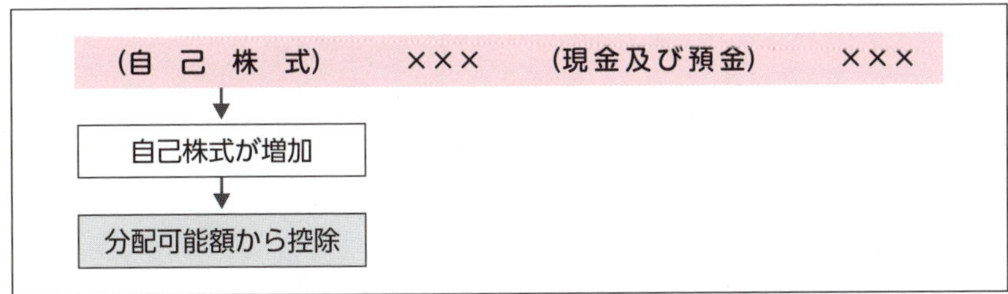

② 自己株式の処分（自己株式処分差益が生じる場合）

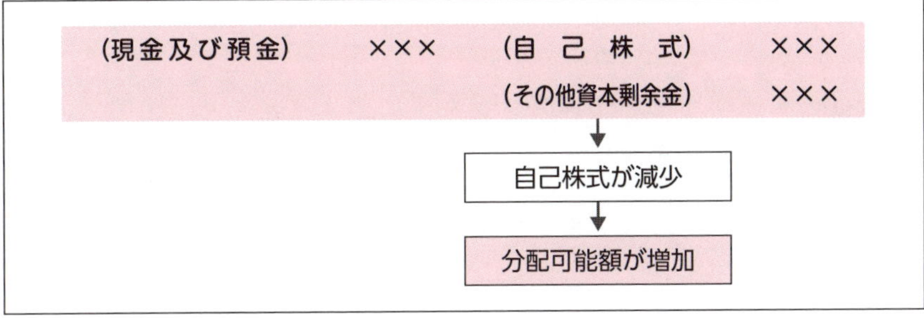

③ 自己株式の消却

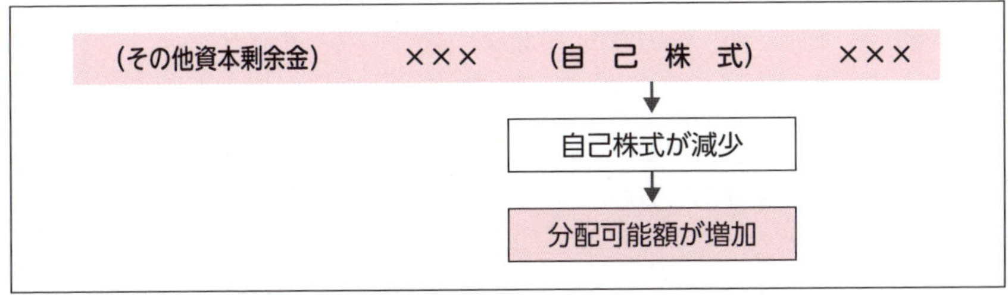

自己株式の処分対価

自己株式の処分によって、分配可能額は処分対価相当額だけ増加します。

しかし、自己株式の処分対価をそのまま分配可能額に算入すると、たとえば、自己株式の対価として取得した財産が不当に高く評価された場合、分配可能額が不当に大きくなるという問題があります。

そこで、会社法は自己株式の処分対価の額を分配可能額から控除することとし、結果的に分配可能額が増減しないような取扱いをしています。

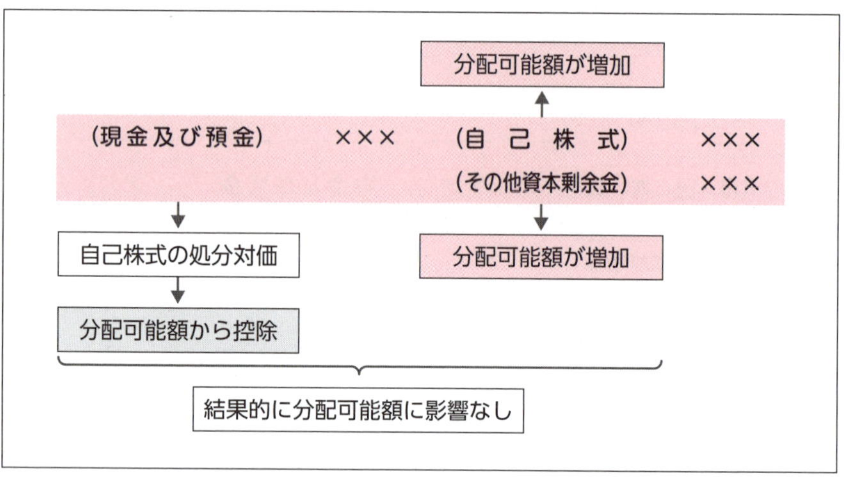

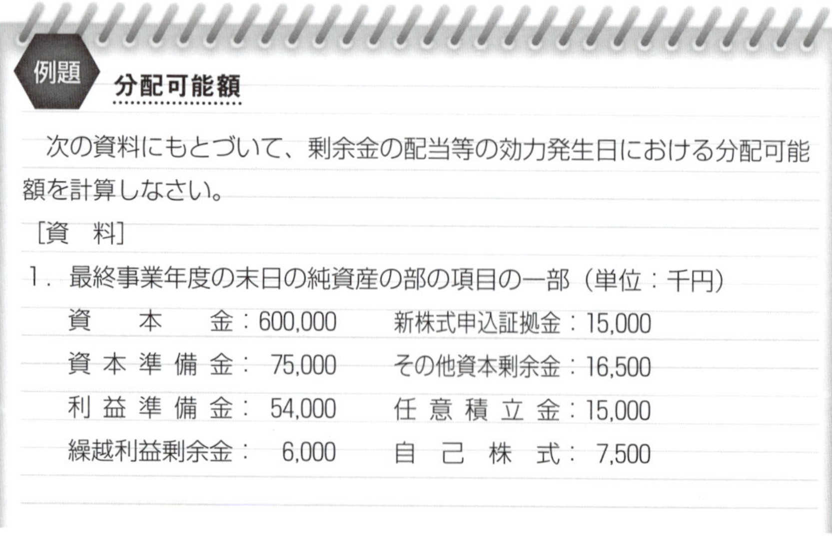

例題 **分配可能額**

次の資料にもとづいて、剰余金の配当等の効力発生日における分配可能額を計算しなさい。

［資　料］

1．最終事業年度の末日の純資産の部の項目の一部（単位：千円）

資　本　金	600,000	新株式申込証拠金	15,000
資本準備金	75,000	その他資本剰余金	16,500
利益準備金	54,000	任意積立金	15,000
繰越利益剰余金	6,000	自己株式	7,500

2．効力発生日までの株主資本の計数変動等は次のとおりである。
(1) 自己株式3,000千円を4,500千円で処分した。
(2) 自己株式1,500千円を消却した。

解答　**分配可能額：30,000千円**

(1) 最終事業年度の末日における剰余金の額
16,500千円＋(15,000千円＋6,000千円)＝37,500千円
（16,500千円：その他資本剰余金　15,000千円＋6,000千円：その他利益剰余金）

(2) 効力発生日までの剰余金の増減額
① 自己株式の処分
4,500千円－3,000千円＝1,500千円
（4,500千円：処分対価　3,000千円：帳簿価額）

② 自己株式の消却
剰余金の額が1,500千円減少

(3) 効力発生日までの剰余金の額
37,500千円＋1,500千円－1,500千円＝37,500千円

(4) 控除すべき額
① 自己株式の帳簿価額
7,500千円－3,000千円－1,500千円＝3,000千円
② 自己株式の処分対価
4,500千円

(5) 効力発生日における分配可能額
37,500千円－3,000千円－4,500千円＝30,000千円

分配可能額から控除すべき額は、最終事業年度の末日における自己株式の帳簿価額ではなく、効力発生日における自己株式の帳簿価額であることに注意しましょう。

自己株式の処分および消却を分配可能額の計算に反映しない解法

自己株式の処分および消却は、剰余金の増減および自己株式の増減をともないますが、借方項目が分配可能額を減少させることとなり、同額の貸方項目が分配可能額を増加させることとなるため、結果的に、自己株式の処分および消却が分配可能額に影響を与えることはありません。

したがって、分配可能額の計算結果のみを算定する場合には、自己株式の処分および消却を考慮せず、分配可能額を算定することができます。

〈自己株式の処分をした場合〉

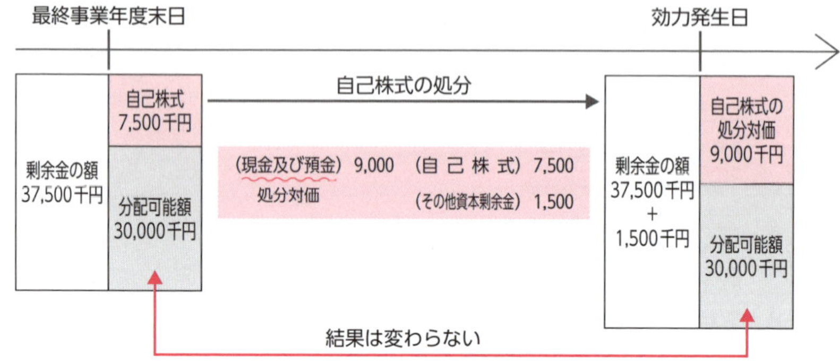

自己株式の処分の仕訳をしても、分配可能額の金額は30,000千円となり結果は変わりません。

のれん等調整額の意義

会社計算規則では、のれん等調整額を分配可能額の計算上減額すると規定しています。**のれん等調整額**とは、繰延資産の合計額にのれんの２分の１を加算した金額です。

のれん等調整額は最終事業年度の末日における「のれん」「繰延資産」の金額を基礎に計算します。

のれん等調整額の考え方

会社法では、のれんや繰延資産など、換金価値のない資産を計上させてまで配当を容易にするという方法は採用しておらず、これらの資産のうち配当原資に含まれることがない資本金・資本準備金に相当する額を超える部分の全額について、分配可能額の計算上控除することとしています。

のれん・繰延資産は、費用の繰延べでしかないため、分配可能額の計算上、これを資産として取り扱い、株主に対して会社財産の払戻しを認めることが適当かどうかという問題があるためです。

Point のれん等調整額の考え方

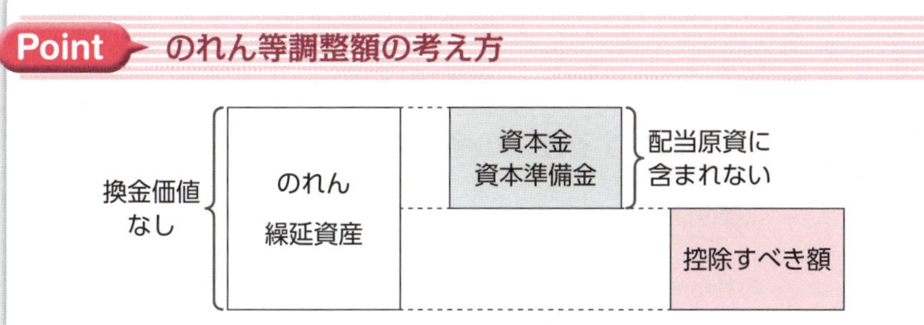

(1) 繰延資産に対する控除の考え方

繰延資産は、すでに提供を受けた役務等であり換金価値のない資産であるため、分配可能額から全額控除します。

Point 繰延資産に対する控除の考え方

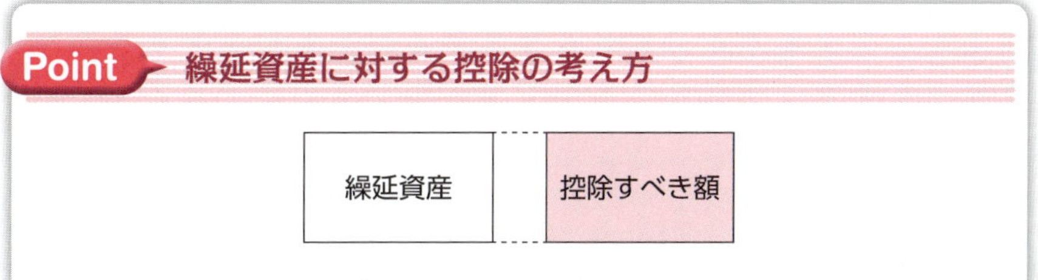

(2) のれんに対する控除の考え方

のれんは企業結合に際して生じた対価の価額と識別可能な財産との差額であるため、基本的にそれ単独では換金価値はありません。

しかし、のれんの中には、将来の収益によって回収可能なものも含まれている可能性は否定できないため、のれんについてはその額に２分の１を掛けた額を分配可能額から控除します。

ただし、のれんの２分の１に相当する額の分配可能額からの減額は「その他資本剰余金」の額を上限とします。

なお、「２分の１」には、特に根拠はありません。

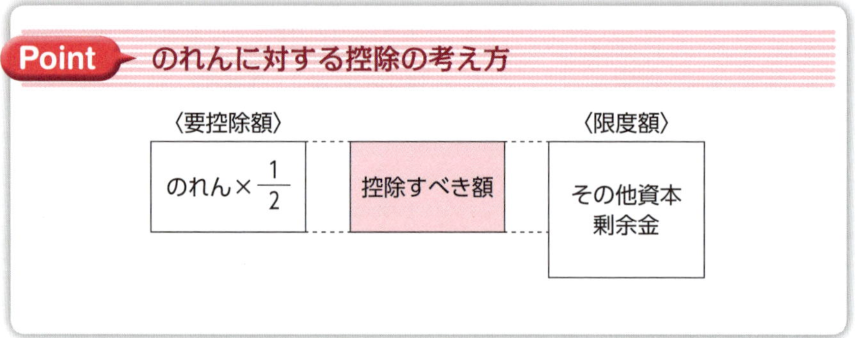

のれん等調整額の算定方法

のれん等調整額を考慮して計算するパターンは、次にあげる４パターンとなります。

Point のれん等調整額の算定方法

① のれん等調整額≦資本等金額のとき

② 資本等金額＜のれん等調整額≦資本等金額＋その他資本剰余金のとき

③ 資本等金額＋その他資本剰余金＜のれん等調整額のとき

　(イ)：のれん×$\frac{1}{2}$≦資本等金額＋その他資本剰余金のとき

　(ロ)：のれん×$\frac{1}{2}$＞資本等金額＋その他資本剰余金のとき

資本等金額とは、前期末における資本金、資本準備金、利益準備金の合計額のことです。

のれん等調整額の控除額

　のれん等調整額の控除額は、その他資本剰余金と繰延資産の合計額が上限となり、この控除額はのれん等調整額と資本等金額の大小によって、次のように計算します。

〈①のケース〉

のれん等調整額≦資本等金額のとき → 0円

剰余金から控除する
のれん等調整額
0円

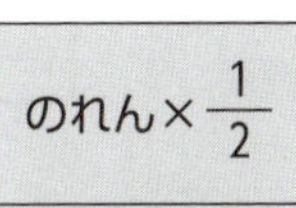

繰延資産

のれん等調整額

≦

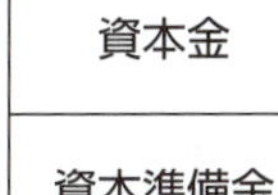

資本準備金

利益準備金

資本等金額

〈②のケース〉

資本等金額＜のれん等調整額≦資本等金額＋その他資本剰余金のとき
→ のれん等調整額－資本等金額

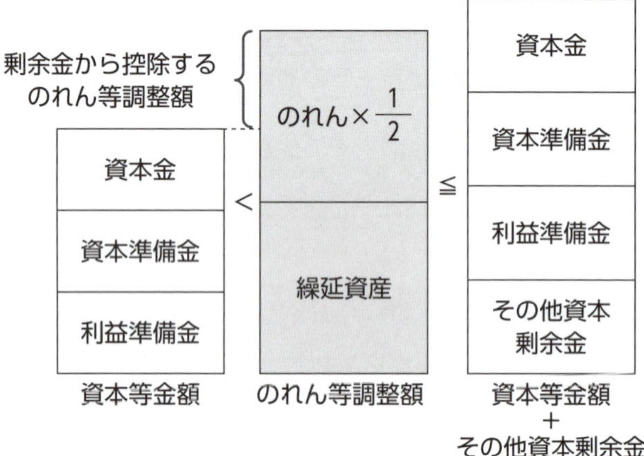

〈③のケース（(イ)の場合）〉

のれん×$\frac{1}{2}$≦資本等金額＋その他資本剰余金のとき
→ のれん等調整額－資本等金額

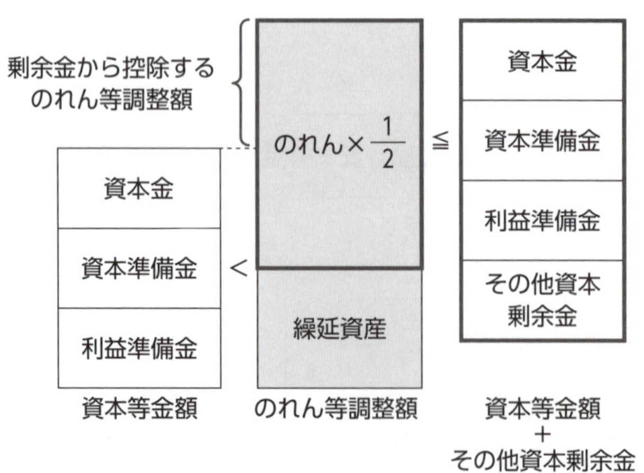

〈③のケース（(ロ)の場合）〉

のれん×$\frac{1}{2}$＞資本等金額＋その他資本剰余金のとき
→ その他資本剰余金＋繰延資産

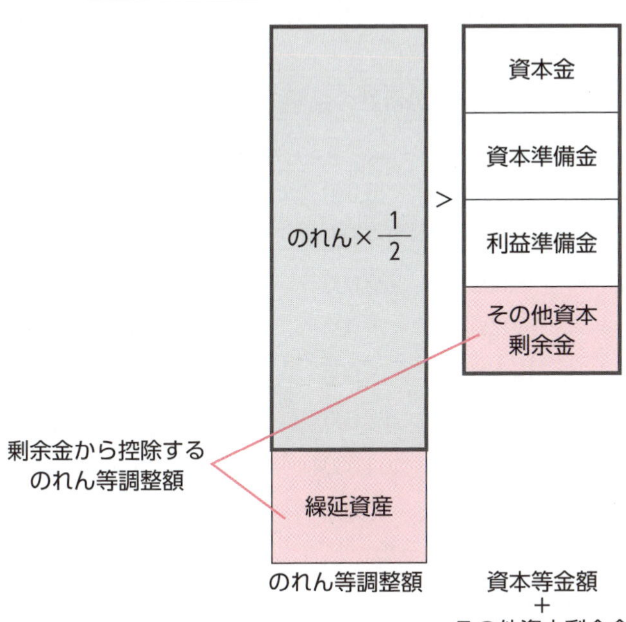

例題 のれん等調整額

次の資料にもとづいて、各ケースにおける最終事業年度の末日の分配可能額から控除すべきのれん等調整額の金額を求めなさい。

［資　料］

・最終事業年度の末日の貸借対照表の計数の金額の一部（単位：千円）

	《ケース1》	《ケース2》	《ケース3》	《ケース4》
株式交付費	15,000	15,000	45,000	15,000
開発費	7,500	7,500	7,500	7,500
のれん	18,000	228,000	228,000	378,000
資本金	150,000	75,000	75,000	75,000
資本準備金	15,000	9,000	9,000	9,000
その他資本剰余金	7,500	60,000	60,000	60,000
利益準備金	12,000	4,500	4,500	4,500
その他利益剰余金	210,000	90,000	90,000	90,000

解答

ケース1：　　0円
ケース2：48,000千円
ケース3：78,000千円
ケース4：82,500千円

《ケース1》

(1)　のれん等調整額

15,000千円＋7,500千円（繰延資産）＋18,000千円（のれん）$\times \frac{1}{2}$＝31,500千円

(2)　資本等金額

150,000千円（資本金）＋(15,000千円＋12,000千円)（準備金）＝177,000千円

(3)　控除すべき額

31,500千円（のれん等調整額）≦177,000千円（資本等金額）　∴ 0円

《ケース2》

(1) のれん等調整額

15,000千円＋7,500千円＋228,000千円×$\frac{1}{2}$＝136,500千円
（15,000千円＋7,500千円：繰延資産、228,000千円：のれん）

(2) 資本等金額

75,000千円＋(9,000千円＋4,500千円)＝88,500千円
（75,000千円：資本金、9,000千円＋4,500千円：準備金）

(3) 資本等金額およびその他資本剰余金の合計額

88,500千円＋60,000千円＝148,500千円
（88,500千円：資本等金額、60,000千円：その他資本剰余金）

(4) 控除すべき額

88,500千円＜136,500千円≦148,500千円
（88,500千円：資本等金額、136,500千円：のれん等調整額、148,500千円：資本等金額およびその他資本剰余金の合計額）

∴136,500千円－88,500千円＝48,000千円
（136,500千円：のれん等調整額、88,500千円：資本等金額）

《ケース3》

(1) のれん等調整額

45,000千円＋7,500千円＋228,000千円×$\frac{1}{2}$＝166,500千円
（45,000千円＋7,500千円：繰延資産、228,000千円：のれん）

(2) 資本等金額

75,000千円＋(9,000千円＋4,500千円)＝88,500千円
（75,000千円：資本金、9,000千円＋4,500千円：準備金）

(3) 資本等金額およびその他資本剰余金の合計額

88,500千円＋60,000千円＝148,500千円
（88,500千円：資本等金額、60,000千円：その他資本剰余金）

(4) のれんの2分の1

228,000千円×$\frac{1}{2}$＝114,000千円
（228,000千円：のれん）

(5) 控除すべき額

166,500千円 ＞ 148,500千円
（166,500千円：のれん等調整額、148,500千円：資本等金額およびその他資本剰余金の合計額）

114,000千円 ≦ 148,500千円
（114,000千円：のれんの2分の1、148,500千円：資本等金額およびその他資本剰余金の合計額）

∴166,500千円－88,500千円＝78,000千円
（166,500千円：のれん等調整額、88,500千円：資本等金額）

《ケース４》

(1) のれん等調整額

15,000千円＋7,500千円＋378,000千円×$\frac{1}{2}$＝211,500千円

繰延資産　のれん

(2) 資本等金額

75,000千円＋(9,000千円＋4,500千円)＝88,500千円

資本金　準備金

(3) 資本等金額およびその他資本剰余金の合計額

88,500千円＋60,000千円＝148,500千円

資本等金額　その他資本剰余金

(4) のれんの２分の１

378,000千円×$\frac{1}{2}$＝189,000千円

のれん

(5) 控除すべき額

211,500千円　＞　148,500千円

のれん等調整額　資本等金額およびその他資本剰余金の合計額

189,000千円　＞　148,500千円

のれんの２分の１　資本等金額およびその他資本剰余金の合計額

∴15,000千円＋7,500千円＋60,000千円＝82,500千円

繰延資産　その他資本剰余金

各ケースにおけるのれん等調整額の控除額の計算パターンをしっかりと覚えましょう。

その他有価証券評価差額金の評価差損の額

その他有価証券評価差額金はいわゆる未実現の損益に該当します。したがって、保守主義の観点から未実現利益は分配可能額に算入せず、未実現損失については現実化したものとして分配可能額から減額します。

Point　その他有価証券評価差額金の取扱い

その他有価証券評価差額金（貸方残）	→ 未実現利益	分配可能額の計算上算入しない
その他有価証券評価差額金（借方残）	→ 未実現損失	分配可能額の計算上減額する

なお、未実現損益を、分配可能額の計算上、一定の評価損益が生じた場合にだけ考慮しているのは、立法政策的な割切りの問題です。

売買目的有価証券に係る評価損益を分配可能額の計算上、調整しない理由

売買目的有価証券については、会社法ではその流動性が金銭等と等価であり、時価評価を認め、かつ、その評価損益を当期損益に反映させるべき性質であるため、分配可能額の計算上、減額しないこととしています。

その他有価証券がある場合

次の資料にもとづいて、剰余金の配当等の効力発生日における分配可能額を計算しなさい。

［資　料］

1．最終事業年度の末日の貸借対照表の計数の一部（単位：千円）

株式交付費	：45,000	開発費	：7,500
のれん	：228,000	資本金	：75,000
資本準備金	：9,000	その他資本剰余金	：60,000
利益準備金	：4,500	別途積立金	：75,000
繰越利益剰余金	：15,000	自己株式	：3,000

その他有価証券評価差額金：4,500（借方残）

2．効力発生日までの株主資本の計数変動等は次のとおりである。

(1)　別途積立金15,000千円を繰越利益剰余金に振り替えた。

(2)　その他資本剰余金8,250千円を資本準備金に振り替えた。

(3)　最終事業年度の末日後に自己株式を4,500千円取得した。

(4)　最終事業年度の末日後に帳簿価額3,000千円の自己株式を消却した。

(5)　最終事業年度の末日後に帳簿価額3,000千円の自己株式を2,250千円で処分した。

解答　**分配可能額：51,750千円**

1．最終事業年度の末日における剰余金の額

60,000千円＋(75,000千円＋15,000千円)＝150,000千円

（60,000千円：その他資本剰余金、75,000千円＋15,000千円：その他利益剰余金）

2．効力発生日までの剰余金の増減額

(1)　別途積立金の繰越利益剰余金への振替

剰余金の額に対する影響なし

(2)　その他資本剰余金の資本準備金への振替

剰余金の額が8,250千円減少

(3)　自己株式の取得

剰余金の額に対する影響なし

(4) 自己株式の消却

剰余金の額が3,000千円減少

(5) 自己株式の処分

2,250千円（処分対価）－3,000千円（帳簿価額）＝△750千円

剰余金の額が750千円減少

3．効力発生日における剰余金の額

150,000千円－8,250千円－3,000千円－750千円＝138,000千円

4．控除すべき額

(1) 自己株式の帳簿価額

3,000千円＋4,500千円－3,000千円－3,000千円＝1,500千円

(2) 自己株式の処分対価

2,250千円

(3) のれん等調整額の控除額

① のれん等調整額

$45{,}000\text{千円}+7{,}500\text{千円}$（繰延資産）$+228{,}000\text{千円}$（のれん）$\times\frac{1}{2}=166{,}500\text{千円}$

② 資本等金額

75,000千円（資本金）＋(9,000千円＋4,500千円)（準備金）＝88,500千円

③ 資本等金額およびその他資本剰余金の合計額

88,500千円（資本等金額）＋60,000千円（その他資本剰余金）＝148,500千円

④ のれんの２分の１

$228{,}000\text{千円}$（のれん）$\times\frac{1}{2}=114{,}000\text{千円}$

⑤ 控除すべき額

166,500千円（のれん等調整額） ＞ 148,500千円（資本等金額およびその他資本剰余金の合計額）

114,000千円（のれんの２分の１） ≦ 148,500千円（資本等金額およびその他資本剰余金の合計額）

∴166,500千円（のれん等調整額）－88,500千円（資本等金額）＝78,000千円

⑷　その他有価証券評価差額金の評価損の額
　4,500千円

5．効力発生日における分配可能額
138,000千円－1,500千円－2,250千円－78,000千円－4,500千円
＝51,750千円

問題 ≫≫ 問題編の**問題４**～**問題７**に挑戦しましょう！

問題集

Chapter 1　無形固定資産

問題1　無形固定資産の償却

基礎　5分　解答>>>42P

当期（X6年4月1日からX7年3月31日まで）に関する次の【資料】にもとづいて、会社計算規則に準拠した貸借対照表の無形固定資産の区分に記載される表示科目および金額を答案用紙の所定の箇所に記入しなさい。

【資料1】残高試算表の一部

残　高　試　算　表　　　（単位：千円）

の　れ　ん	15,000	
特　許　権	21,600	
公共施設負担金	49,950	

【資料2】参考事項

1　のれんはX6年4月1日に取得したものであり、効果の及ぶ期間（5年）で定額法により償却する。

2　特許権はX6年10月1日に取得したものであり、定額法（期間8年）で償却する。

3　公共施設負担金はX5年7月1日に支出したものであり、定額法（期間10年）で償却する。

問題2　のれん

基礎　8分　解答>>>43P

問1　のれんの本質についての文章である。空欄に入る適切な語句を記入しなさい。

> のれんとは、人や組織などに関する［①］を源泉として、当該企業の平均的収益力が同種の他の企業のそれより大きい場合におけるその［②］である。

問2　自己創設のれんおよび有償取得のれんの貸借対照表への計上の可否を答えなさい。

問題3　無形固定資産に関連する注記事項

基礎　3分　解答>>>44P

期末における次の【資料】にもとづいて、会社計算規則に準拠した重要な会計方針に係る事項に関する注記を答案用紙の所定の箇所に記入しなさい。

【資　料】無形固定資産に関する事項

1　のれんは効果の及ぶ期間である20年間で定額法により償却している。

2　商標権は法定存続期間にもとづく10年間で定額法により償却している。

Chapter 2 研究開発費・ソフトウェア

研究開発費・ソフトウェア

基礎 15分 解答>>>45P

問1 次の文章中の空欄に当てはまる語句を答えなさい。

> 研究開発費とは、新しい［①］を目的とした計画的な調査、探究および新しい製品、サービス、生産方法についての［②］または既存の製品等を著しく改良するための［②］として、研究の成果その他の知識を［③］することに係る費用をいう。

問2 研究開発費につき、発生時に費用として処理される根拠を2つ答えなさい。

問3 ソフトウェア制作費の会計処理についての文章である。空欄に入る適切な語句を記入しなさい。

> ソフトウェア制作費とは、その製作目的により、将来の［①］との対応関係が異なること等から、［②］ではなく、［③］に会計処理を行う。

問4 市場販売目的のソフトウェア制作費の会計処理に関連して、次の(1)〜(3)に答えなさい。

(1) 研究開発の終了時点を答えなさい。

(2) 市場販売目的のソフトウェア制作費の会計処理を答えなさい。

(3) 資産計上される市場販売目的のソフトウェア制作費が無形固定資産として計上される理由を答えなさい。

問5 自社利用のソフトウェア制作費の会計処理についての文章である。空欄に入る適切な語句を記入しなさい。

> 将来の［①］または［②］が確実である自社利用のソフトウェアについては、［③］等の観点から、その取得に要した費用を［④］として計上し、その［⑤］にわたり償却を行う。それ以外の場合は発生時に［⑥］として処理する。

問題2 研究開発費

基礎　5分　解答>>>46P

次に掲げる各ケースにおいて、当社が行うべき仕訳を答案用紙の所定の箇所に記入しなさい。なお、現金支出額については「現金及び預金」と記入し、仕訳が不要の場合は、借方科目欄に「仕訳なし」と記入しなさい。また、機械装置の減価償却は、定率法（償却率0.25）・間接法により行うものとする。

（ケース1）

当期首に、機械装置A 3,600千円を現金で購入した。なお、機械装置Aは、特定の研究開発目的にのみ利用され、他の目的には転用できない仕様となっており、当社は当該支出につき研究開発費等に係る会計基準を適用するものとする。

（ケース2）

当期首に、機械装置B 3,600千円を現金で購入した。なお、機械装置Bは、取得と同時に研究開発部門において研究開発目的で使用されているものであるが、汎用性があることから、製造部門において製造目的で使用することもできると認められている。

問題3 自社利用のソフトウェア

基礎　5分　解答>>>48P

A株式会社の当期（×8年4月1日から×9年3月31日）に係る次の**【資料】**により、当期末における会社計算規則に準拠した貸借対照表及び損益計算書に記載される項目の表示区分、表示科目及び金額（一部記載済み）を、答案用紙の所定の箇所に記入しなさい。

【資料1】残高試算表の一部

残　高　試　算　表　（単位：千円）

仮　払　金	39,000	

【資料2】参考事項

社内利用するソフトウェアを外部から購入し、×8年10月1日から事業の用に供している。なお、このソフトウェアの利用により将来の費用削減は確実と認められ、償却年数は5年としている。

また、ソフトウェアに係る支払額の内訳（合計39,000千円）は次のとおりであり、すべて仮払金に計上されている。ただし、減価償却計算は未了である。

仮払金内訳	金額
ソフトウェア代	30,000千円
当社の仕様に合わせるための修正作業費用	6,000千円
操作研修のための講師派遣費用	2,000千円
研修テキスト代	1,000千円

Chapter 3　繰延資産

問題1　繰延資産

応用　15分　解答>>>50P

問1　次の文章中の空欄に当てはまる語句を答えなさい。

> 繰延資産とは、すでに［　①　］しまたは［　②　］し、これに対応する［　③　］を受けたにもかかわらず、その［　④　］するものと期待される費用のうち、その効果が及ぶ数期間に［　⑤　］するため、経過的に貸借対照表上資産として計上されたものをいう。

問2　企業会計原則において繰延資産の計上が任意とされている理由を２つ答えなさい。

問3　繰延経理の根拠を答えなさい。

問4　繰延資産と長期前払費用の共通点を答えなさい。

問5　繰延資産と長期前払費用の相違点を３つ答えなさい。

問題2　各繰延資産の取扱い

応用　10分　解答>>>51P

問1　株式交付費を資本から直接控除しない理由を３つ答えなさい。

問2　社債発行費を社債の償還期間にわたり利息法により償却する理由を答えなさい。

問題3 繰延資産の償却

基礎 5分 解答>>>52P

当期（X6年4月1日からX7年3月31日まで）に関する次の【資料】にもとづいて、会社計算規則に準拠した貸借対照表および損益計算書の必要部分のみを作成しなさい。なお、資産計上できるものは、繰延資産として計上すること。

（解答留意事項）

繰延資産項目は会社法にもとづく最長期間で定額法により償却することとする。

【資料1】残高試算表の一部

残　高　試　算　表　（単位：千円）

開　発　費	8,700	
株式交付費	672	

【資料2】参考事項

1　開発費は、すべてX6年6月10日に支出したものであり（うち1,500千円は毎期経常的に生ずるものである）、支出日から償却する。

2　株式交付費は、X5年8月1日に実施した新株発行に際して支出したものである。

問題4 繰延資産に関連する注記事項

次の【資料】にもとづいて、会社計算規則に準拠した重要な会計方針に係る事項に関する注記を答案用紙の所定の箇所に記入しなさい。

【資　料】

1　開発費は会社法にもとづく最長期間で定額法により償却している。

2　期中に株式交付費を支出したが、全額支出時の費用として処理している。

Chapter 4　負債会計

問題 1　負債の概要

基礎　5分　解答>>>55P

問1　伝統的な会計理論（企業会計原則）における負債の分類方法を２つ示し、内容を答えなさい。

問2　伝統的な会計理論（企業会計原則）における確定債務および負債性引当金の評価方法を答えなさい。

Chapter 5　金銭債務

問題1　金銭債務の表示科目　応用　15分　解答>>>56P

問1　期末における次の【資料】にもとづいて、会社計算規則に準拠した貸借対照表（負債の部のみ）を作成しなさい。

【資料1】残高試算表の一部

残　高　試　算　表　　（単位：千円）

	支払手形	30,000
	買掛金	42,000
	借入金	9,000
	未払金	9,600
	預り金	2,400
	社債	12,000

【資料2】参考事項

1　支払手形のうちには、次のものが含まれている（すべて当期中に振り出したものである）。
 ⑴　固定資産の購入により振り出したもの
 　2,400千円（うち1,800千円は1年超期日到来）
 ⑵　有価証券の購入により振り出したもの
 　1,440千円（全額1年以内期日到来）
 ⑶　手形借入れにより振り出したもの
 　1,800千円（全額1年以内期日到来）

2　未払金のうちには、次のものが含まれている。
 ⑴　1年超期限到来のもの　　900千円
 ⑵　法人税等の未払額　　6,600千円

3　借入金のうち、3,600千円は1年超期限到来のものである。また、残高は1年以内期限到来のものであるが、うち1,200千円は当初3年後返済の契約で借り入れたものであり、その他はすべて当期に借り入れたものである。

4　預り金の内訳は次のとおりである。
 ⑴　源泉徴収した従業員の所得税および社会保険料　　600千円
 ⑵　従業員の社内預金（長期性のもの）　　1,440千円
 ⑶　取引先より預かっている営業保証金（6カ月後返還）　　360千円

5　社債のうち6,000千円は1年以内に償還期限が到来するものである。

問2　当社の当期（X8年４月１日からX9年３月31日まで）における次の【**資料**】にもとづいて、会社計算規則に準拠した貸借対照表（負債の部の一部のみ）を作成しなさい。

【資料１】残高試算表の一部

残　高　試　算　表　（単位：千円）

	借　入　金	207,024

【資料２】参考事項

借入金の内訳は次のとおりである。

借入先	期末残高	借入日	返済日	備考
BB銀行	41,424千円	X8年４月１日	X10年３月31日	一括返済
CC社	61,200千円	X7年８月１日	X9年７月31日	一括返済の約定であり、利率年３％で毎年７月および１月末日に利息を支払う約定である。なお、利息にかかる経過処理は行われていない。
DD銀行	104,400千円	X6年９月１日	X11年８月31日	毎月末均等分割返済

問題2　関係会社に対する金銭債務の貸借対照表の表示　応用　15分　解答>>>60P

期末における次の【**資料**】にもとづいて、会社計算規則に準拠した貸借対照表・負債の部のうち必要部分のみを作成しなさい。なお、関係会社に対する金銭債務の表示については、⑴独立科目表示法、⑵科目別注記法、⑶一括注記法の３つの方法により行うこと。

【資　料】金銭債務の内訳

1　支払手形　70,000千円（うち、14,000千円は子会社に対するもの）
2　買掛金　84,000千円（うち、19,600千円は親会社に対するもの）
3　短期借入金　28,000千円（うち、14,000千円は子会社に対するもの）
4　長期借入金　56,000千円（うち、22,400千円は子会社に対するもの）

問題3 普通社債の処理

問1　A社の当期（自X5年４月１日　至X6年３月31日）に係る次の**【資料】**にもとづいて、社債発行日、利払日（X6年３月31日）および決算日における仕訳（科目は表示科目を用いること）を答案用紙の所定の箇所に記入しなさい。

【資　料】

X5年４月１日に額面（社債金額）120,000千円の社債を次の条件で発行し、すべて払込みを受けた。

1　発行価額：100円につき89.2円

2　クーポン利率：年1.2%

3　利払日：毎年３月31日

4　償還日：X10年３月31日

なお、社債金額と発行価額との差額の性格は金利の調整と認められることから、償却原価法（定額法）により評価する。

問2　B社の当期（自X5年４月１日　至X6年３月31日）に係る次の**【資料】**にもとづいて、社債発行日、利払日（X6年３月31日）および決算日における仕訳（科目は表示科目を用いること）を答案用紙の所定の箇所に記入しなさい。なお、償却原価法を適用するうえで、千円未満の端数は切り捨てるものとする。

【資　料】

X5年４月１日に額面（社債金額）120,000千円の社債を次の条件で発行し、すべて払込みを受けた。

1　発行価額：100円につき91.88円

2　クーポン利率：年1.2%

3　実効利子率：年3.0%

4　利払日：毎年３月31日

5　償還日：X10年３月31日

なお、社債金額と発行価額との差額の性格は金利の調整と認められることから、償却原価法（利息法）により評価する。

電子記録債務

次の取引についてA社の仕訳を示しなさい。

(1)　A社は、得意先C社より商品4,000千円を掛けで仕入れ、ただちに電子記録債務の発生記録を行い、その旨をC社に通知した。

(2)　A社が所有する上記(1)の電子記録債務の支払期限が到来し、当座預金口座から引き落とされた。

問題5 金銭債務に関連する注記事項

基礎　3分　解答>>>64P

期末における次の【資料】にもとづいて、会社計算規則に準拠した貸借対照表等に関する注記を答案用紙の所定の箇所に記入しなさい。

【資　料】金銭債務その他に関する事項

1　短期借入金のうち15,000千円は当社の取締役に対するものである。

2　支払手形のうち30,000千円および長期借入金のうち45,000千円は、当社の親会社に対するものである。なお、当社は関係会社に対する金銭債務の表示については、一括注記法を採用している。

Chapter 6 引当金

問題1 負債の部に計上される引当金の範囲と表示

基礎 5分 解答>>>65P

期末における次の【資料】にもとづいて、会社計算規則に準拠した貸借対照表および損益計算書のうち必要部分のみを作成しなさい。

【資料1】残高試算表の一部

残 高 試 算 表 (単位：千円)

営業諸経費	45,000	退職給付引当金	6,000

【資料2】各引当金の当期繰入額

1 賞与引当金 4,500千円
2 退職給付引当金 600千円
3 修繕引当金 2,100千円
4 債務保証損失引当金 2,400千円

問題2 引当金の使用に係る会計処理

次の1から3の引当金に関する次の【資料】にもとづいて、必要な仕訳を答案用紙の所定の箇所に記入しなさい。なお、仕訳にあたっては、表示科目を用いること。なお、【資料】1から3に相互関連はない。

【資 料】

1 当期中に修繕を行い20,000千円を支払ったが、この修繕に備えて修繕引当金24,000千円を設定していた。

2 当期末において前期に設定した修繕引当金の残高が4,000千円あるため戻し入れる。
当該戻入額は営業外収益に計上されるものである。

3 当期期央に修繕を行い20,000千円を支払ったが、この修繕に備えて修繕引当金10,000千円を設定していた。なお、修繕引当金の設定額は適正なものである。

問題3 引当金

基礎 15分 解答>>>67P

問1 次に示す文章は引当金について述べたものである。空欄に当てはまる語句を答えなさい。

> (引当金の意義)
> 引当金とは、[①]の費用・損失を[②]の費用・損失としてあらかじめ[③]計上したときの[④]項目である。
> (引当金の計上要件)
> 引当金は、将来の[⑤]あって、その発生が[⑥]し、[⑦]が高く、かつ、その金額を[⑧]ことができる場合に計上される。

問2 引当金の計上根拠を答えなさい。

問3 引当金の分類方法を答えなさい。

問4 偶発債務に関連して、次の(1)〜(3)に答えなさい。

(1) 偶発債務の意義を答えなさい。

(2) 企業会計原則における偶発債務の開示方法を答えなさい。また、そのような開示方法が採用される理由を答えなさい。

(3) 偶発債務の発生の可能性による処理の違いを答えなさい。

問5 負債性引当金と未払費用の共通点および相違点を答えなさい。

問6 貸倒引当金と減価償却累計額の共通点および相違点を答えなさい。

引当金に関連する注記事項

基礎　4分　解答>>>69P

期末における次の【資料】にもとづいて、会社計算規則に準拠した「重要な会計方針に係る事項に関する注記」および「貸借対照表等に関する注記」を答案用紙の所定の箇所に記入しなさい。

【資　料】引当金に関する事項

1　賞与引当金は従業員に対して支給する賞与の支出に充てるため、賞与支給対象期間のうち、当期に対応する支給見込額を計上している。

2　役員退職慰労引当金は、役員の退職慰労金の支出に備えるため、役員退職慰労金規定にもとづく期末要支給額を計上している。

3　甲社から商標権の侵害があったとして、損害賠償請求額15,000千円を受け、現在係争中である。

4　乙社の金融機関からの借入金に対し、13,500千円の債務保証を行っている。乙社に対する債務保証額について、債務保証の履行可能性が高くなったことから、翌期における代理弁済見込額の全額を債務保証損失引当金として設定する。

修繕引当金

問1　修繕引当金の意義を答えなさい。

問2　修繕引当金の計上根拠について答えなさい。

Chapter 7 退職給付会計

退職給付会計(1)

基礎 3分 解答>>>71P

下記に示す退職給付に関する【資料】にもとづいて、次の各問に答えなさい。

問1 退職給付費用の金額を計算しなさい。

問2 当期末における退職給付引当金の金額を計算しなさい。

【資料1】残高試算表の一部

残 高 試 算 表 (単位：千円)

仮 払 金	1,920	退職給付引当金	43,200

【資料2】参考資料

1	当期首の退職給付債務	96,000千円
2	当期の勤務費用	5,760千円
3	割引率	3.0%
4	当期首の年金資産の公正評価額	52,800千円
5	長期期待運用収益率	4.0%
6	年金掛金支払額（仮払金として処理済み）	1,920千円

問題 2

退職給付会計(2)

基礎 15分 解答>>>72P

問1 退職給付の意義を答えなさい。

問2 退職給付の性格を答えなさい。

問3 「退職給付に関する会計基準」（以下、「基準」という）にもとづいて、次の文章中の空欄に当てはまる語句を答えなさい。

> 6.「退職給付債務」とは、［ ① ］のうち、［ ② ］時点までに［ ③ ］していると［ ④ ］部分を［ ⑤ ］ものをいう。

問4 退職給付債務の算定方法を答えなさい。

問5　退職給付債務の算定方法として現価方式が採用される理由を答えなさい。

問6　年金資産が退職給付債務から控除され、貸借対照表に計上されない理由を答えなさい。

問7　「基準」にもとづいて、次の空欄に当てはまる語句を答えなさい。

8.「勤務費用」とは、［ ① ］の［ ② ］として［ ③ ］したと認められる［ ④ ］をいう。
9.「利息費用」とは、［ ⑤ ］により算定された［ ⑥ ］時点における［ ④ ］債務について、期末までの［ ⑦ ］により発生する［ ⑧ ］をいう。

問8　過去勤務費用および数理計算上の差異につき遅延認識が行われる理由を答えなさい。

問題3　退職給付会計(3)

基礎　6分　解答>>>74P

問1　次の【資料】にもとづいて、年金資産に係る当期における数理計算上の差異の費用処理額を計算しなさい。

【資　料】

1　年金資産の見積値　　21,600千円
2　年金資産の実績値　　16,200千円
3　数理計算上の差異は、当期から10年で定額法により費用処理する。

問2　次の【資料】にもとづいて、年金資産に係る当期における数理計算上の差異の費用処理額を計算しなさい。

【資　料】

1　期首年金資産　　216,000千円
2　期待運用収益　　4,320千円
3　年金掛金支払額　　18,000千円
4　企業年金からの年金支払額　　14,400千円
5　期末年金資産公正評価額（実際額）　　222,120千円
6　数理計算上の差異は、当期から10年で定額法により費用処理する。

問3　次の【資料】にもとづいて、退職給付債務に係る当期における数理計算上の差異の費用処理額を計算しなさい。

【資　料】

1　期首退職給付債務　　514,800千円
2　勤務費用　　21,600千円
3　利息費用　　12,870千円
4　企業年金からの年金支払額　　14,400千円
5　退職一時金支払額　　19,800千円
6　期末退職給付債務（実際額）　　518,310千円
7　数理計算上の差異は、当期から10年で定額法により費用処理する。

問題4　退職給付会計(4)

応用　5分　解答>>>76P

A株式会社（自X5年4月1日　至X6年3月31日）の第18期に関する退職給付に関する下記の【資料】にもとづいて、次の各問に答えなさい。

問1　利息費用の金額を計算しなさい。

問2　期待運用収益の金額を計算しなさい。

問3　当期において発生した数理計算上の差異の金額を計算しなさい。

問4　退職給付費用の金額を計算しなさい。

問5　当期末における退職給付引当金の金額を計算しなさい。

【資　料】

1　期首退職給付引当金　162,000千円
2　期首年金資産　108,000千円
3　期首退職給付債務　270,000千円
4　年金掛金の支払額　27,360千円
5　期末退職給付債務　302,220千円
6　期末年金資産　133,200千円
7　勤務費用　27,360千円
8　企業年金からの支払額　4,320千円
9　数理計算上の差異は、当期から10年間で定額法により費用処理する。
10　割引率　3.4%
11　長期期待運用収益率　3.0%

問題5 退職給付会計(5)

応用 4分 解答>>>78P

次の【資料】にもとづき、当期末の貸借対照表に計上される退職給付引当金の額および損益計算書に計上される退職給付費用の額を求めなさい。なお、当社は退職一時金制度を採用しており、退職給付に関する会計基準の適用については簡便法を採用し、期末自己都合要支給額を退職給付債務として計算している。

【資料1】残高試算表の一部

残高試算表　(単位：千円)

仮払金	16,000	退職給付引当金	256,000

【資料2】

自己都合要支給額の推移等は次のとおりである。

(単位：千円)

項目	前期末	当期末
自己都合要支給額	256,000	300,000

当期における退職従業員に係る自己都合要支給額（退職給付引当金取崩額）は、16,000千円である。なお、退職従業員に係る退職給付額については、仮払金で処理している。

Chapter 8 資産除去債務

問題 1 資産除去債務(1)

応用 20分 解答>>>79P

問1 「資産除去債務に関する会計基準」（以下、「基準」という。）にもとづいて、次の文章中の空欄に当てはまる語句を答えなさい。

> 1.「資産除去債務」とは、［①］固定資産の取得、建設、開発又は［②］によって生じ、当該［①］固定資産の［③］に関して［④］又は［⑤］で要求される［⑥］及びそれに準ずるものをいう。
> 4．資産除去債務は、［①］固定資産の取得、建設、開発又は［②］によって発生した時に［⑦］として計上する。

問2 資産除去債務の負債性について論じなさい。

問3 資産除去債務の会計処理に関連して、次の(1)～(5)に答えなさい。

(1) 引当金処理の内容を説明しなさい。
(2) 引当金処理の問題点を答えなさい。
(3) 資産負債の両建処理の内容を説明しなさい。
(4) 資産負債の両建処理が採用される理由を説明しなさい。
(5) 資産負債の両建処理の会計処理の考え方を述べなさい。

問4 資産除去債務の算定方法を答えなさい。

> 6．資産除去債務はそれが［①］したときに、有形固定資産の［②］に要する［③］を見積り、［④］（［⑤］）で算定する。

問5 資産除去債務に対応する除去費用の会計処理に関連して、次の各問に答えなさい。

(1) 資産除去債務に対応する除去費用の会計処理の内容を説明しなさい。
(2) 資産除去債務に対応する除去費用の会計処理の考え方を説明しなさい。

問題2 資産除去債務(2)

基礎　8分　解答>>>81P

A社の当期（自X6年４月１日　至X7年３月31日）に係る次の【資料】にもとづいて、設備取得日（資産除去債務計上時）および決算時における仕訳を答案用紙の所定の箇所に記入しなさい。なお、割引率は５％とし、計算過程において端数が生じる場合には、そのつど千円未満を四捨五入すること。

【資　料】

X6年４月１日に設備甲（経済的耐用年数：８年、残存価額：0円、減価償却方法：定額法）を47,500千円で取得した。なお、当社は設備甲を使用後に除去する法的義務があり、除去時の支出額は3,694千円と見積もられている。

Chapter 9 純資産会計

問題1 株主資本等変動計算書(1)

基礎 10分 解答>>>82P

次の【資料】にもとづいて、会社計算規則に準拠した第13期（期末:X6年３月31日）に係る株主資本等変動計算書を作成しなさい。なお、下記以外の株主資本等の変動については考慮する必要はない。

また、下記の事項はすべて法的要件を満たしているものとし、「会計方針の開示、会計上の変更及び誤謬の訂正に関する会計基準」にもとづく遡及処理は行われていないものとする。

【資料１】松浦物流株式会社の第12期の貸借対照表（一部）

貸借対照表 (単位：千円)

純資産の部	第12期 (X5年３月31日)
Ⅰ 株主資本	(21,400)
1 資本金	10,000
2 資本剰余金	(4,600)
(1) 資本準備金	1,600
(2) その他資本剰余金	3,000
3 利益剰余金	(6,800)
(1) 利益準備金	600
(2) その他利益剰余金	(6,200)
別途積立金	1,900
繰越利益剰余金	4,300

【資料２】参考資料

1　X5年５月に新株の発行を行い、全額の払込みを受け、増資1,600千円を行っている。

なお、資本金計上額は払込金額の全額とする。

2　X5年６月の株主総会において以下の事項が決定された。

(1) 繰越利益剰余金を財源とする剰余金の配当940千円および準備金繰入れ94千円

(2) 別途積立金の取崩し（繰越利益剰余金への振替え）300千円および同積立金の積立て（繰越利益剰余金からの振替え）160千円

3　X6年３月期の当期純利益は1,760千円である。

問題2 株主資本等変動計算書(2)

応用　15分　解答>>>83P

問1　「株主資本等変動計算書に関する会計基準」にもとづいて、次の文章中の空欄に当てはまる語句を答えなさい。

> 1．…株主資本等変動計算書は、貸借対照表の ① の一会計期間における ② のうち、主として、③ 部分である ④ の各項目の ⑤ を報告するために作成するものである。

問2　株主資本等変動計算書に記載すべき範囲と、その考え方を説明しなさい。

問3　純資産および株主資本の意義を答えなさい。

問4　次に掲げる項目が株主資本以外の項目として区分される理由を説明しなさい。

(1)　評価・換算差額等

(2)　新株予約権

(3)　非支配株主持分

問5　貸借対照表の純資産の部の表示に関する会計基準において純資産の部が株主資本と株主資本以外の各項目に区分される理由を答えなさい。

問題3 純資産に関連する注記事項

応用　8分　解答>>>85P

次の【資料】にもとづいて、会社計算規則に準拠して、(1)株主資本等変動計算書に関する注記および(2)1株当たり情報に関する注記を答案用紙の所定の箇所に記入しなさい。なお、1株当たり情報に関する注記の算定上、円未満の端数が生じた場合には、円未満3位以下を切り捨てることとする。

【資　料】

1　当社の当期末における発行済株式数（すべて普通株式である）は20,000株（期中における変動はない）である。なお、当該発行済株式数のうち200株（期中における変動はない）は期末現在当社が保有しており、自己株式として処理している。

2　当社が当期に行った剰余金の配当等は、次のとおりである。なお、当該配当等は、すべて金銭で行っている。

(1)　繰越利益剰余金を財源とするもの　4,000千円

(2)　その他資本剰余金を財源とするもの　3,000千円

3　当社の当期末における貸借対照表の純資産の部（略式）は、次のとおりである。なお、繰越利益剰余金には、当期純利益3,000千円が含まれている。

（単位：千円）

純資産の部	
Ⅰ 株主資本	
1 資本金	23,000
2 新株式申込証拠金	3,600
3 資本剰余金	
(1) 資本準備金	4,000
(2) その他資本剰余金	2,000
4 利益剰余金	
(1) 利益準備金	2,000
(2) その他利益剰余金	
別途積立金	3,000
繰越利益剰余金	9,000
5 自己株式	△ 3,000
Ⅱ 評価・換算差額等	
1 その他有価証券評価差額金	2,400
純資産の部合計	46,000

Chapter 10 株主資本

問題1 新株発行にともなう貸借対照表の表示

応用 3分 解答>>>87P

当期（X6年4月1日からX7年3月31日まで）に関する下記の【資料】にもとづいて、次の各問における会社計算規則に準拠した貸借対照表・純資産の部のうち必要部分のみを作成しなさい。なお、資本金組入額は原則的方法によることとする。

問1　仮受金がX7年3月20日を払込期日とする増資に係る払込金である場合

問2　仮受金がX7年4月10日を払込期日（申込期日：X7年3月25日）とする増資に係る払込金である場合

【資　料】残高試算表の一部

残　高　試　算　表　　（単位：千円）

		⋮	
		仮　受　金	40,000
		資　本　金	360,000
		資本準備金	140,000
		⋮	

問題2 資本金と資本準備金の額の計算

基礎  2分  解答>>>89P

次の【資料】にもとづいて、増加する(1)資本金の額および(2)資本準備金の額をそれぞれのケースにおいて求めなさい。なお、金額の記載の必要がない場合には「――」を付すこと。

【資　料】

1　発行株式数　　600株

2　1株あたりの払込価額　　110千円

　なお、すべて全額の払込みが行われている。

【ケース1】 資本金組入額について、原則的方法による場合

【ケース2】 資本金組入額について、会社法に規定する最低限度額による場合

剰余金の配当にともなう準備金の積立て　基礎　8分　解答>>>90P

問1　次の**【資料1】**および**【資料2】**にもとづいて、当期の貸借対照表・純資産の部を会社計算規則に準拠して作成しなさい。なお、資料から判明するもの以外、株主資本の計数に変動はない。

【資料1】残高試算表の一部

残　高　試　算　表　（単位：千円）

	⋮	
	資本金	900,000
	資本準備金	150,000
	その他資本剰余金	100,000
	利益準備金	67,500
	新築積立金	60,000
	別途積立金	120,000
	繰越利益剰余金	135,000
	⋮	

【資料2】参考事項

1　株主総会に関する事項

当期中に行われた株主総会で決議された繰越利益剰余金を財源とする剰余金の配当およびその他の処分の内容は次のとおりである。

⑴　配　当　金　　60,000千円

⑵　準備金積立額　　会社法にもとづく額

問2　**【資料2】**を用いず**【資料3】**にもとづいて、当期の貸借対照表・純資産の部を会社計算規則に準拠して作成しなさい。なお、資料から判明するもの以外、株主資本の計数に変動はない。

【資料3】参考事項

1　株主総会に関する事項

当期中に行われた株主総会で決議されたその他資本剰余金を財源とする剰余金の配当は次のとおりである。

⑴　配　当　金　　80,000千円

⑵　準備金積立額　　会社法にもとづく額

問題4 株主資本の計数変動(1)

基礎　5分　解答>>>93P

次の【資料】にもとづいて、A社の当期（自X5年4月1日　至X6年3月31日）における会社計算規則に準拠した貸借対照表（純資産の部のみ）を作成しなさい。

【資料1】残高試算表の一部

残　高　試　算　表　　　　（単位：千円）

		⋮	
		資　本　金	300,000
		資本準備金	120,000
		その他資本剰余金	30,000
		利益準備金	45,000
		新築積立金	25,000
		繰越利益剰余金	110,000

【資料2】参考事項

当期の6月に開催された株主総会で、以下の決定事項が決議されたが、期末現在未処理である。

(1)　資本準備金60,000千円を取り崩し、資本金を増加させる事項

(2)　その他資本剰余金15,000千円を取り崩し、資本金を増加させる事項

なお、上記以外の株主資本等の変動については考慮する必要はない。また、当該決定事項はすべて法的要件を満たしているものとし、当期中において効力発生日も経過しているものとする。

問題5 株主資本の計数変動(2)

基礎　5分　解答>>>94P

次の【資料】にもとづいて、B社の当期（自X5年4月1日　至X6年3月31日）における会社計算規則に準拠した貸借対照表（純資産の部のみ）を作成しなさい。

【資料1】残高試算表の一部

残　高　試　算　表　　　　（単位：千円）

		⋮	
		資　本　金	300,000
		資本準備金	120,000
		その他資本剰余金	30,000
		利益準備金	45,000
		新築積立金	24,000
		別途積立金	30,000
		繰越利益剰余金	111,000

【資料2】参考事項

当期の6月に開催された株主総会で、以下の決定事項が決議されたが、期末現在未処理である。

1　利益準備金30,000千円を取り崩し、繰越利益剰余金を増加させる事項
2　繰越利益剰余金を財源に新築積立金6,000千円を積み立てる事項
3　繰越利益剰余金を財源に資本金9,000千円を増加させる事項
4　別途積立金15,000千円を取り崩し、繰越利益剰余金を増加させる事項

なお、上記以外の株主資本等の変動については考慮する必要はない。また、当該決定事項はすべて法的要件を満たしているものとし、当期中において効力発生日も経過しているものとする。

問題6 純資産

基礎　15分　解答>>>96P

問1　貸借対照表の純資産の部の表示に関する会計基準（以下、「純資産表示基準」という）において株主資本はどのように区分されるか、理由とともに答えなさい。

問2　「会社法」によれば、本来、理論上、株主資本はどのように区分されるべきか、理由とともに答えなさい。

問3　「会社法会計」の表示では、株主資本はどのように区分されるか、理由とともに答えなさい。

問4　「純資産表示基準」において資本剰余金はどのように区分されるか、理由とともに答えなさい。

問5　資本金および資本準備金の額の減少によって生ずる剰余金がその他資本剰余金に計上される理由を答えなさい。

問6　「純資産表示基準」において利益剰余金はどのように区分されるか、理由とともに答えなさい。

問7　利益準備金の額の減少によって生ずる剰余金がその他利益剰余金に計上される理由を答えなさい。

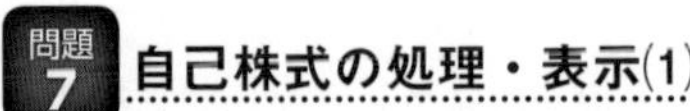

問題7 自己株式の処理・表示(1)

基礎 5分 解答>>>98P

次の【資料】にもとづいて、会社計算規則に準拠した貸借対照表の一部（純資産の部）を完成しなさい。

【資料1】残高試算表の一部

残 高 試 算 表 （単位：千円）

自己株式	10,000	仮受金	8,400
		資本金	100,000
		資本準備金	15,000
		その他資本剰余金	400
		利益準備金	10,000
		別途積立金	30,000
		繰越利益剰余金	44,000

【資料2】参考資料

自己株式のうち7,000千円を8,400千円で処分し、処分代金が入金されていたが、当該入金額を仮受金として処理したのみである。

問題8 自己株式の処理・表示(2)

基礎 5分 解答>>>99P

次の【資料】にもとづいて、会社計算規則に準拠した貸借対照表および損益計算書の一部を完成しなさい。なお、当社は繰延資産に該当する項目につき、資産に計上することなく、すべて費用処理することとしている。

【資料1】残高試算表の一部

残 高 試 算 表 （単位：千円）

自己株式	10,000	仮受金	5,800
仮払金	700	資本金	100,000
		資本準備金	15,000
		その他資本剰余金	1,600
		利益準備金	10,000
		別途積立金	30,000
		繰越利益剰余金	44,000

【資料2】参考資料

1 自己株式を取得した際に手数料500千円を支払ったが、仮払金として処理している。

2 自己株式のうち7,000千円を5,800千円で処分し、処分代金が入金されていたが、当該入金額を仮受金として処理しているのみである。

なお、当該売却に際し手数料200千円を支払ったが、仮払金として処理している。

3　繰越利益剰余金は44,000千円（適正額）である。

問題9　自己株式の処理・表示(3)

基礎　3分　解答>>>101P

次の【資料】にもとづいて、会社計算規則に準拠した貸借対照表の一部を完成しなさい。

【資料1】残高試算表の一部

残高試算表　（単位：千円）

自己株式	10,000	資本金	100,000
		資本準備金	15,000
		その他資本剰余金	4,000
		利益準備金	10,000
		別途積立金	30,000
		繰越利益剰余金	35,000

【資料2】参考資料

自己株式のうち6,000千円を消却することとしたが、未処理である。

問題10 自己株式の処理・表示(4)

応用 5分 解答>>>102P

次の【資料】にもとづいて、会社計算規則に準拠した貸借対照表および損益計算書の一部を完成しなさい。

なお、当社は繰延資産に該当する項目につき、資産に計上することなく、すべて費用処理することとしている。

【資料１】残高試算表の一部

残高試算表（単位：千円）

借方科目	金額	貸方科目	金額
自己株式	24,200	仮受金	4,160
		資本金	50,000
		資本準備金	7,500
		その他資本剰余金	10,000
		利益準備金	5,000
		別途積立金	15,000
		繰越利益剰余金	40,000

【資料２】参考資料

1　期首に自己株式24,000千円を取得したが、取得した際の手数料200千円とともに自己株式に計上している。なお、これ以外に保有していた自己株式はない。

2　自己株式のうち4,000千円を処分したが、処分代金から処分に要した手数料40千円を差し引いた手取額4,160千円につき仮受金として処理しているのみである。

3　自己株式のうち2,400千円を消却することとしたが、未処理である。

4　繰越利益剰余金は40,000千円（適正額）である。

問題11 自己株式

応用 15分 解答>>>104P

問１　自己株式の性格に関する考え方に関連して、次の(1)〜(4)に答えなさい。

(1)　資産説の内容を答えなさい。

(2)　資本控除説の内容を答えなさい。

(3)　貸借対照表の純資産の部の表示に関する会計基準において期末に保有する自己株式はどのように表示されるか答えなさい。

(4)　上記(3)のように自己株式が表示される理由を答えなさい。

問２　自己株式処分差益がその他資本剰余金に計上される理由を答えなさい。

問３　自己株式処分差損がその他資本剰余金から減額される理由を答えなさい。

Chapter 11 新株予約権

問題1 新株予約権

基礎 6分 解答>>>106P

次の【資料】にもとづいて、答案用紙の指示に従い必要な仕訳を示しなさい。なお、解答に当たっては表示科目を用いること。

【資　料】

1　X5年4月1日に新株予約権（有償）を次の条件により発行した。

(1)　新株予約権の金額：1個あたり60千円（総額75,000千円）

(2)　新株予約権の目的となる新株の種類および総数：普通株式6,250株

(3)　発行する新株予約権の総数：1,250個（1個あたり5株割当）

(4)　権利の行使に際して必要な払込金額は新株予約権1個あたり600千円（1株につき120千円）である。

(5)　資本組入額：会社法に規定する最低限度額

2　X5年9月1日に新株予約権500個が権利行使され、払込金額の全額の払込みを受け、新株を発行した。

3　X6年3月1日に新株予約権375個が権利行使され、払込金額の全額の払込みを受け、自己株式（帳簿価額：196,875千円）を交付した。

4　X10年3月31日に権利行使期間が満了した（上記2、3以外は権利行使がされなかった）。

問題2 ストック・オプション(1)

基礎 10分 解答>>>107P

問1　次の1～4において必要となる仕訳を答案用紙の所定の箇所に記載しなさい。なお、解答に当たっては表示科目を用いること。

1　当社は、第19期（X7年4月1日からX8年3月31日）の4月1日に、従業員のうち75名に対して、以下の条件のストック･オプション（新株予約権）を付与した。

なお、各会計期間における費用計上額は、ストック・オプションの公正な評価額のうち、対象勤務期間を基礎として、各会計期間に発生したと認められる額とする。また、第20期の3月31日までの退職見込者および実際退職者はなかったものとする。

(1)　ストック・オプションの数および公正な評価単価

従業員1名あたり160個（合計12,000個）、1個あたり24千円

(2)　ストック・オプションの行使により与えられる株式の数および行使時の払込金額

新株予約権1個あたり1株（合計12,000株）、1株あたり225千円

(3)　ストック・オプションの対象勤務期間

付与日から2年間（第19期の4月1日から第20期の3月31日）

(4) ストック・オプションの権利行使期間
第21期の４月１日から第22期の３月31日

2　第21期において、新株予約権5,400個につき権利行使がなされ、払込金額の全額の払込みを受け、自己株式（１株あたりの簿価は144千円）を交付した。

3　第22期において、新株予約権5,000個につき権利行使がなされ、払込金額の全額の払込みを受け、新株を発行した。なお、資本金計上額は権利行使にともなう払込金額および行使された新株予約権の金額の合計額とする。

4　新株予約権1,600個につき、権利行使期間中に権利行使されなかった。

問２　問１の１にもとづいて、答案用紙に記載された第20期における貸借対照表の純資産の部を完成させなさい。なお、解答に必要となる第20期末における純資産の項目は、次のとおりである。

資　本　金　7,500,000千円、資本準備金　2,400,000千円
その他資本剰余金　1,560,000千円、利益準備金　1,800,000千円
別途積立金　750,000千円、繰越利益剰余金　1,860,000千円
自己株式　1,080,000千円、
その他有価証券評価差額金　1,020,000千円（貸方残高）

ストック・オプション(2)

解答>>>110P

問１　次の１～４において必要となる仕訳を答案用紙の所定の箇所に記載しなさい。なお、解答に当たっては表示科目を用いること。

1　当社は、第19期（X7年４月１日からX8年３月31日）の４月１日に、従業員のうち75名に対して、以下の条件のストック･オプション（新株予約権）を付与した。
なお、各会計期間における費用計上額は、ストック・オプションの公正な評価額のうち、対象勤務期間を基礎として、各会計期間に発生したと認められる額とする。

(1) ストック・オプションの数および公正な評価単価
従業員１名あたり160個（合計12,000個）、１個あたり24千円

(2) ストック・オプションの行使により与えられる株式の数および行使時の払込金額
新株予約権１個あたり１株（合計12,000株）、１株あたり225千円

(3) ①　付与時点において、４名の失効を見込んでいる。なお、第19期末時点において、失効見積数に変更はなかった。
②　権利確定日において６名の失効があった。

(4) ストック・オプションの対象勤務期間
付与日から２年間（第19期の４月１日から第20期の３月31日）

(5) ストック・オプションの権利行使期間
第21期の４月１日から第22期の３月31日

2　第21期において、新株予約権5,000個につき権利行使がなされ、払込金額の全額の払込みを受け、自己株式（1株あたりの簿価は144千円）を交付した。
3　第22期において、新株予約権4,000個につき権利行使がなされ、払込金額の全額の払込みを受け、新株を発行した。なお、資本金計上額は権利行使に伴う払込金額および行使された新株予約権の金額の合計額とする。
4　新株予約権2,040個につき、権利行使期間中に権利行使されなかった。

問2　問1の1にもとづいて、答案用紙に記載された第20期における貸借対照表の純資産の部を完成させなさい。

なお、解答に必要となる第20期末における純資産の項目は、次のとおりである。

資　　本　　金　7,500,000千円、資 本 準 備 金　2,400,000千円
その他資本剰余金　1,560,000千円、利 益 準 備 金　1,800,000千円
別 途 積 立 金　750,000千円、繰越利益剰余金　1,860,000千円
自　己　株　式　1,080,000千円、
その他有価証券評価差額金　1,020,000千円（貸方残高）

問題4 ストック・オプション(3)

基礎　15分　解答>>>113P

問1　「ストック・オプション等に関する会計基準」にもとづいて、次の文章中の空欄に当てはまる語句を答えなさい。

> 1．ストック・オプションを［①］し、これに応じて企業が従業員等から［②］するサービスは、その［②］に応じて［③］として計上し、対応する金額を、ストック・オプションの［④］又は［⑤］が確定するまでの間、貸借対照表の［⑥］の部に［⑦］として計上する。

問2　権利確定日以前の会計処理において費用認識が行われる根拠を答えなさい。

問3　従来の権利確定日以前の会計処理の根拠を2つ答えなさい。

問4　ストック・オプションが権利行使され、これに対して新株を発行した場合の会計処理の内容を答えなさい。

問5　ストック・オプションの権利不行使による失効が生じた場合の会計処理の内容を答えなさい。

問6　ストック・オプションの権利不行使による失効が生じた場合の会計処理の根拠

を答えなさい。

問題5 新株予約権付社債

応用 8分 解答>>>114P

次の【資料】にもとづいて、新株予約権付社債につき、一括法により処理した場合に必要となる仕訳を答案用紙に従い記入しなさい。なお、会計期間は4月1日から3月31日までである。

【資　料】

1　X5年4月1日に転換社債型新株予約権付社債を次の条件で発行した。

(1)　社債総額：1,500,000千円

(2)　発行価額：額面100円につき100円

本社債に付された新株予約権は無償にて発行する。

(3)　償 還 日：X12年3月31日

(4)　新株予約権に関する事項

①　新株予約権の総数：1,500個（1個あたり1,000株割当）

②　本新株予約権の目的となる株式の種類および数：普通株式1,500,000株

③　本新株予約権の行使に際して出資をなすべき額

イ　本新株予約権の行使に際して出資をなすべき額：本社債の社債金額と同額

ロ　本新株予約権の行使に際して出資をなすべき1株あたりの額（転換価格）：1,000円

④　本新株予約権の行使請求期間：X5年4月22日からX12年3月30日

(5)　資本組入額：会社法に規定する最低限度額

2　X7年11月30日に新株予約権140個が権利行使され、新株を発行した。

3　X8年8月31日に新株予約権300個が権利行使され、新株の発行に代えて保有自己株式300,000株（@700円）を処分した。

4　X12年3月31日に償還日を迎えた。なお、上記2および3以外は権利行使されなかったものとする。

Chapter 12 分配可能額

問題1 分配可能額の計算(1)

基礎 2分 解答>>>116P

次の【資料】にもとづいて、当社の剰余金の配当等の効力発生日における剰余金の額を計算しなさい。

なお、最終事業年度の末日後において剰余金の額に増減変化は生じていないものとする。

【資　料】最終事業年度の末日における純資産の部

（単位：千円）

純資産の部	
Ⅰ 株主資本	(62,800)
1 資本金	48,000
2 資本剰余金	(6,000)
(1) 資本準備金	4,000
(2) その他資本剰余金	2,000
3 利益剰余金	(8,800)
(1) 利益準備金	2,000
(2) その他利益剰余金	(6,800)
別途積立金	4,000
繰越利益剰余金	2,800
純資産の部合計	62,800

問題2 分配可能額の計算(2)

基礎 8分 解答>>>116P

次の【資料】にもとづいて、当社の剰余金の配当等の効力発生日における剰余金の額を計算しなさい。

【資料1】最終事業年度の末日における純資産の部（略式）

（単位：千円）

Ⅰ 株 主 資 本	
資 本 金	40,000
資 本 準 備 金	5,000
そ の 他 資 本 剰 余 金	6,400
利 益 準 備 金	3,000
別 途 積 立 金	6,000
繰 越 利 益 剰 余 金	9,000
純 資 産 の 部 合 計	69,400

【資料2】最終事業年度の末日後の株主資本の計数変動等

1 利益準備金の減少額 2,000千円
当該減少により、その他利益剰余金（繰越利益剰余金）が同額増加している。

2 その他資本剰余金の減少額 4,400千円
当該減少額の内訳は、以下のとおりである。

(1) 剰余金の配当 4,000千円

(2) 剰余金の配当にともなう準備金の積立額 400千円

3 繰越利益剰余金の減少額 1,000千円
当該減少額は別途積立金の積立てによるものである。

問題3 分配可能額の計算(3)

基礎 8分 解答>>>118P

次の【資料】にもとづいて、剰余金の配当等の効力発生日における剰余金の額を計算しなさい。

【資料１】最終事業年度の末日における純資産の部（略式）

（単位：千円）

Ⅰ 株主資本	
資本金	40,000
資本準備金	5,000
その他資本剰余金	6,400
利益準備金	3,000
別途積立金	6,000
繰越利益剰余金	9,000
自己株式	△ 600
純資産の部合計	68,800

【資料２】最終事業年度の末日後の株主資本の計数変動等

1 自己株式の消却
帳簿価額400千円の自己株式を消却した。

2 自己株式の処分
帳簿価額200千円の自己株式を300千円で処分した。

問題4 分配可能額の計算(4)

次の【資料】にもとづいて、剰余金の配当等の効力発生日における分配可能額を計算しなさい。

【資料１】最終事業年度の末日における純資産の部（略式）

（単位：千円）

Ⅰ 株主資本	
資本金	40,000
資本準備金	5,000
その他資本剰余金	6,400
利益準備金	3,000
別途積立金	6,000
繰越利益剰余金	9,000
自己株式	△ 600
純資産の部合計	68,800

【資料２】最終事業年度の末日後の株主資本の計数変動等

1　自己株式の取得

600千円の自己株式を取得した。

2　自己株式の消却

帳簿価額400千円の自己株式を消却した。

3　自己株式の処分

帳簿価額200千円の自己株式を300千円で処分した。

問題5　分配可能額の計算(5)

次の【資料】により剰余金の配当等の効力発生日における分配可能額を計算しなさい。

なお、最終事業年度の末日後において分配可能額に増減変化は生じていないものとする。

【資　料】最終事業年度の末日における状況

1　純資産の部（略式）

（単位：千円）

Ⅰ 株主資本	
資本金	52,000
資本準備金	9,750
その他資本剰余金	16,250
利益準備金	6,500
別途積立金	39,000
繰越利益剰余金	29,250
純資産の部合計	152,750

2　のれん　65,000千円

3　繰延資産

(1)　開発費　32,500千円

(2)　株式交付費　1,950千円

(3)　開業費　6,500千円

問題 6 分配可能額の計算(6)

応用 12分 解答>>>122P

次の【資料】にもとづいて、剰余金の配当等の効力発生日における分配可能額を計算しなさい。

なお、当社は臨時計算書類の作成を行っていない。

【資料1】最終事業年度の末日における状況

1　純資産の部（略式）

（単位：千円）

Ⅰ 株主資本	
資本金	19,000
資本準備金	1,000
その他資本剰余金	5,000
利益準備金	1,000
別途積立金	12,000
繰越利益剰余金	9,000
自己株式	△ 1,000
Ⅱ 評価・換算差額等	
その他有価証券評価差額金	△ 400
純資産の部合計	45,600

2　のれん　50,000千円

3　繰延資産　4,000千円

【資料2】最終事業年度の末日後から効力発生日までの株主資本の計数変動等

1　繰越利益剰余金の減少額　2,800千円

当該減少額の内訳は、以下のとおりである。

(1) 剰余金の配当　2,000千円

(2) 剰余金の配当にともなう準備金の積立額　200千円

(3) 別途積立金の積立額　600千円

2　自己株式の取得

取得対価を金銭として600千円の自己株式を取得している。

3　自己株式の消却

帳簿価額400千円の自己株式を消却した。

問題7 分配可能額の計算(7)

応用 10分 解答>>>124P

問1　分配可能額の計算の趣旨を答えなさい。

問2　次に掲げる項目が分配可能額の計算上、控除される理由を答えなさい。

(1)　自己株式の帳簿価額

(2)　のれん等調整額が資本等金額を超過する場合の当該超過額

(3)　その他有価証券評価差額金のうち評価差損

解答・解説

Chapter 1

無形固定資産

解答1 無形固定資産の償却

	日付	時間	学習メモ
1回目	／	／5分	
2回目	／	／5分	
3回目	／	／5分	

表示科目	金額
のれん	12,000千円
特許権	20,250千円
公共施設負担金	44,550千円

解説 （仕訳の単位：千円）

1 のれん

(のれん償却)	3,000 *	(のれん)	3,000

＊ $15{,}000\text{千円} \times \dfrac{12\text{カ月}}{5\text{年} \times 12\text{カ月}} = 3{,}000\text{千円}$

2 特許権

(特許権償却)	1,350 *	(特許権)	1,350

＊ $21{,}600\text{千円} \times \dfrac{6\text{カ月}}{8\text{年} \times 12\text{カ月}} = 1{,}350\text{千円}$

3 公共施設負担金

残高試算表の金額は、取得後当期首まで9カ月間償却した後の金額なので、対応する期間は償却期間（10年）ではなく、残存償却期間（10年×12カ月－9カ月＝111カ月）となります。

(公共施設負担金償却)	5,400 *	(公共施設負担金)	5,400

＊ $49{,}950\text{千円} \times \dfrac{12\text{カ月}}{10\text{年} \times 12\text{カ月} - 9\text{カ月}} = 5{,}400\text{千円}$

4 貸借対照表の金額

の　れ　ん：15,000千円－3,000千円＝12,000千円

特　　許　　権：21,600千円－1,350千円＝20,250千円
公共施設負担金：49,950千円－5,400千円＝44,550千円

学習のポイント

① 無形固定資産の範囲と貸借対照表の表示を理解していたか？

② 無形固定資産の償却計算を理解していたか？

無形固定資産の償却計算をする際には、期首現在において何カ月分が償却済みで、何カ月分が未償却かをしっかりと把握するようにしましょう。

解答2 のれん

	日付	時間	学習メモ
1回目	／	／8分	
2回目	／	／8分	
3回目	／	／8分	

問1　①優位性　②超過収益力

問2　自己創設のれんは、恣意性の介入により資産として客観的な評価ができないため、貸借対照表への計上が認められない。一方、有償取得のれんは、その取得の際に対価を支払うことから恣意性を排除し客観的な評価ができるため、貸借対照表への計上が行われる。

重要キーワード

問1　超過収益力

無形固定資産に関連する注記事項

	日付	時間	学習メモ
1回目	／	／3分	
2回目	／	／3分	
3回目	／	／3分	

重要な会計方針に係る事項に関する注記

重要な会計方針	
①	のれんは効果の及ぶ期間（20年）にもとづく定額法により償却している。
②	商標権は定額法により償却している。

学習のポイント

① 無形固定資産に関連する注記事項を理解していたか？

無形固定資産の償却方法に関する重要な会計方針の注記について、償却期間に幅があるものについては、償却期間の記載が必要となることに注意しましょう。

Chapter 2

研究開発費・ソフトウェア

研究開発費・ソフトウェア

	日付	時間	学習メモ
1回目	／	／15分	
2回目	／	／15分	
3回目	／	／15分	

問1　①知識の発見　②計画もしくは設計　③具体化

問2

根拠①：研究開発費は、発生時には将来の収益を獲得できるか否か不明であり、また、研究開発計画が進行し、将来の収益の獲得期待が高まったとしても、依然としてその獲得が確実であるとはいえないからである。

根拠②：資産計上の要件を定める場合にも、客観的に判断可能な要件を規定することは困難であり、抽象的な要件のもとで資産計上を行うことは、企業間の比較可能性を損なうこととなるからである。

問3　①収益　②取得形態別　③制作目的別

問4

(1)　研究開発の終了時点は、最初に製品化された製品マスターが完成したときである。

(2)　市場販売目的のソフトウェアである製品マスターの制作費は、研究開発費に該当する部分を除き、資産として計上しなければならない。ただし、製品マスターの機能維持に要した費用は、資産として計上してはならない。

(3)　製品マスターは、それ自体が販売の対象物ではなく、機械装置等と同様にこれを利用（複写）して製品を作成すること、法的権利（著作権）を有していることおよび適正な原価計算により取得原価を明確化できることから、当該取得原価を無形固定資産として計上できる。

問5　①収益獲得　②費用削減　③将来の収益との対応　④資産　⑤利用期間　⑥費用

重要キーワード

問3　制作目的別

問4　(1)　最初に製品化された製品マスター
(2)　資産として計上
(3)　法的権利
適正な原価計算

研究開発費

	日付	時間	学習メモ
1回目	／	／5分	
2回目	／	／5分	
3回目	／	／5分	

（ケース1）　　　　　　　　　　　　　　　　　　　（単位：千円）

	借方科目	金額	貸方科目	金額
取得時	研究開発費	3,600	現金及び預金	3,600
決算時	仕訳なし			

（ケース2）　　　　　　　　　　　　　　　　　　　（単位：千円）

	借方科目	金額	貸方科目	金額
取得時	機械装置	3,600	現金及び預金	3,600
決算時	研究開発費	900	減価償却累計額	900

解説　（仕訳の単位：千円）

（ケース1）　機械装置A

①　取得時

機械装置Aは、「特定の研究開発目的にのみ使用され、他の目的には使用することができない機械装置」に該当するため、研究開発費として処理します。

(研究開発費) 販売費及び一般管理費	3,600	(現金及び預金)	3,600

② 決算時

機械装置Aは取得時に全額、研究開発費として処理しており、資産計上していないため決算時の減価償却は不要です。

仕訳なし

(ケース2) 機械装置B

① 取得時

機械装置Bは、「特定の研究開発目的以外にも使用することもできる機械装置」に該当するため、資産計上します。

(機械装置)	3,600	(現金及び預金)	3,600

② 決算時

研究開発目的で使用された期間の減価償却については、減価償却費とはせずに研究開発費で処理します。

(研究開発費) 販売費及び一般管理費	900 *	(減価償却累計額)	900

＊ 3,600千円×0.25＝900千円

学習のポイント

① 特定の研究開発目的の機械装置等を取得した場合について理解しているか？

特定の研究開発目的にのみ使用され、他の目的に使用できない機械装置等を取得した場合は、取得原価を取得時の研究開発費として費用処理します。

特定の研究開発目的に使用した後に、他の目的に使用できる機械装置等を取得した場合は、機械装置等として資産計上し、研究開発目的で使用された期間の減価償却費を研究開発費として費用処理します。

	日付	時間	学習メモ
1回目	／	／5分	
2回目	／	／5分	
3回目	／	／5分	

	表示区分			表示科目	金額
B/S	資産の部	固定資産	無形固定資産	ソフトウェア	32,400千円
P/L	−	−	販売費及び一般管理費	ソフトウェア償却	3,600千円
P/L	−	−	販売費及び一般管理費	ソフトウェア導入費	3,000千円

解説 (仕訳の単位：千円)

1　ソフトウェアの取得、ソフトウェアを利用するために必要なその他の導入費用の計上

自社利用のソフトウェアで、将来の収益獲得（または費用削減）が確実であると認められるものは、無形固定資産として計上します。外部から購入した場合、その導入に当たって必要な設定作業や、自社の仕様に合わせるための付随的な修正作業等の費用は、ソフトウェアの取得価額に含めます。

一方、ソフトウェアを利用するために必要なその他の導入費用は、発生した事業年度の費用とします（新しいシステムを利用するためのデータコンバート費用、ソフトウェアの操作に関するトレーニング費用など)。

（ソフトウェア）	36,000 *1	（仮払金）	39,000
（ソフトウェア導入費） 販売費及び一般管理費	3,000 *2		

＊1　30,000千円（購入代価）＋6,000千円（付随費用）＝36,000千円

＊2　2,000千円＋1,000千円＝3,000千円

2　ソフトウェアの償却（決算時）

（ソフトウェア償却） 販売費及び一般管理費	3,600 *	（ソ　フ　ト　ウ　ェ　ア）	3,600

＊　$36{,}000\text{千円} \times \dfrac{6\text{カ月}}{5\text{年} \times 12\text{カ月}} = 3{,}600\text{千円}$

学習のポイント

① 自社利用のソフトウェアに係る会計処理を理解していたか？

② ソフトウェア関連費用の分類について理解していたか？

自社利用のソフトウェアについて、将来の収益獲得、費用削減が「不確実」または「確実かどうか不明」である場合には、ソフトウェアの取得に係る支払額を当年度の費用として処理します。

Chapter 3 繰延資産

解答1 繰延資産

	日付	時間	学習メモ
1回目	／	／15分	
2回目	／	／15分	
3回目	／	／15分	

問1　①代価の支払いが完了　②支払義務が確定　③役務の提供
④効果が将来にわたって発現　⑤合理的に配分

問2

理由①：換金性のない繰延資産には、その計上を慎重に行うという保守主義の思考が作用しているためである。

理由②：将来の期間に影響する特定の費用の中には、将来の収益獲得との対応が不確実なものも含まれているためである。

問3　将来の期間に影響する特定の費用は、適正な期間損益計算の見地から、効果の発現および収益との対応関係を重視して、繰延経理される。

問4　繰延資産、長期前払費用ともに代価の支払いが完了している点で共通する。

問5

相違点①：繰延資産はすでに役務の提供を受けているが、長期前払費用はいまだ役務の提供を受けていない。

相違点②：繰延資産は財産性を有しないが、長期前払費用は財産性を有する。

相違点③：繰延資産は効果の発現期間が不明確であるが、長期前払費用は明確である。

重要キーワード

問1　代価の支払いが完了（支払義務確定）、役務の提供、効果が将来にわたって発現

問3　適正な期間損益計算

問4

	繰延資産	長期前払費用
代価の支払い	○	○

問5

	繰延資産	長期前払費用
役務の提供	○	×
財産性	×	○
効果の発現	不明確	明確

解答2 各繰延資産の取扱い

	日付	時間	学習メモ
1回目	／	／10分	
2回目	／	／10分	
3回目	／	／10分	

問1

理由①：株式交付費は株主との資本取引にともなって発生するものであるが、その対価は株主に支払われるものではないこと

理由②：株式交付費は社債発行費と同様、資金調達を行うために要する支出額であり、財務費用としての性格が強いと考えられること

理由③：資金調達に要する費用を会社の業績に反映させることが投資者に有用な情報を提供することになると考えられること

問2　社債発行者にとっては、社債利息やこれまでの社債発行差金に相当する額のみならず、社債発行費も含めて資金調達費と考えることができるためである。

重要キーワード

問1　①株主に支払われない、②財務費用としての性格、③投資者に有用な情報を提供

問2　社債発行費＝資金調達費

解答3 繰延資産の償却

	日付	時間	学習メモ
1回目	／	／5分	
2回目	／	／5分	
3回目	／	／5分	

（単位：千円）

貸借対照表		損益計算書	
Ⅲ　繰延資産	（　XXX）	Ⅲ　販売費及び一般管理費	
開発費	6,000	開発費	1,500
株式交付費	384	開発費償却	1,200
⋮		⋮	
		Ⅴ　営業外費用	
		株式交付費償却	288
		⋮	

解説 （仕訳の単位：千円）

1　開発費

経常的費用については「開発費」として損益計算書に計上します。

借方	金額	貸方	金額
（開発費償却） 販売費及び一般管理費	1,200 *	（開発費）	1,200

*　$(8{,}700\text{千円} - \underbrace{1{,}500\text{千円}}_{\text{経常的費用}}) \times \dfrac{10\text{カ月}}{5\text{年} \times 12\text{カ月}} = 1{,}200\text{千円}$

2　株式交付費

借方	金額	貸方	金額
（株式交付費償却） 営業外費用	288 *	（株式交付費）	288

*　$672\text{千円} \times \dfrac{12\text{カ月}}{3\text{年} \times 12\text{カ月} - 8\text{カ月}} = 288\text{千円}$

3　貸借対照表の金額

開　発　費：8,700千円－（1,500千円＋1,200千円）＝6,000千円

株式交付費：672千円－288千円＝384千円

学習のポイント

① 繰延資産の範囲と貸借対照表の表示を理解していたか？

② 繰延資産の償却計算を理解していたか？

当期に、開発に関して支出した場合には、それが毎期経常的に支出するものか、または特別に支出したものかをしっかりと把握しましょう。

解答4 繰延資産に関連する注記事項

	日付	時間	学習メモ
1回目	／	／2分	
2回目	／	／2分	
3回目	／	／2分	

重要な会計方針に係る事項に関する注記

重要な会計方針
開発費は５年間で定額法により償却している。また、株式交付費は全
額支出時の費用として処理している。

学習のポイント

① 繰延資産の範囲に関する注記事項を理解していたか？

繰延資産の処理方法に関する重要な会計方針の注記については、償却期間に幅があるため償却期間の記載が必要となります。また、問題によっては、「会社法にもとづく最長期間」と指示される場合がありますが、注記を記載する際には、利害関係者が企業の状況を把握しやすくするために、最長期間が何年かを明らかにするようにしましょう。

負債会計

解答1 負債の概要

	日付	時間	学習メモ
1回目	／	／5分	
2回目	／	／5分	
3回目	／	／5分	

問1

① 流動・固定分類

内容：企業の支払能力または財務流動性に着目する負債の分類方法をいう。この分類方法によれば、負債は流動負債と固定負債に大別される。

② 属性別分類

内容：負債概念を構成する項目についての属性の相違に着目する負債の分類方法をいう。この分類方法によれば、負債は債務と非債務に大別され、債務はさらに確定債務と条件付債務に細分される。

問2 確定債務は、原則として契約による債務額によって評価する。また、負債性引当金は、合理的見積額により評価する。

重要キーワード

問1 ①企業の支払能力、財務流動性
②債務・非債務、確定債務・条件付債務

問2 契約による債務額、合理的見積額

解答・解説 CH4

Chapter 5

金銭債務

解答1 金銭債務の表示科目

	日付	時間	学習メモ
1回目	／	／15分	
2回目	／	／15分	
3回目	／	／15分	

問1

貸　借　対　照　表　(単位：千円)

科　目	金　額	科　目	金　額
⋮	⋮	負債の部	
		Ⅰ 流動負債	(91,260)
		支払手形	24,360
		買掛金	42,000
		短期借入金	6,000
		1年以内返済長期借入金	1,200
		1年以内償還社債	6,000
		未払金	2,100
		未払法人税等	6,600
		預り金	600
		預り保証金	360
		短期固定資産購入支払手形	600
		短期有価証券購入支払手形	1,440
		Ⅱ 固定負債	(13,740)
		社債	6,000
		長期借入金	3,600
		長期未払金	900
		長期預り金	1,440
		長期固定資産購入支払手形	1,800
		負債の部合計	105,000
		⋮	⋮

問2

貸借対照表 (単位：千円)

科目	金額	科目	金額
⋮	⋮	負債の部	
		Ⅰ 流動負債	(XXX)
		⋮	⋮
		短期借入金	41,424
		1年以内返済長期借入金	104,400
		⋮	⋮
		未払費用	306
		⋮	⋮
		Ⅱ 固定負債	(XXX)
		⋮	⋮
		長期借入金	61,200
		⋮	⋮
		負債の部合計	XXX
		⋮	⋮

解説 (仕訳の単位：千円)

問1

1 支払手形

(1) 固定資産の購入によるもの

(支払手形)	2,400	(短期固定資産購入支払手形)	600
		(長期固定資産購入支払手形)	1,800

(2) 有価証券の購入によるもの

(支払手形)	1,440	(短期有価証券購入支払手形)	1,440

(3) 手形借入金

(支払手形)	1,800	(短期借入金)	1,800

2　未払金

⑴　1年超期限到来分

(未払金)	900	(長期未払金)	900

⑵　法人税等の未払額

(未払金)	6,600	(未払法人税等)	6,600

3　借入金

⑴　1年超期限到来分

(借入金)	3,600	(長期借入金)	3,600

⑵　3年後返済の契約で借り入れたもの

(借入金)	1,200	(1年以内返済長期借入金)	1,200

⑶　残額

(借入金)	4,200 *	(短期借入金)	4,200

＊　9,000千円（T/B）－3,600千円（上記⑴）－1,200千円（上記⑵）＝4,200千円

4　預り金

⑴　従業員の社内預金

(預り金)	1,440	(長期預り金)	1,440

⑵　営業保証金

(預り金)	360	(預り保証金)	360

5　社債

(社債)	6,000	(1年以内償還社債)	6,000

6　貸借対照表の金額

支払手形：30,000千円－(2,400千円＋1,440千円＋1,800千円)＝24,360千円

未払金：9,600千円－(900千円＋6,600千円)＝2,100千円

預り金：2,400千円－(1,440千円＋360千円)＝600千円

社債：12,000千円－6,000千円＝6,000千円

問2

1　BB銀行

（借入金）	41,424	（短期借入金）	41,424

2　CC社

（借入金）	61,200	（1年以内返済長期借入金）	61,200
（支払利息）	306	（未払費用）	306 *

＊　61,200千円×3％×$\frac{2カ月}{12カ月}$＝306千円

3　DD銀行

（借入金）	104,400	（1年以内返済長期借入金）	43,200 *1
		（長期借入金）	61,200 *2

＊1　104,400千円×$\frac{12カ月}{29カ月}$＝43,200千円

＊2　104,400千円×$\frac{17カ月}{29カ月}$＝61,200千円

学習のポイント

① 金銭債務の範囲を理解していたか？

② 金銭債務の貸借対照表の表示を理解していたか？

金銭債務は、金銭債権と基本的内容は同じであるため、関連づけておさえるようにしましょう。

借入金の表示科目は、翌期中に返済されるものに注意しましょう（当期中に借り入れたもので債務全体の返済が完了するものであれば短期借入金として表示し、それ以外なら1年以内返済長期借入金として表示します）。

預り金の表示科目は、それがどういった性質のものかをしっかりと把握するようにしましょう（単なる預り金であれば「預り金または長期預り金」として表示し、保証金としての預り金であれば「預り保証金または長期預り保証金」として表示します）。

解答2 関係会社に対する金銭債務の貸借対照表の表示

	日付	時間	学習メモ
1回目	／	／15分	
2回目	／	／15分	
3回目	／	／15分	

（単位：千円）

(1) 独立科目表示法		(2) 科目別注記法		(3) 一括注記法	
Ⅰ 流動負債		Ⅰ 流動負債		Ⅰ 流動負債	
支払手形	56,000	支払手形	70,000	支払手形	70,000
関係会社支払手形	14,000	買掛金	84,000	買掛金	84,000
買掛金	64,400	短期借入金	28,000	短期借入金	28,000
関係会社買掛金	19,600	⋮		⋮	
短期借入金	14,000				
関係会社短期借入金	14,000	Ⅱ 固定負債		Ⅱ 固定負債	
⋮		長期借入金	56,000	長期借入金	56,000
		⋮		⋮	
Ⅱ 固定負債		貸借対照表等に関する注記		貸借対照表等に関する注記	
長期借入金	33,600	関係会社に対する金銭債務は		関係会社に対する金銭債務は	
関係会社長期借入金	22,400	次のとおりである。		次のとおりである。	
⋮		支払手形	14,000	短期金銭債務	47,600
		買掛金	19,600	長期金銭債務	22,400
		短期借入金	14,000	⋮	
		長期借入金	22,400		

学習のポイント

① 関係会社に対する金銭債務の表示を理解していたか？

関係会社に対する金銭債務の表示方法の内容については、金銭債権と同じであるため関連づけておさえるようにしましょう。

金銭債権・債務が問題で出題された場合は、その相手先が関係会社に該当しないかどうか必ずチェックする癖をつけるようにしましょう。

解答3 普通社債の処理

	日付	時間	学習メモ
1回目	／	／8分	
2回目	／	／8分	
3回目	／	／8分	

問1

(1) 発行日（X5年4月1日）　(単位：千円)

借方科目	借方金額	貸方科目	貸方金額
現金及び預金	107,040	社債	107,040 *1

(2) 利払日（X6年3月31日）　(単位：千円)

借方科目	借方金額	貸方科目	貸方金額
社債利息	1,440 *2	現金及び預金	1,440

(3) 決算日（X6年3月31日）　(単位：千円)

借方科目	借方金額	貸方科目	貸方金額
社債利息	2,592 *3	社債	2,592

＊1　$120{,}000\text{千円} \times \dfrac{89.2\text{円}}{100\text{円}} = 107{,}040\text{千円}$

＊2　$120{,}000\text{千円} \times 1.2\% = 1{,}440\text{千円}$

＊3　$(\underbrace{120{,}000\text{千円}}_{\text{社債金額}} - \underbrace{107{,}040\text{千円}}_{\text{発行価額}}) \times \dfrac{12\text{カ月}}{5\text{年} \times 12\text{カ月}} = 2{,}592\text{千円}$

問2

(1) 発行日（X5年4月1日）

（単位：千円）

借方科目	借方金額	貸方科目	貸方金額
現金及び預金	110,256	社債	110,256 *1

(2) 利払日および決算日（X6年3月31日）

（単位：千円）

借方科目	借方金額	貸方科目	貸方金額
社債利息	3,307 *2	現金及び預金	1,440 *3
		社債	1,867 *4

＊1　120,000千円×$\frac{91.88円}{100円}$＝110,256千円

＊2　110,256千円×3.0％＝3,307千円（千円未満切捨て）

＊3　120,000千円×1.2％＝1,440千円

＊4　3,307千円－1,440千円＝1,867千円

学習のポイント

① 普通社債を割引発行した場合の会計処理を理解していたか？

普通社債を割引発行し、金利の調整と認められる場合には償却原価法を適用するので、償却額を社債利息として処理するとともに、その社債の増額処理が必要となる点に注意しましょう。

電子記録債務

	日付	時間	学習メモ
1回目	／	／4分	
2回目	／	／4分	
3回目	／	／4分	

（単位：千円）

	借方科目	借方金額	貸方科目	貸方金額
(1)	仕入	4,000	電子記録債務	4,000
(2)	電子記録債務	4,000	当座預金	4,000

(1) **電子記録債務の発生時**

買掛金について電子記録債務の発生記録を行った場合は、買掛金の減少として処理するとともに、電子記録債務の増加として処理します。本問の場合、「ただちに」とあるので、買掛金を相殺して表示します。

(2) **電子記録債務の決済**

電子記録債務を決済した場合は、電子記録債務の減少として処理します。

学習のポイント

① 電子記録債務が発生・決済したときの処理を理解しているか？

・電子記録債務が発生 → 電子記録債務の増加
・電子記録債務の決済 → 電子記録債務の減少

金銭債務に関連する注記事項

	日付	時間	学習メモ
1回目	／	／3分	
2回目	／	／3分	
3回目	／	／3分	

①	取締役に対する金銭債務が 15,000 千円ある。
②	関係会社に対する金銭債務は次のとおりである。
	短期金銭債務　30,000 千円　　　長期金銭債務　45,000 千円

学習のポイント

① 金銭債務に関連する注記事項を理解していたか？

会社役員や関係会社に対する内訳を注記します。問題文をしっかり読み、確実に得点できるようにしましょう。

Chapter 6

引当金

解答1 負債の部に計上される引当金の範囲と表示

	日付	時間	学習メモ
1回目	／	／5分	
2回目	／	／5分	
3回目	／	／5分	

（単位：千円）

貸借対照表		損益計算書		
Ⅰ 流動負債	（ XXX）	⋮		
⋮		Ⅲ 販売費及び一般管理費		
賞与引当金	4,500	営業諸経費	45,000	
修繕引当金	2,100	賞与引当金繰入額	4,500	
債務保証損失引当金	2,400	退職給付費用	600	
⋮		修繕引当金繰入額	2,100	52,200
Ⅱ 固定負債	（ XXX）	営業利益		XXX
⋮		⋮		
退職給付引当金	6,600	Ⅶ 特別損失		
⋮		債務保証損失引当金繰入額	2,400	
		⋮		

解説

退職給付引当金は差額補充法で設定するため、残高試算表の6,000千円はそのまま残しておき、当期新たに繰り入れる600千円との合計額6,600千円が貸借対照表に計上されます。

学習のポイント

① **負債性引当金の範囲を理解していたか？**
② **負債性引当金の貸借対照表の表示を理解していたか？**
③ **繰入額の損益計算書の表示を理解していたか？**

負債性引当金の貸借対照表の表示については、固定負債に計上される項目をしっかりおさえましょう（それ以外は基本的に流動負債に記載します）。

繰入額の損益計算書の表示については、営業外費用および特別損失に記載される項目をしっかりおさえましょう（それ以外はすべて販売費及び一般管理費に記載します）。

解答2 引当金の使用に係る会計処理

	日付	時間	学習メモ
1回目	／	／3分	
2回目	／	／3分	
3回目	／	／3分	

（単位：千円）

	借方科目	借方金額	貸方科目	貸方金額
1	修繕引当金	20,000	現金及び預金	20,000
2	修繕引当金	4,000	修繕引当金戻入額	4,000
3	修繕引当金	10,000	現金及び預金	20,000
	修繕費※	10,000		

※　販売費及び一般管理費でも可。

解説

3においては、修繕を行ったのが当期期央で、かつ、修繕引当金の設定額が適正なものであった旨の指示があります。したがって、修繕に係る支出額のうち、修繕引当金の設定額を超える額については、当期に発生した費用（修繕費）として処理します。

解答3 引当金

	日付	時間	学習メモ
1回目	／	／15分	
2回目	／	／15分	
3回目	／	／15分	

問1 ①将来　②当期　③見越　④貸方
⑤特定の費用または損失　⑥当期以前の事象に起因
⑦発生の可能性　⑧合理的に見積る

問2 引当金を計上するのは、適正な期間損益計算を行うためであり、発生主義の原則をその計上根拠とする。

問3 引当金は、その性質の違いから評価性引当金と負債性引当金に分けられ、負債性引当金はさらに、債務性の観点から債務たる引当金と債務でない引当金とに細分される。

問4

(1) 偶発債務とは、現在は可能性としての債務であるが、将来ある事象が発生すれば現実の債務になりうるような事柄をいう。

(2) 企業会計原則においては、偶発債務は、注記により開示することが要求されている。これは、偶発債務が、企業の将来の財政状態および経営成績に重大な影響を及ぼすおそれがあるので、そのような事実を開示しておくためである。

(3) 偶発債務の発生の可能性が高い場合は、引当金として貸借対照表の負債の部に計上し、発生の可能性が低い場合は、引当金として計上せずに、偶発債務として注記により開示する。

問5

共通点：負債性引当金と未払費用は、費用を計上したときの貸方項目であり、支出が次期以降であるという点で共通している。

相違点：負債性引当金は、財貨または用役の価値費消原因事実の発生にもとづいて計上される未費消の項目であり、未払費用は、財貨または用役の価値費消事実の発生にもとづいて計上される既費消の項目である。また、負債性引当金は見積額を基礎に測定されるのに対し、未払費用は契約額を基礎に測定される。

問6

共通点：貸倒引当金と減価償却累計額は資産から控除する評価性控除項目である点で共通している。

相違点：貸倒引当金は、財貨または用役の価値費消原因事実の発生にもとづいて計上される項目であり、減価償却累計額は、財貨または用役の価値費消事実の発生にもとづいて計上される項目である。また、貸倒引当金は将来の収入減少額を基礎に測定されるのに対し、減価償却累計額は過去の支出額を基礎に測定される。

重要キーワード

問1　・引当金の意義：
将来の費用・損失、当期の費用・損失、見越計上
・引当金計上の４要件：
①将来の特定の費用または損失
②その発生が当期以前の事象に起因
③発生の可能性が高い
④金額を合理的に見積ることができる

問2　・目的：適正な期間損益計算
・計上根拠：発生主義の原則

問3　評価性引当金、負債性引当金（債務たる引当金・債務でない引当金）

問5　・共通点：支出が次期以降
・相違点：負債性引当金 → 価値費消原因事実の発生、見積額を基礎に測定
未払費用 → 価値費消事実の発生、契約額を基礎に測定

問6　・共通点：評価性控除項目
・相違点：貸倒引当金 → 価値費消原因事実の発生
減価償却累計額 → 価値費消事実の発生

引当金に関連する注記事項

	日付	時間	学習メモ
1回目	／	／4分	
2回目	／	／4分	
3回目	／	／4分	

重要な会計方針に係る事項に関する注記および貸借対照表等に関する注記

重要な会計方針
引当金の計上基準は以下のとおりである。
(1) 賞与引当金は従業員に対して支給する賞与の支出に充てるため、賞
与支給対象期間のうち、当期に対応する支給見込額を計上している。
(2) 役員退職慰労引当金は、役員の退職慰労金の支出に備えるため、役
員退職慰労金規定にもとづく期末要支給額を計上している。
(3) 債務保証損失引当金は、債務保証の履行可能性が高くなったため、
翌期における代理弁済見込額の全額を計上している。
貸借対照表等に関する注記
甲社から商標権の侵害があったとして、損害賠償請求額 15,000 千円
を受け、現在係争中である。

学習のポイント

① 引当金に関連する注記事項を理解していたか？

乙社の金融機関からの借入金に対する債務保証については、債務保証損失引当金を設定することになります。なお、債務保証損失引当金を設定する場合には、同一の会社に対する同一の債務保証契約に係る債務保証についての貸借対照表等に関する注記は不要となる点に留意しましょう。

解答5 修繕引当金

	日付	時間	学習メモ
1回目	／	／8分	
2回目	／	／8分	
3回目	／	／8分	

問1　修繕引当金とは、毎年行われる通常の修繕が何らかの理由により行われなかった場合、その修繕に備えて設定される引当金のことである。

問2　当期に修繕を行わなかったものの、当該期間において固定資産の使用があり、それが原因となって将来の修繕や保守点検といった価値費消が生ずる。そのため、費用と収益の適正な対応により期間損益計算の適正化を図る観点から、価値費消原因事実の発生にもとづき当期の費用として計上し、その結果として修繕引当金が計上される。

重要キーワード

①固定資産の使用 → 将来の価値費消が生じる
②期間損益計算の適正化を図る観点
③価値費消原因事実の発生にもとづき当期の費用として計上

Chapter 7

退職給付会計

解答1 退職給付会計(1)

	日付	時間	学習メモ
1回目	／	／3分	
2回目	／	／3分	
3回目	／	／3分	

問1 退職給付費用… 6,528 千円

問2 退職給付引当金… 47,808 千円

解説 (仕訳の単位：千円)

(退職給付引当金)	1,920	(仮払金)	1,920
(退職給付費用)	6,528	(退職給付引当金)	6,528

退職給付費用と退職給付引当金は、【資料】の数値をもとにボックス図を作成し、各々の金額を算定します。

借方	貸方
勤務費用 5,760千円	期待運用収益 2,112千円*2
利息費用 2,880千円*1	退職給付費用(問1) 6,528千円

借方	貸方
期末年金資産 56,832千円*4	期末退職給付債務 104,640千円*3
退職給付引当金(問2) 47,808千円*5	

＊1 96,000千円(期首退職給付債務) × 3.0%(割引率) = 2,880千円

＊2 52,800千円(期首年金資産) × 4.0%(長期期待運用収益率) = 2,112千円

＊3 96,000千円(期首退職給付債務) + 5,760千円(勤務費用) + 2,880千円(利息費用) = 104,640千円

＊4 52,800千円(期首年金資産) + 2,112千円(期待運用収益) + 1,920千円(年金掛金) = 56,832千円

＊5 104,640千円(期末退職給付債務) − 56,832千円(期末年金資産) = 47,808千円

または、43,200千円(期首退職給付引当金) + 6,528千円(退職給付費用) − 1,920千円(年金掛金) = 47,808千円

学習のポイント

① 退職給付費用の算定方法（差異がない場合）を理解していたか？

② 退職給付引当金の算定方法（差異がない場合）を理解していたか？

公表用の貸借対照表に計上すべき退職給付引当金の構成要素および各構成要素の算定の仕方（差異がない場合）をしっかりおさえましょう。

・期末退職給付債務 → 退職給付引当金を増加させる
→ 期首退職給付債務＋勤務費用＋利息費用
－一時金支払額－企業年金支払額

・期末年金資産 → 退職給付引当金を減少させる
→ 期首年金資産＋期待運用収益＋掛金支払額
－企業年金支払額

解答2 退職給付会計(2)

	日付	時間	学習メモ
1回目	／	／15分	
2回目	／	／15分	
3回目	／	／15分	

問1　退職給付とは、一定の期間にわたり労働を提供したこと等の事由にもとづいて、退職以後に支給される給付をいう。

問2　退職給付は、労働の対価として支払われる賃金の後払いの性格を有する。

問3　①退職給付　②認識　③発生　④認められる　⑤割り引いた

問4　退職給付債務は、退職により見込まれる退職給付の総額（退職給付見込額）のうち、期末までに発生していると認められる額を割り引いて計算する。

問5　退職給付は支出までに相当の期間があることから貨幣の時間価値を考慮に入れる必要があるためである。

問6　年金資産は退職給付の支払いのためのみに使用されることが制度的に担保されていることなどから、これを収益獲得のために保有する一般の資産と同様に企業の貸借対照表に計上することには問題があり、かえって財務諸表の利用者に誤解を与えるおそれがあると考えられるためである。

問7　①1期間　②労働の対価　③発生　④退職給付
⑤割引計算　⑥期首　⑦時の経過　⑧計算上の利息

問8　過去勤務費用の発生要因である給付水準の改訂等が、従業員の勤労意欲が将来にわたって向上するとの期待のもとに行われる面があるためである。

また、数理計算上の差異には予測と実績の乖離のみならず、予測数値の修正も反映されることから、各期に生じる差異をただちに費用として計上することが退職給付に係る債務の状態を忠実に表現するとはいえない面があるためである。

重要キーワード

問2　労働の対価、賃金の後払い

問3・問4　①退職給付の総額（退職給付見込額）のうち
②認識時点（期末）までに発生
③割引計算

問5　貨幣の時間価値を考慮

問6　制度的に担保、財務諸表利用者に誤解を与えるおそれ

問7　勤務費用：１期間の労働の対価
利息費用：計算上の利息

問8　過去勤務費用：勤労意欲が将来にわたって向上するとの期待
数理計算上の差異：予測と実績の乖離のみならず、予測数値の修正も反映される

退職給付会計(3)

	日付	時間	学習メモ
1回目	／	／6分	
2回目	／	／6分	
3回目	／	／6分	

問1　数理計算上の差異の費用処理額… 540 千円

問2　数理計算上の差異の費用処理額… 180 千円

問3　数理計算上の差異の費用処理額… 324 千円

解説

問1

当期発生数理計算上の差異：21,600千円（見積値）－16,200千円（実績値）＝5,400千円（損失）

$5{,}400\text{千円} \times \frac{1\text{年}}{10\text{年}} = 540\text{千円}$

問2

当期発生数理計算上の差異：(216,000千円（期首年金資産）＋4,320千円（期待運用収益）＋18,000千円（掛金支払額）－14,400千円（年金支払額）)
－222,120千円（期末年金資産公正評価額）＝1,800千円（損失）

$1{,}800\text{千円} \times \frac{1\text{年}}{10\text{年}} = 180\text{千円}$

問3

当期発生数理計算上の差異：518,310千円（期末退職給付債務）－(514,800千円（期首退職給付債務）＋21,600千円（勤務費用）＋12,870千円（利息費用）
－14,400千円（年金支払額）－19,800千円（一時金支払額）)＝3,240千円（損失）

$3{,}240\text{千円} \times \frac{1\text{年}}{10\text{年}} = 324\text{千円}$

学習のポイント

① 数理計算上の差異および費用処理額の算定の仕方を理解していたか？

数理計算上の差異については、年金資産や退職給付債務の見積と実績のズレから生じるものをしっかりとおさえるようにします。なお、期末における年金資産や退職給付債務の実際の金額は通常問題文に与えられるため、年金資産や退職給付債務の見積りの金額をしっかり求められるようにします。

・期末の見積による退職給付債務
　期首退職給付債務＋勤務費用＋利息費用－一時金支払額－企業年金支払額

・期末の見積による年金資産
　期首年金資産＋期待運用収益＋掛金支払額－企業年金支払額

また、数理計算上の差異の費用処理については、発生年度の他に翌期から行うこともできるため、費用処理の開始時期を問題文からしっかりと読み取るようにします。

退職給付会計(4)

	日付	時間	学習メモ
1回目	／	／5分	
2回目	／	／5分	
3回目	／	／5分	

問1 利 息 費 用… 9,180 千円

問2 期 待 運 用 収 益… 3,240 千円

問3 数理計算上の差異… 1,080 千円

問4 退 職 給 付 費 用… 33,408 千円

問5 退 職 給 付 引 当 金… 168,048 千円

解説

借方	貸方
勤務費用 27,360千円	期待運用収益(**問2**) 3,240千円*2
利息費用(**問1**) 9,180千円*1	退職給付費用(**問4**) 33,408千円
数理計算上の差異の費用処理額 108千円*3	

借方	貸方
未認識数理計算上の差異 972千円*4	期末退職給付債務 302,220千円
退職給付引当金(**問5**) 168,048千円	
期末年金資産 133,200千円	

＊1　270,000千円 × 3.4% = 9,180千円
期首退職給付債務　割引率

＊2　108,000千円 × 3.0% = 3,240千円
期首年金資産　長期期待運用収益率

＊3　(1)　年金資産に係る当期発生の数理計算上の差異

133,200千円－(108,000千円＋3,240千円＋27,360千円－4,320千円)＝△1,080千円(損失)
実績値　期首分　期待運用収益　年金掛金　企業年金の支払

(2)　退職給付債務に係る当期発生数理計算上の差異

302,220千円－(270,000千円＋27,360千円＋9,180千円－4,320千円)＝0
実績値　期首分　勤務費用　利息費用　企業年金の支払

(3)　当期発生数理計算上の差異（**問3**）

(1)＋(2)＝△1,080千円(損失)

(4)　数理計算上の差異の費用処理額

$$1{,}080千円 \times \frac{1年}{10年} = 108千円$$

＊4　1,080千円 － 108千円 = 972千円
当期発生の数理計算上の差異　数理計算上の差異の費用処理額

解答・解説
CH 7

退職給付会計(5)

	日付	時間	学習メモ
1回目	／	／4分	
2回目	／	／4分	
3回目	／	／4分	

退職給付引当金… 300,000 千円

退職給付費用… 60,000 千円

（仕訳の単位：千円）

1　退職給付引当金の取崩し

(退職給付引当金)	16,000	(仮払金)	16,000

2　退職給付費用の計上

(退職給付費用)	60,000 *	(退職給付引当金)	60,000

* 300,000千円（当期末自己都合要支給額） －（256,000千円（前期末自己都合要支給額） － 16,000千円（取崩額）） ＝ 60,000千円

学習のポイント

① 小規模企業等における簡便法を理解していたか？

従業員が比較的少ない小規模企業等（原則として従業員数が300人未満の企業）では、原則法による計算によらず簡便法により計算した退職給付債務を用いて、退職給付引当金および退職給付費用を計上することができます。なお、本問では、「退職給付に係る期末自己都合要支給額を退職給付債務とする方法」で計算しています。

Chapter 8

資産除去債務

資産除去債務(1)

	日付	時間	学習メモ
1回目	／	／20分	
2回目	／	／20分	
3回目	／	／20分	

問1　①有形　②通常の使用　③除去　④法令　⑤契約　⑥法律上の義務　⑦負債

問2　資産除去債務は、有形固定資産の除去に関して法令または契約で要求される法律上の義務およびそれに準ずるものであり、当該有形固定資産の除去サービスに係る支払いが不可避的に生じ、実質的に支払義務を負うことになることから、負債性が認められる。

問3

(1)　引当金処理とは、有形固定資産の除去に係る用役（除去サービス）の費消を、当該有形固定資産の使用に応じて各期間に費用配分し、それに対応する金額を負債として認識する会計処理である。

(2)　引当金処理の場合には、有形固定資産の除去に必要な金額が貸借対照表に計上されないことから、資産除去債務の負債計上が不十分となる。

(3)　資産負債の両建処理とは、資産除去債務の全額を負債として計上し、同額を有形固定資産の取得原価に反映させる会計処理である。

(4)　資産負債の両建処理は、資産除去債務の全額を負債として計上するとともに、これに対応する除去費用を有形固定資産の取得原価に含めることで、当該除去費用が当該有形固定資産の使用に応じて各期間に費用配分されるため、資産負債の両建処理は引当金処理を包摂するものといえるからである。

(5)　法律上の義務にもとづく場合など、資産除去債務に該当する場合には、有形固定資産の除去サービスに係る支払いが不可避的に生じることとなるため、その支払いが後日であっても、債務として負担している金額が合理的に見積られるのであれば、資産除去債務の全額を負債として計上し、同額を有形固定資産の取得原価に反映させる処理を行うことが考えられる。

問4　①発生　②除去　③割引前の将来キャッシュ・フロー　④割引後の金額　⑤割引価値

問5

(1)　資産除去債務に対応する除去費用は、資産除去債務を負債として計上した時に、当該負債の計上額と同額を、関連する有形固定資産の帳簿価額に加える。

資産計上された資産除去債務に対応する除去費用は、減価償却を通じて、当該有形固定資産の残存耐用年数にわたり、各期に費用配分する。

(2)　有形固定資産の取得に付随して生じる除去費用を当該資産の取得原価に含めることは、当該資産への投資について回収すべき額を引き上げることを意味する。すなわち、有形固定資産の除去時に不可避的に生じる支出額を付随費用と同様に取得原価に加えた上で費用配分を行い、さらに、資産効率の観点からも有用と考えられる情報を提供するものである。

重要キーワード

問2　実質的に支払義務を負う

問3　引当金処理 → 資産除去債務の負債計上が不十分
資産負債の両建処理 → 資産除去債務の全額を負債計上、引当金処理を包摂

問5　除去費用 → 負債計上＋有形固定資産の帳簿価額に加える（→ ①減価償却により各期に費用配分、②回収すべき額を引き上げる）

解答2 資産除去債務(2)

	日付	時間	学習メモ
1回目	／	／8分	
2回目	／	／8分	
3回目	／	／8分	

(1) 設備取得日（資産除去債務計上時）

（単位：千円）

借方科目	借方金額	貸方科目	貸方金額
設備	50,000	現金及び預金	47,500
		資産除去債務	2,500 *

＊ 3,694千円 ÷ 1.05^8 ＝ 2,500千円（千円未満四捨五入）

(2) 決算時

<時の経過による資産除去債務の増加>

（単位：千円）

借方科目	借方金額	貸方科目	貸方金額
利息費用	125 *	資産除去債務	125

＊ 2,500千円 × 5.0% ＝ 125千円

<減価償却>

（単位：千円）

借方科目	借方金額	貸方科目	貸方金額
減価償却費	6,250 *	減価償却累計額	6,250

＊ 50,000千円 ÷ 8年 ＝ 6,250千円

学習のポイント

① 設備取得時の資産除去債務の算定方法を理解しているか？

② 利息費用の算定方法を理解しているか？

・時の経過による資産除去債務の調整額は、損益計算書上は関連する有形固定資産の減価償却費と同じ区分に計上します。

純資産会計

解答1 株主資本等変動計算書(1)

	日付	時間	学習メモ
1回目	／	／10分	
2回目	／	／10分	
3回目	／	／10分	

株主資本等変動計算書

松浦物流株式会社　　自X5年4月1日　至X6年3月31日　（単位：千円）

	株主資本									純資産合計
	資本金	資本剰余金			利益剰余金				株主資本合計	
		資本準備金	その他資本剰余金	資本剰余金合計	利益準備金	その他利益剰余金		利益剰余金合計		
						別途積立金	繰越利益剰余金			
当期首残高	10,000	1,600	3,000	4,600	600	1,900	4,300	6,800	21,400	21,400
当期変動額										
新株の発行	1,600								1,600	1,600
剰余金の配当					94		△1,034	△940	△940	△940
別途積立金の積立て						160	△160	——	——	——
別途積立金の取崩し						△300	300	——	——	——
当期純利益							1,760	1,760	1,760	1,760
当期変動額合計	1,600	——	——	——	94	△140	866	820	2,420	2,420
当期末残高	11,600	1,600	3,000	4,600	694	1,760	5,166	7,620	23,820	23,820

解説　（仕訳の単位：千円）

1　新株発行による増資

(現金及び預金)	1,600	(資本金)	1,600

2　剰余金の配当等

(1)　剰余金の配当

(繰越利益剰余金)	1,034	(現金及び預金)	940
		(利益準備金)	94

(2)　別途積立金の取崩しおよび積立て

(別途積立金)	300	(繰越利益剰余金)	300
(繰越利益剰余金)	160	(別途積立金)	160

3　当期純利益の振替え

(当期純利益)	1,760	(繰越利益剰余金)	1,760

学習のポイント

① 株主資本等変動計算書（純資産の各項目を横に並べる様式）の記載方法について理解していたか？

剰余金の配当に係る記載については特に注意しましょう。準備金の積立てもあわせて行っている場合には、繰越利益剰余金（その他資本剰余金からの配当の場合にはその他資本剰余金）は、配当額とともに準備金積立額も減少することとなります。

株主資本等変動計算書(2)

	日付	時間	学習メモ
1回目	／	／15分	
2回目	／	／15分	
3回目	／	／15分	

問1　①純資産の部　②変動額　③株主に帰属する　④株主資本　⑤変動事由

問2　開示項目の範囲については、国際的調和等の観点から純資産の部のすべての項目とする。ただし、株主資本とそれ以外の項目とでは一会計期間における変動事由ごとの金額に関する情報の有用性が異なることおよび株主資本以外の各項目を変動事由ごとに表示することに対する事務負担の増大などを考慮し、株主資本の各項目については、変動事由ごとにその金額を表示することとし、株主資本以外の各項目は、原則として、当期変動額を純額で表示する。

問3

純 資 産：資産と負債の差額をいう。

株主資本：純資産のうち報告主体の所有者である株主に帰属する部分をいう。

問4

(1) 評価・換算差額等

評価・換算差額等は、資産性または負債性を有するものではないため、純資産の部に記載される。また、評価・換算差額等は、払込資本ではなく、かつ、いまだ当期純利益に含められていないことから、株主資本とは区別し、株主資本以外の項目とされる。

(2) 新株予約権

新株予約権は、返済義務のある負債ではなく、負債の部に表示することは適当ではないため、純資産の部に記載される。また、新株予約権は、報告主体の所有者である株主とは異なる新株予約権者との直接的な取引によるものであり、株主に帰属するものではないため、株主資本以外の項目とされる。

(3) 非支配株主持分

非支配株主持分は、子会社の資本のうち親会社に帰属していない部分であり、連結財務諸表における親会社株主に帰属するものではないため、株主資本以外の項目とされる。

問5 財務報告における情報開示の中で、投資の成果を表す当期純利益とこれを生み出す株主資本との関係を示すことが重要であることから、損益計算書における当期純利益の額と貸借対照表における株主資本の資本取引を除く当期変動額が一致するという関係を重視して、純資産の部を株主資本と株主資本以外の各項目に区分している。

重要キーワード

問2　国際的調和

表示　株主資本の各項目 → 変動事由ごとに金額を表示

　　　株主資本以外の各項目 → 当期変動額を純額で表示

問3　純資産：資産と負債の差額

株主資本：純資産のうち報告主体の所有者である株主に帰属する部分

問4　(1)　評価・換算差額等：純資産の部に記載、（株主資本とは区別し）株主資本以外の項目

(2)　新株予約権：純資産の部に記載、株主資本以外の項目

(3)　非支配株主持分：（親会社株主に帰属するものではないため）株主資本以外の項目

問5　純資産の部＝株主資本＋株主資本以外の各項目

解答3　純資産に関連する注記事項

	日付	時間	学習メモ
1回目	／	／8分	
2回目	／	／8分	
3回目	／	／8分	

(1)　株主資本等変動計算書に関する注記

①	当該事業年度の末日における発行済株式の数
	普通株式　20,000 株
②	当該事業年度の末日における自己株式の数
	普通株式　　200 株
③	当該事業年度中に行った剰余金の配当に関する事項
	配当の総額　　7,000 千円

(2)　1株当たり情報に関する注記

①	1株当たり純資産額　　2,141円41銭
②	1株当たり当期純利益　　151円51銭

解説

(1)　株主資本等変動計算書に関する注記

配当の総額：4,000千円＋3,000千円＝7,000千円

(2)　1株当たり情報に関する注記

①　1株当たり純資産額

普通株主に帰属しない新株式申込証拠金は純資産額から控除します。

$$\frac{46{,}000\text{千円}-3{,}600\text{千円}}{20{,}000\text{株}-200\text{株}}=2{,}141\text{円}4141\cdots \rightarrow 2{,}141\text{円}41\text{銭}$$

②　1株当たり当期純利益

$$\frac{3{,}000\text{千円}}{20{,}000\text{株}-200\text{株}}=151\text{円}5151\cdots \rightarrow 151\text{円}51\text{銭}$$

学習のポイント

① 株主資本等変動計算書に関する注記について理解していたか？

② 1株当たり情報に関する注記について理解していたか？

株主資本等変動計算書に関する注記は忘れやすいので、注記としてどのようなものがあるかしっかり確認しましょう。注記項目としては大きく「株式数に関する注記」、「配当に関する注記」、「新株予約権に関する注記」の3つに分けたうえでおさえていくとよいでしょう。

株主資本

解答1 新株発行にともなう貸借対照表の表示

	日付	時間	学習メモ
1回目	／	／3分	
2回目	／	／3分	
3回目	／	／3分	

問1

貸　借　対　照　表　(単位：千円)

純　資　産　の　部	
Ⅰ　株　主　資　本	(　XXX)
1　資　本　金	400,000
2　資　本　剰　余　金	(　XXX)
(1)　資　本　準　備　金	140,000
⋮	⋮

問2

貸　借　対　照　表　(単位：千円)

純　資　産　の　部	
Ⅰ　株　主　資　本	(　XXX)
1　資　本　金	360,000
2　新株式申込証拠金	40,000
3　資　本　剰　余　金	(　XXX)
(1)　資　本　準　備　金	140,000
⋮	⋮

解説（仕訳の単位：千円）

問1

1　仕訳

決算日現在払込期日を経過しているため、株主購入者からの払込額は「資本金」として処理します。

（仮　受　金）	40,000	（資　本　金）	40,000

2　貸借対照表の金額

資本金：360,000千円＋40,000千円＝400,000千円

問2

決算日が申込期日の翌日から払込期日の前日に該当するため、株式購入者からの払込額は「新株式申込証拠金」として純資産の部に表示します。

（仮　受　金）	40,000	（新株式申込証拠金）	40,000

学習のポイント

① 株式購入者からの払込額に係る貸借対照表の表示を理解していたか？

新株発行の際に株式購入者から払い込まれた金額の勘定科目については、決算日が「いつ」か（払込期日の前か後か）により異なります。

・申込期日の翌日から払込期日の前日まで → 「新株式申込証拠金」として純資産の部

・払込期日以降 → 原則：「資本金」として純資産の部

解答2 資本金と資本準備金の額の計算

	日付	時間	学習メモ
1回目	／	／2分	
2回目	／	／2分	
3回目	／	／2分	

（単位：千円）

	ケース1	ケース2
⑴ 資本金の額	66,000	33,000
⑵ 資本準備金の額	―	33,000

解説

1　ケース1

⑴　資本金の額

払込価額の総額を資本金とします。

110千円×600株＝66,000千円

2　ケース2

⑴　資本金の額

払込価額の $\frac{1}{2}$ の額… 110千円×$\frac{1}{2}$×600株＝33,000千円

⑵　資本準備金の額

110千円×600株－33,000千円＝33,000千円

学習のポイント

① 新株発行の際の資本組入額を理解していたか？

新株を発行した際に資本金に組み入れられる金額は、原則として、株主から払い込まれた全額（払込価額の総額）です。問題文に指示がない場合、払込価額の全額を資本金に組み入れます。

ただし、ケース2では、問題文の指示にしたがい、払込価額の2分の1の額を資本金の最低限度額とします。

剰余金の配当にともなう準備金の積立て

	日付	時間	学習メモ
1回目	／	／8分	
2回目	／	／8分	
3回目	／	／8分	

問1　貸借対照表の一部

（単位：千円）

科　　　　　目	金　　　額
純　資　産　の　部	
Ⅰ　株　　主　　資　　本	（　　1,472,500）
1　資　　　本　　　金	900,000
2　資　本　剰　余　金	（　　250,000）
(1)　資　本　準　備　金	150,000
(2)　その他資本剰余金	100,000
3　利　益　剰　余　金	（　　322,500）
(1)　利　益　準　備　金	73,500
(2)　その他利益剰余金	（　　249,000）
新　築　積　立　金	60,000
別　途　積　立　金	120,000
繰越利益剰余金	69,000
純資産の部合計	1,472,500

問2　貸借対照表の一部

（単位：千円）

科　　　目	金　　額
純資産の部	
Ⅰ 株主資本	（1,452,500）
1 資本金	900,000
2 資本剰余金	（170,000）
(1) 資本準備金	157,500
(2) その他資本剰余金	12,500
3 利益剰余金	（382,500）
(1) 利益準備金	67,500
(2) その他利益剰余金	（315,000）
新築積立金	60,000
別途積立金	120,000
繰越利益剰余金	135,000
純資産の部合計	1,452,500

解説　（仕訳の単位：千円）

問1

1　当期中に行われた剰余金の配当およびその他の処分

（繰越利益剰余金）	66,000	（現金及び預金）	60,000 *1
		（利益準備金）	6,000 *2

＊1　配当金の支払額を示しています。

＊2　(1)　$\underbrace{60{,}000\text{千円}}_{\text{配当金}} \times \frac{1}{10} = 6{,}000\text{千円}$

(2)　$\underbrace{900{,}000\text{千円}}_{\text{資本金}} \times \frac{1}{4} - (\underbrace{150{,}000\text{千円}}_{\text{資本準備金}} + \underbrace{67{,}500\text{千円}}_{\text{利益準備金}}) = 7{,}500\text{千円}$

(3)　(1)＜(2)　∴ 6,000千円

2　貸借対照表の金額

利益準備金：67,500千円＋6,000千円＝73,500千円

繰越利益剰余金：135,000千円－66,000千円＝69,000千円

問2

1　**株主総会に関する事項**

(その他資本剰余金)	87,500	(現金及び預金)	80,000 *1
		(資本準備金)	7,500 *2

＊1　配当金の支払額を示しています。

＊2　(1)　80,000千円（配当金）× $\frac{1}{10}$ = 8,000千円

(2)　900,000千円（資本金）× $\frac{1}{4}$ −（150,000千円（資本準備金）+ 67,500千円（利益準備金））= 7,500千円

(3)　(1)>(2)　∴ 7,500千円

2　**貸借対照表の金額**

資本準備金：150,000千円 + 7,500千円 = 157,500千円

その他資本剰余金：100,000千円 − 87,500千円 = 12,500千円

学習のポイント

① 剰余金の配当にともなう準備金の積立てについて理解していたか？

剰余金の配当にともなう利益準備金の積立てをする際には、必ず積立限度額（＝資本金× $\frac{1}{4}$ −（資本準備金＋利益準備金））のチェックをする癖をつけるようにしましょう。

解答 4

株主資本の計数変動(1)

	日付	時間	学習メモ
1回目	／	／5分	
2回目	／	／5分	
3回目	／	／5分	

貸　借　対　照　表　(単位：千円)

科　目	金　額	科　目	金　額
⋮	⋮	⋮	⋮
		負債の部合計	XXXX
		純資産の部	
		Ⅰ　株主資本	(630,000)
		1　資本金	375,000
		2　資本剰余金	(75,000)
		(1)　資本準備金	60,000
		(2)　その他資本剰余金	15,000
		3　利益剰余金	(180,000)
		(1)　利益準備金	45,000
		(2)　その他利益剰余金	(135,000)
		新築積立金	25,000
		繰越利益剰余金	110,000
		純資産の部合計	630,000
資産の部合計	XXXX	負債・純資産の部合計	XXXX

解説 （仕訳の単位：千円）

1　**資本準備金の取崩しによる資本金の増加**

（資本準備金）	60,000	（資本金）	60,000

2　**その他資本剰余金の取崩しによる資本金の増加**

（その他資本剰余金）	15,000	（資本金）	15,000

3　**貸借対照表の金額**

資　本　金：300,000千円＋60,000千円＋15,000千円＝375,000千円
資本準備金：120,000千円－60,000千円＝60,000千円
その他資本剰余金：30,000千円－15,000千円＝15,000千円

学習のポイント

① 資本準備金の取崩しによる資本金の増加の手続きを理解していたか？
② その他資本剰余金の取崩しによる資本金の増加の手続きを理解していたか？

株主資本の計数変動については減少および増加する株主資本項目は問題に指示が与えられるため、問題の指示をしっかり確認して処理を行うようにしましょう。

解答5 株主資本の計数変動(2)

	日付	時間	学習メモ
1回目	／	／5分	
2回目	／	／5分	
3回目	／	／5分	

貸借対照表 (単位：千円)

科目	金額	科目	金額
⋮	⋮	⋮	⋮
		負債の部合計	XXXX
		純資産の部	
		Ⅰ 株主資本	(660,000)
		1 資本金	309,000
		2 資本剰余金	(150,000)
		(1) 資本準備金	120,000
		(2) その他資本剰余金	30,000
		3 利益剰余金	(201,000)
		(1) 利益準備金	15,000
		(2) その他利益剰余金	(186,000)
		新築積立金	30,000
		別途積立金	15,000
		繰越利益剰余金	141,000
		純資産の部合計	660,000
資産の部合計	XXXX	負債・純資産の部合計	XXXX

解説 (仕訳の単位：千円)

1 利益準備金の取崩しによる繰越利益剰余金の増加

(利益準備金)	30,000	(繰越利益剰余金)	30,000

2 任意積立金の積立て

(繰越利益剰余金)	6,000	(新築積立金)	6,000

3 利益の資本組入れ

(繰越利益剰余金)	9,000	(資本金)	9,000

4 任意積立金の取崩し

(別途積立金)	15,000	(繰越利益剰余金)	15,000

5　貸借対照表の金額

資　　本　　金：300,000千円＋9,000千円＝309,000千円
利 益 準 備 金：45,000千円－30,000千円＝15,000千円
新 築 積 立 金：24,000千円＋6,000千円＝30,000千円
別 途 積 立 金：30,000千円－15,000千円＝15,000千円
繰越利益剰余金：111,000千円＋30,000千円－6,000千円－9,000千円
　　　　　　　　＋15,000千円＝141,000千円

学習のポイント

① 利益準備金の取崩しによる繰越利益剰余金の増加の手続きを理解していたか？
② 繰越利益剰余金の取崩しによる任意積立金の積立ての手続きを理解していたか？
③ 利益の資本組入れについて理解していたか？

株主資本の計数変動のうち利益剰余金については、利益剰余金内部での計数変動以外に、資本金への組入れも認められている点に留意しましょう。

解答6　純資産

	日付	時間	学習メモ
1回目	／	／15分	
2回目	／	／15分	
3回目	／	／15分	

問1　株主資本は、資本金、資本剰余金および利益剰余金に区分される。このように区分されるのは、投資者保護のための情報開示の観点から、取引源泉別に資本取引から生じた維持拘束性を特質とする払込資本（資本金・資本剰余金）と、損益取引から生じた処分可能性を特質とする留保利益（利益剰余金）を区別することに重点を置いているためである。

問2　株主資本は、資本金、準備金および剰余金に区分されるべきである。このように区分されるのは、株主と債権者の利害調整の観点から、分配可能額を構成する剰余金とそれ以外の資本金および準備金に区別することに重点を置いているためである。

問3　株主資本は、資本金、資本剰余金および利益剰余金に区分される。このように区分されるのは、一元化の観点から株主資本の表示を企業会計基準および財務諸表等規則に合わせたためである。

問4　資本剰余金は資本準備金およびその他資本剰余金に区分される。このように区分されるのは、分配可能額を構成するその他資本剰余金とそれ以外の資本準備金を区別する必要がある会社法の考え方を考慮しているためである。

問5　資本金および資本準備金の額の減少にともなって生ずる剰余金は、いずれも減額前の資本金および資本準備金の持っていた会計上の性格が変わるわけではなく、資本性の剰余金の性格を有すると考えられるため、その他資本剰余金に計上される。

問6　利益剰余金は利益準備金およびその他利益剰余金に区分される。このように区分されるのは、分配可能額を構成するその他利益剰余金とそれ以外の利益準備金を区別する必要がある会社法の考え方を考慮しているためである。

問7　利益準備金はもともと留保利益を原資とするものであり、利益性の剰余金の性格を有するものと考えられるため、その他利益剰余金に計上される。

重要キーワード

問1　払込資本（資本金・資本剰余金）：維持拘束性
留保利益（利益剰余金）：処分可能性

問2　株主と債権者の利害調整、分配可能額

問3　一元化

問4・問6　分配可能額

問5　会計上の性格、資本性の剰余金の性格

問7　留保利益、利益性の剰余金の性格

解答7 自己株式の処理・表示(1)

	日付	時間	学習メモ
1回目	／	／5分	
2回目	／	／5分	
3回目	／	／5分	

貸借対照表の一部　(単位：千円)

純資産の部	
I 株主資本	(197,800)
1 資本金	100,000
2 資本剰余金	(16,800)
(1) 資本準備金	15,000
(2) その他資本剰余金	1,800
3 利益剰余金	(84,000)
(1) 利益準備金	10,000
(2) その他利益剰余金	(74,000)
別途積立金	30,000
繰越利益剰余金	44,000
4 自己株式	△ 3,000
純資産の部合計	197,800

解説 (仕訳の単位：千円)

1 仕訳

(仮受金)	8,400	(自己株式)	7,000
		(その他資本剰余金)	1,400

2 貸借対照表の金額

自己株式は株主資本の部の控除項目として表示します。

その他資本剰余金：400千円＋1,400千円＝1,800千円

自　己　株　式：10,000千円－7,000千円＝3,000千円

学習のポイント

① 自己株式の処分について理解していたか？

自己株式の処分差額については、必ず、その他資本剰余金として処理します。

解答8 自己株式の処理・表示(2)

	日付	時間	学習メモ
1回目	／	／5分	
2回目	／	／5分	
3回目	／	／5分	

貸借対照表の一部　(単位：千円)

純資産の部	
Ⅰ 株主資本	(196,400)
1 資本金	100,000
2 資本剰余金	(15,400)
(1) 資本準備金	15,000
(2) その他資本剰余金	400
3 利益剰余金	(84,000)
(1) 利益準備金	10,000
(2) その他利益剰余金	(74,000)
別途積立金	30,000
繰越利益剰余金	44,000
4 自己株式	△ 3,000
純資産の部合計	196,400

損益計算書の一部　（単位：千円）

⋮		
Ⅴ 営業外費用		
支払手数料	500	
株式交付費	200	
⋮		

解説（仕訳の単位：千円）

1 手数料

自己株式を取得した際の手数料は自己株式の取得原価に含めず、営業外費用へ表示します。

（支払手数料） 営業外費用	500	（仮払金）	500

2 自己株式

⑴ 処分に係る修正

（仮受金）	5,800	（自己株式）	7,000
（その他資本剰余金）	1,200		

⑵ 処分に伴う手数料

問題文の指示により、繰延資産に該当する項目（株式交付費）については、費用処理します。

（株式交付費） 営業外費用	200	（仮払金）	200

3 貸借対照表の金額

その他資本剰余金：1,600千円－1,200千円＝400千円

自己株式：10,000千円－7,000千円＝3,000千円

学習のポイント

① 自己株式の貸借対照表の表示について理解していたか？
② 自己株式の取得に係る処理・表示（手数料を含む）について理解していたか？
③ 自己株式の処分に係る処理・表示（手数料を含む）について理解していたか？

自己株式の取得に係る付随費用については、「支払手数料」として営業外費用に計上します。

これに対して、自己株式の処分に係る付随費用については、「株式交付費」として、原則的には営業外費用に、例外的に繰延資産として資産計上し、会社法にもとづく償却期間以内（3年以内）で、償却を行うこともできます。

解答9 自己株式の処理・表示(3)

	日付	時間	学習メモ
1回目	／	／3分	
2回目	／	／3分	
3回目	／	／3分	

貸借対照表の一部　(単位：千円)

純資産の部	
Ⅰ 株主資本	(184,000)
1 資本金	100,000
2 資本剰余金	(15,000)
(1) 資本準備金	15,000
3 利益剰余金	(73,000)
(1) 利益準備金	10,000
(2) その他利益剰余金	(63,000)
別途積立金	30,000
繰越利益剰余金	33,000
4 自己株式	△ 4,000
純資産の部合計	184,000

解説（仕訳の単位：千円）

1　自己株式の消却

当該処理の結果、その他資本剰余金は負の値（マイナス残高）となります。

（その他資本剰余金）	6,000	（自　己　株　式）	6,000

2　その他資本剰余金の負の値の繰越利益剰余金による補塡

上記１により、負の値となったその他資本剰余金をゼロとし、負の値を繰越利益剰余金で補塡します。

（繰越利益剰余金）	2,000	（その他資本剰余金）	2,000

3　貸借対照表の金額

繰越利益剰余金：35,000千円－2,000千円＝33,000千円

自　己　株　式：10,000千円－6,000千円＝4,000千円

学習のポイント

① 自己株式の消却に係る処理・表示について理解していたか？

自己株式の消却をする際の財源は、その他資本剰余金です。

自己株式の消却等の結果、会計期間末において、その他資本剰余金が負の値になった場合は、繰越利益剰余金で補塡します。

解答10　自己株式の処理・表示(4)

	日付	時間	学習メモ
1回目	／	／5分	
2回目	／	／5分	
3回目	／	／5分	

貸借対照表の一部　(単位：千円)

純資産の部	
I 株主資本	(107,700)
1 資本金	50,000
2 資本剰余金	(15,300)
(1) 資本準備金	7,500
(2) その他資本剰余金	7,800
3 利益剰余金	(60,000)
(1) 利益準備金	5,000
(2) その他利益剰余金	(55,000)
別途積立金	15,000
繰越利益剰余金	40,000
4 自己株式	△ 17,600
純資産の部合計	107,700

損益計算書の一部　(単位：千円)

⋮		
V 営業外費用		
支払手数料	200	
株式交付費	40	
⋮		

解説 (仕訳の単位：千円)

1　自己株式の取得

自己株式を取得した際の手数料は自己株式の取得原価に含めず、営業外費用へ表示します。

(支払手数料) 営業外費用	200	(自己株式)	200

2 自己株式の処分

問題文の指示により、繰延資産に該当する項目（株式交付費）については、費用処理します。

（仮受金）	4,160	（自己株式）	4,000
（株式交付費） 営業外費用	40	（その他資本剰余金）	200

3 自己株式の消却

（その他資本剰余金）	2,400	（自己株式）	2,400

4 貸借対照表の金額

その他資本剰余金：10,000千円＋200千円－2,400千円＝7,800千円

自　己　株　式：24,200千円－（200千円＋4,000千円＋2,400千円）＝17,600千円

学習のポイント

① 自己株式の貸借対照表の表示について理解していたか？
② 自己株式の取得に係る処理・表示（手数料を含む）について理解していたか？
③ 自己株式の処分に係る処理・表示（手数料を含む）について理解していたか？
④ 自己株式の消却に係る処理・表示について理解していたか？

自己株式の取得、処分および消却について、それぞれ適切に会計処理を行っていくことが重要です。

自己株式

	日付	時間	学習メモ
1回目	／	／15分	
2回目	／	／15分	
3回目	／	／15分	

問1

(1) 資産説とは、自己株式を取得したのみでは株式は失効しておらず、他の有価証券と同様に換金性のある会社財産と捉え、資産として扱う考え方をいう。

(2) 資本控除説とは、自己株式の取得は株主との間の資本取引であり、会社所有者に対する会社財産の払戻しの性格を有するものと捉え、資本の控除として扱う考え方をいう。

(3) 期末に保有する自己株式は、純資産の部の株主資本の末尾に自己株式として一括して控除する形式で表示する。

(4) 自己株式を取得したのみでは発行済株式総数が減少するわけではなく、取得後の処分もあり得ることから、自己株式の保有は処分または消却までの暫定的な状態であると考えられるためである。

問2 自己株式の処分が新株の発行と同様の経済的実態を有する点を考慮すると、その処分差額も株主からの払込資本と同様の性格を有すると考えられ、また、会社法において自己株式処分差益は分配可能額を構成することから、その他資本剰余金に計上される。

問3 自己株式の取得と処分を一連の取引とみた場合、純資産の部の株主資本からの分配の性格を有すると考えられ、自己株式の処分が新株の発行と同様の経済的実態を有する点を考慮すると、利益剰余金の額を増減させるべきではなく、処分差益と同じく処分差損についても、資本剰余金の額の減少とすることが適切であると考えられる。さらに、資本準備金からの減額が会社法上の制約を受けることから、その他資本剰余金から減額される。

重要キーワード

問1 自己株式の取得＝株主との間の資本取引、会社財産の払戻しの性格

問2 自己株式処分差益 → その他資本剰余金に計上

問3 自己株式処分差損 → その他資本剰余金から減額

Chapter 11 新株予約権

解答1 新株予約権

	日付	時間	学習メモ
1回目	／	／6分	
2回目	／	／6分	
3回目	／	／6分	

（単位：千円）

	借方科目	金額	貸方科目	金額
新株予約権発行時	現金及び預金	75,000	新株予約権	75,000
権利行使時 X5年9月1日	現金及び預金	300,000	資本金	165,000
	新株予約権	30,000	資本準備金	165,000
権利行使時 X6年3月1日	現金及び預金	225,000	自己株式	196,875
	新株予約権	22,500	その他資本剰余金	50,625
権利行使期間満了時	新株予約権	22,500	新株予約権戻入益	22,500

解説

1　X5年9月1日　権利行使時（新株発行）

(1)　払込額

$$500\text{個} \times \underbrace{5\text{株}}_{\text{1個あたりの割当数}} \times \underbrace{@120\text{千円}}_{\text{1株あたりの払込額}} = 300{,}000\text{千円}$$

(2)　新株予約権の行使分に対応する新株予約権の額

$$\underbrace{75{,}000\text{千円}}_{\text{新株予約権}} \times \frac{500\text{個}}{1{,}250\text{個}} = 30{,}000\text{千円}$$

(3)　資本金の額

$$(\underbrace{300{,}000\text{千円}}_{\text{払込額}} + \underbrace{30{,}000\text{千円}}_{\text{新株予約権}}) \times \frac{1}{2} = 165{,}000\text{千円}$$

2　X6年3月1日　権利行使時（自己株式処分）

⑴　払込額

375個×5株（1個あたりの割当数）×@120千円（1株あたりの払込額）＝225,000千円

⑵　新株予約権の行使分に対応する新株予約権の額

$$75{,}000\text{千円（新株予約権）} \times \frac{375\text{個}}{1{,}250\text{個}} = 22{,}500\text{千円}$$

⑶　その他資本剰余金（自己株式処分差益）

（225,000千円（払込額）＋22,500千円（新株予約権））－196,875千円（自己株式）＝50,625千円

3　権利行使期間満了時

⑴　未行使の新株予約権

$$75{,}000\text{千円} \times \frac{1{,}250\text{個} - 500\text{個} - 375\text{個}}{1{,}250\text{個}} = 22{,}500\text{千円}$$

学習のポイント

① 新株予約権（単独発行）の処理・表示について理解していたか？

新株予約権の権利行使により資本金および資本準備金に振り替える額や自己株式の処分対価は、新株予約権の発行にともなう払込金額と新株予約権の行使にともなう払込金額との合計額であることに注意しましょう。

ストック・オプション⑴

	日付	時間	学習メモ
1回目	／	／10分	
2回目	／	／10分	
3回目	／	／10分	

問1

（単位：千円）

		借方科目	金額	貸方科目	金額
第19期	人件費	株式報酬費用	144,000	新株予約権	144,000
第20期	人件費	株式報酬費用	144,000	新株予約権	144,000
第21期	自己株式処分	現金及び預金	1,215,000	自己株式	777,600
		新株予約権	129,600	その他資本剰余金	567,000
第22期	新株発行	現金及び預金	1,125,000	資本金	1,245,000
		新株予約権	120,000		
	期間満了	新株予約権	38,400	新株予約権戻入益	38,400

問2

（単位：千円）

純資産の部	
Ⅰ 株主資本	（14,790,000）
1 資本金	7,500,000
2 資本剰余金	（3,960,000）
(1) 資本準備金	2,400,000
(2) その他資本剰余金	1,560,000
3 利益剰余金	（4,410,000）
(1) 利益準備金	1,800,000
(2) その他利益剰余金	（2,610,000）
別途積立金	750,000
繰越利益剰余金	1,860,000
4 自己株式	△ 1,080,000
Ⅱ 評価・換算差額等	（1,020,000）
1 その他有価証券評価差額金	1,020,000
Ⅲ 新株予約権	288,000
純資産の部合計	16,098,000

解説

1　第19期

$$24千円 \times 160個 \times 75名 \times \frac{12カ月}{2年 \times 12カ月} = 144{,}000千円$$

2　第20期

$$24千円 \times 160個 \times 75名 \times \frac{24カ月}{2年 \times 12カ月} - 144{,}000千円 = 144{,}000千円$$

3　第21期（自己株式の処分）

(1)　払込金額
225千円×5,400株＝1,215,000千円

(2)　行使されたストック・オプション（新株予約権）の金額
24千円×5,400個＝129,600千円

(3)　処分した自己株式の取得原価
144千円×5,400株＝777,600千円

(4)　その他資本剰余金（自己株式処分差益）
（1,215,000千円＋129,600千円）－777,600千円＝567,000千円

4　第22期

(1)　新株発行

①　払込金額
225千円×5,000株＝1,125,000千円

②　行使されたストック・オプション（新株予約権）の金額
24千円×5,000個＝120,000千円

③　資本金計上額
①＋②＝1,245,000千円

(2)　権利行使期間満了による新株予約権の失効
24千円×1,600個＝38,400千円

5　貸借対照表の金額

新株予約権：144,000千円＋144,000千円＝288,000千円

学習のポイント

① ストック・オプションに係る処理・表示（権利不確定による失効がない場合）について理解していたか？

権利確定日までの各事業年度における新株予約権計上額を正確に求められるようにしましょう。ストック・オプション数にストック・オプションの公正な評価単価を掛けた金額を基礎に計上額を求めます。

解答3 ストック・オプション(2)

	日付	時間	学習メモ
1回目	／	／10分	
2回目	／	／10分	
3回目	／	／10分	

問1

（単位：千円）

		借方科目	金額	貸方科目	金額
第19期	人件費	株式報酬費用	136,320	新株予約権	136,320
第20期	人件費	株式報酬費用	128,640	新株予約権	128,640
第21期	自己株式処分	現金及び預金	1,125,000	自己株式	720,000
		新株予約権	120,000	その他資本剰余金	525,000
第22期	新株発行	現金及び預金	900,000	資本金	996,000
		新株予約権	96,000		
	期間満了	新株予約権	48,960	新株予約権戻入益	48,960

問2

(単位：千円)

純 資 産 の 部	
Ⅰ 株 主 資 本	(14,790,000)
1 資 本 金	7,500,000
2 資 本 剰 余 金	(3,960,000)
(1) 資 本 準 備 金	2,400,000
(2) その他資本剰余金	1,560,000
3 利 益 剰 余 金	(4,410,000)
(1) 利 益 準 備 金	1,800,000
(2) その他利益剰余金	(2,610,000)
別 途 積 立 金	750,000
繰越利益剰余金	1,860,000
4 自 己 株 式	△ 1,080,000
Ⅱ 評価・換算差額等	(1,020,000)
1 その他有価証券評価差額金	1,020,000
Ⅲ 新 株 予 約 権	264,960
純資産の部合計	16,074,960

解説

1 第19期

$$24千円 \times 160個 \times (75名 - 4名) \times \frac{12カ月}{2年 \times 12カ月} = 136,320千円$$

2 第20期

$$24千円 \times 160個 \times (75名 - 6名) \times \frac{24カ月}{2年 \times 12カ月} - 136,320千円 = 128,640千円$$

3 第21期（自己株式の処分）

(1) 払込金額

225千円 × 5,000株 = 1,125,000千円

(2) 行使されたストック・オプション（新株予約権）の金額
24千円×5,000個＝120,000千円
(3) 処分した自己株式の取得原価
144千円×5,000株＝720,000千円
(4) その他資本剰余金（自己株式処分差益）
（1,125,000千円＋120,000千円）－720,000千円＝525,000千円

4　第22期

(1) 新株発行
① 払込金額
225千円×4,000株＝900,000千円
② 行使されたストック・オプション（新株予約権）の金額
24千円×4,000個＝96,000千円
③ 資本金計上額
①＋②＝996,000千円
(2) 権利行使期間満了による新株予約権の失効
24千円×2,040個＝48,960千円

5　貸借対照表の金額

新株予約権：136,320千円＋128,640千円＝264,960千円

学習のポイント

① ストック・オプションに係る処理・表示（権利不確定による失効がある場合）について理解していたか？

権利不確定による失効がある場合には、失効者に係る分を加味して（ストック・オプション数の計算上、失効者に係る分を控除する）計算することに留意しましょう。

ストック・オプション(3)

	日付	時間	学習メモ
1回目	／	／15分	
2回目	／	／15分	
3回目	／	／15分	

問1　①付与　②取得　③費用　④権利の行使　⑤失効　⑥純資産　⑦新株予約権

問2　従業員等に付与されたストック・オプションを対価として、これと引換えに企業に追加的にサービスが提供され、企業に帰属することとなったサービスを消費したと考えられるため、費用認識を行うべきである。

問3

①　ストック・オプションの付与によっても、新旧株主間で富の移転が生じるに過ぎないため、現行の企業会計の枠組みの中では特に会計処理を行うべきではない。

②　ストック・オプションを付与しても、企業には現金その他の会社財産の流出が生じないため、費用認識を行うべきではない。

問4　ストック・オプションが権利行使され、これに対して新株を発行した場合には、新株予約権として計上した額のうち、当該権利行使に対応する部分を払込資本に振り替える。

問5　権利不行使による失効が生じた場合には、新株予約権として計上した額のうち、当該失効に対応する部分を利益として計上する。

問6　ストック・オプションが行使されないまま失効すれば、結果として会社は株式を時価未満で引き渡す義務を免れることになり、無償で提供されたサービスを消費したと考えることができるためである。

重要キーワード

問2　費用認識

問3　新旧株主間で富の移転

問5　失効 → 利益として計上

解答5 新株予約権付社債

	日付	時間	学習メモ
1回目	／	／8分	
2回目	／	／8分	
3回目	／	／8分	

（単位：千円）

	借方科目	金額	貸方科目	金額
新株予約権付社債発行時	現金及び預金	1,500,000	社債	1,500,000
X7年11月30日	社債	140,000	資本金	70,000
			資本準備金	70,000
X8年8月31日	社債	300,000	自己株式	210,000
			その他資本剰余金	90,000
X12年3月31日	社債※	1,060,000	現金及び預金	1,060,000

※ 「1年以内償還社債」でも可。

解説

1　X7年11月30日

(1)　現物出資

$$\underbrace{1{,}500{,}000\text{千円}}_{\text{社債総額}} \times \frac{140\text{個}}{1{,}500\text{個}} = 140{,}000\text{千円}$$

(2)　資本組入額

$$\underbrace{140{,}000\text{千円}}_{\text{現物出資額}} \times \frac{1}{2} = 70{,}000\text{千円}$$

(3)　資本準備金

$$\underbrace{140{,}000\text{千円}}_{\text{現物出資額}} - \underbrace{70{,}000\text{千円}}_{\text{資本組入額}} = 70{,}000\text{千円}$$

2　X8年8月31日

(1)　現物出資額

$$\underbrace{1{,}500{,}000\text{千円}}_{\text{社債総額}} \times \frac{300\text{個}}{1{,}500\text{個}} = 300{,}000\text{千円}$$

(2)　処分する自己株式の簿価

$$\underbrace{300{,}000\text{株}}_{\text{自己株式数}} \times \underbrace{@700\text{円}}_{\text{原価}} = 210{,}000\text{千円}$$

(3)　自己株式処分差益（その他資本剰余金）

$$\underbrace{300{,}000\text{千円}}_{\text{現物出資額}} - \underbrace{210{,}000\text{千円}}_{\text{自己株式}} = 90{,}000\text{千円}$$

3　X12年3月31日

$$\underbrace{1{,}500{,}000\text{千円}}_{\text{社債総額}} - \underbrace{(140{,}000\text{千円} + 300{,}000\text{千円})}_{\text{行使分}} = 1{,}060{,}000\text{千円}$$

学習のポイント

① 新株予約権付社債の処理・表示について理解していたか？

新株予約権付社債を一括法で処理した場合には、新株予約権の対価と社債の対価を分けずに一括して普通社債として処理することに注意しましょう。

Chapter 12

分配可能額

解答1 分配可能額の計算(1)

	日付	時間	学習メモ
1回目	／	／2分	
2回目	／	／2分	
3回目	／	／2分	

剰余金の額… 8,800 千円

解説

1　剰余金の額

2,000千円（その他資本剰余金）＋ 6,800千円（その他利益剰余金）＝ 8,800千円

学習のポイント

① 分配可能額の計算を理解していたか？

分配可能額の計算の基礎となる剰余金の額についてしっかりおさえましょう。

解答2 分配可能額の計算(2)

	日付	時間	学習メモ
1回目	／	／8分	
2回目	／	／8分	
3回目	／	／8分	

剰余金の額… 19,000 千円

解説 （仕訳の単位：千円）

1 最終事業年度の末日における剰余金の額

6,400千円（その他資本剰余金）＋6,000千円（別途積立金）＋9,000千円（繰越利益剰余金）＝21,400千円

2 効力発生日までの株主資本の計数変動等

⑴ 利益準備金の減少

利益準備金の減少にともないその他利益剰余金（繰越利益剰余金）が増加するため、剰余金の額も同額増加します。

（利益準備金）	2,000	（繰越利益剰余金）	2,000

⑵ 剰余金の配当および準備金の積立て

その他資本剰余金を財源とした剰余金の配当を行っているため、配当額および資本準備金積立額相当額の剰余金の額が減少します。

（その他資本剰余金）	4,400	（現金及び預金）	4,000
		（資本準備金）	400

⑶ 任意積立金の積立て

任意積立金の積立ては、剰余金内部での計数の変動であるため、分配可能額には影響しません。

（繰越利益剰余金）	1,000	（別途積立金）	1,000

3 効力発生日における剰余金の額

21,400千円＋2,000千円－4,400千円＝19,000千円

学習のポイント

① 分配可能額の計算（最終事業年度末日後に株主資本の計数変動等がある場合）を理解していたか？

最終事業年度末日後の株主資本の計数変動等のうち、剰余金の額を増減させるものについて、しっかり把握できるようにしましょう。その他資本剰余金とその他利益剰余金の正味増減が生じるものが該当します。

解答3 分配可能額の計算(3)

	日付	時間	学習メモ
1回目	／	／8分	
2回目	／	／8分	
3回目	／	／8分	

剰余金の額… 21,100 千円

解説 (仕訳の単位：千円)

本問は、「効力発生日における剰余金の額」を問われていることに注意しましょう。

なお、「効力発生日における分配可能額」の算定上は自己株式の処分対価を控除します（問題4 を参照してください）。

1 最終事業年度の末日における剰余金の額

6,400千円（その他資本剰余金）＋6,000千円（別途積立金）＋9,000千円（繰越利益剰余金）＝21,400千円

2 効力発生日までの株主資本の計数変動等

(1) 自己株式の消却

自己株式の消却にともないその他資本剰余金が減少するため、剰余金の額も同額減少します。

(その他資本剰余金)	400	(自己株式)	400

(2) 自己株式の処分

自己株式の処分にともないその他資本剰余金が増額するため、その分剰余金の額が増加します。

(現金及び預金)	300	(自己株式)	200
		(その他資本剰余金)	100

3 効力発生日における剰余金の額

21,400千円－400千円＋100千円＝21,100千円

学習のポイント

① **分配可能額の計算（最終事業年度末日後に自己株式の消却・処分がある場合）を理解していたか？**

最終事業年度末日後の自己株式の消却、処分等のうち剰余金の額を増減させるものについて、しっかり把握できるようにしましょう。

解答4 分配可能額の計算(4)

	日付	時間	学習メモ
1回目	／	／8分	
2回目	／	／8分	
3回目	／	／8分	

分配可能額… 20,200 千円

解説 （仕訳の単位：千円）

1 最終事業年度の末日の状況

6,400千円（その他資本剰余金）＋6,000千円（別途積立金）＋9,000千円（繰越利益剰余金）＝21,400千円

2 効力発生日までの株主資本の計数変動等

(1) 自己株式の取得

(自己株式)	600	(現金及び預金)	600

(2) 自己株式の消却

自己株式の消却にともないその他資本剰余金が減少するため、剰余金の額が減少し分配可能額も同額減少します。

(その他資本剰余金)	400	(自己株式)	400

(3) 自己株式の処分

自己株式の処分にともないその他資本剰余金が増額するため、その分剰余金の額が増加し分配可能額が増加します。

(現金及び預金)	300	(自己株式)	200
		(その他資本剰余金)	100

3 効力発生日における剰余金の額

21,400千円－400千円＋100千円＝21,100千円

4 控除すべき額

(1) 自己株式の帳簿価額

600千円＋600千円－400千円－200千円＝600千円

(2) 自己株式の処分対価

300千円

5 効力発生日における分配可能額

21,100千円－600千円－300千円（自己株式の処分対価）＝20,200千円

学習のポイント

① 分配可能額の計算（最終事業年度末日後の自己株式の取得・消却・処分）を理解していたか？

剰余金（その他資本剰余金およびその他利益剰余金）の額の増減と控除すべき額（自己株式の帳簿価額、自己株式の処分対価など）の増減とを混同しないようにしましょう。

解答5 分配可能額の計算(5)

	日付	時間	学習メモ
1回目	／	／8分	
2回目	／	／8分	
3回目	／	／8分	

分配可能額… 79,300 千円

解説

1　効力発生日における剰余金の額

16,250千円（その他資本剰余金）＋39,000千円（別途積立金）＋29,250千円（繰越利益剰余金）＝84,500千円

2　控除すべき額（のれん等調整額に係る減算額）

(1)　のれん等調整額

$65,000千円（のれん）\times\frac{1}{2}$＋32,500千円（開発費）＋1,950千円（株式交付費）＋6,500千円（開業費）＝73,450千円

(2)　資本等金額およびその他資本剰余金の額の合計額

①　資本等金額

52,000千円（資本金）＋9,750千円（資本準備金）＋6,500千円（利益準備金）＝68,250千円

②　その他資本剰余金の額　16,250千円

③　①＋②＝84,500千円

(3)　減算額

68,250千円（資本等金額）＜ 73,450千円（のれん等調整額）≦ 84,500千円（資本等金額およびその他資本剰余金）

∴　73,450千円（のれん等調整額）－68,250千円（資本等金額）＝5,200千円

3　効力発生日における分配可能額

1－2(3)＝79,300千円

学習のポイント

①　**分配可能額の計算（のれん等調整額に係る減算額がある場合）を理解していたか？**

のれん等調整額が資本等金額を超え、かつ、資本等金額およびその他資本剰余金の額の合計額以下の場合には、のれん等調整額から資本等金額を控除した金額を分配可能額の算定上減算します。

解答6 分配可能額の計算(6)

	日付	時間	学習メモ
1回目	／	／12分	
2回目	／	／12分	
3回目	／	／12分	

分配可能額… 13,800 千円

解説 (仕訳の単位：千円)

1 最終事業年度の末日における剰余金の額

5,000千円（その他資本剰余金）＋12,000千円（別途積立金）＋9,000千円（繰越利益剰余金）＝26,000千円

2 効力発生日までの株主資本の計数変動等

(1) 剰余金の配当および準備金の積立てによる減算額

その他利益剰余金を財源とした剰余金の配当を行っているため、配当額および利益準備金積立額相当額の剰余金の額が減少します。したがって、剰余金の配当および準備金の積立てによる減算額は2,200千円になります。

借方		貸方	
(繰越利益剰余金)	2,200	(現金及び預金)	2,000
		(利益準備金)	200

(2) 任意積立金の積立てによる増減額

任意積立金の積立ては、剰余金内部での計数の変動であるため、分配可能額には影響しません。したがって、任意積立金の積立てによる増減はありません。

借方		貸方	
(繰越利益剰余金)	600	(別途積立金)	600

(3) 自己株式の取得

自己株式を取得した場合には、剰余金の増減はありません。

借方		貸方	
(自己株式)	600	(現金及び預金)	600

(4) 自己株式の消却による減算額

自己株式を消却した場合には、その他資本剰余金が減少するため、剰余金の額が減少します。したがって、自己株式の消却による減算額は400千円になります。

(その他資本剰余金)	400	(自　己　株　式)	400

(5) (1)+(2)+(3)+(4)= 2,600千円

3　効力発生日における剰余金の額

26,000千円 − 2,600千円 = 23,400千円

4　控除すべき額

(1) 自己株式の帳簿価額

1,000千円 + 600千円 − 400千円 = 1,200千円

(2) のれん等調整額に係る減算額

① のれん等調整額

イ　のれんの２分の１

$\underbrace{50{,}000\text{千円}}_{\text{のれん}} \times \frac{1}{2} = 25{,}000\text{千円}$

ロ　繰延資産

4,000千円

ハ　イ + ロ = 29,000千円

② 資本等金額およびその他資本剰余金の額の合計額

イ　資本等金額

$\underbrace{19{,}000\text{千円}}_{\text{資本金}} + \underbrace{1{,}000\text{千円}}_{\text{資本準備金}} + \underbrace{1{,}000\text{千円}}_{\text{利益準備金}} = 21{,}000\text{千円}$

ロ　その他資本剰余金の額

5,000千円

ハ　イ + ロ = 26,000千円

③ 減算額

$\underbrace{26{,}000\text{千円}}_{\text{資本等金額および その他資本剰余金}} < \underbrace{29{,}000\text{千円}}_{\text{のれん等調整額}}$

$\underbrace{26{,}000\text{千円}}_{\text{資本等金額および その他資本剰余金}} \geqq \underbrace{25{,}000\text{千円}}_{\text{のれんの２分の１}}$

$\therefore \underbrace{29{,}000\text{千円}}_{\text{のれん等調整額}} - \underbrace{21{,}000\text{千円}}_{\text{資本等金額}} = 8{,}000\text{千円}$

(3)　評価・換算差額等に係る減算額
400千円

(4)　(1)+(2)+(3)= 9,600千円

5　効力発生日における分配可能額

3 − 4 = 13,800千円

学習のポイント

① 分配可能額の計算（のれん等調整額に係る減算額、評価・換算差額等に係る減算額および最終事業年度末日後の株主資本の計数変動等がある場合）を理解していたか？

剰余金（その他資本剰余金およびその他利益剰余金）の額の増減と控除すべき額（自己株式の帳簿価額、自己株式の処分対価、のれん等調整額に係る減算額および評価・換算差額等に係る減算額）の増減とを混同しないようにしましょう。

解答7　分配可能額の計算(7)

	日付	時間	学習メモ
1回目	／	／10分	
2回目	／	／10分	
3回目	／	／10分	

問1　会社法では、分配可能額を株主と債権者の利害調整という制度目的を支える重要な計数と位置づけている。

問2

(1) 自己株式の帳簿価額は、すでに株主に対して株式の取得と引換えに払い戻した財産の額の合計額に相当するものであるため、分配可能額から控除する。

(2) のれん等調整額の基礎となる繰延資産およびのれんは、基本的にそれ単独では換価可能性がないと考えられることから、のれん等調整額のうち配当原資に含まれることがない資本金・準備金を超える部分については、分配可能額から控除する。

(3) 分配可能額の計算上、保守主義の観点から、未実現利益は分配可能額に算入せず、未実現損失については現実化したものとして分配可能額から控除する。

重要キーワード

問1　株主と債権者の利害調整

問2　分配可能額から控除

①自己株式

②のれん等調整額の超過部分

③未実現損失（未実現利益は算入しない）

索　引

数字

あ行

か行

さ行

た行

な行

は行

ま行

や行

ら行

わ行

〈執　筆〉TAC出版開発グループ
資格書籍に特化した執筆者グループ。会計士試験・司法試験等、難関資格の合格者が集結し、会計系から法律系まで幅広く、資格試験対策書の執筆・校閲をオールマイティにこなす。TAC税理士講座とタッグを組み、「みんなが欲しかった！　税理士　簿記論の教科書＆問題集」「みんなが欲しかった！　税理士　財務諸表論の教科書＆問題集」を執筆。主な著書に「みんなが欲しかった！　簿記の教科書１級」ほか。
〈装　幀〉Malpu Design

2022年度版(ねんどばん)
みんなが欲(ほ)しかった！　税理士(ぜいりし)　財務諸表論(ざいむしょひょうろん)の教科書(きょうかしょ)＆問題集(もんだいしゅう)
3　資産(しさん)・負債(ふさい)・純資産会計編(じゅんしさんかいけいへん)

（2014年度版　2014年1月10日　初版　第１刷発行）
2021年９月10日　初　版　第１刷発行

編著者　ＴＡＣ株式会社（税理士講座）
発行者　多田敏男
発行所　TAC株式会社　出版事業部（TAC出版）
〒101-8383
東京都千代田区神田三崎町3-2-18
電話 03(5276)9492(営業)
FAX 03(5276)9674
https://shuppan.tac-school.co.jp
印　刷　株式会社　光邦
製　本　東京美術紙工協業組合

ISBN 978-4-8132-9791-8
N.D.C. 336

税理士講座のご案内

「税理士」の扉を開くカギ

それは、合格できる教育機関を決めること!

あなたが教育機関を決める最大の決め手は何ですか?
通いやすさ、受講料、評判、規模、いろいろと検討事項はありますが、一番の決め手となること、それは「合格できるか」です。
TACは、税理士講座開講以来今日までの30年以上、「受講生に合格していただくこと」を常に考え続けてきました。そして、「最小の努力で最大の効果を発揮する、良質なコンテンツの提供」をもって多数の合格者を輩出し、今も厚い信頼と支持をいただいております。

令和元年度 税理士試験
TAC 合格祝賀パーティー

東京会場　ホテルニューオータニ

合格者から「喜びの声」を多数お寄せいただいています。

https://www.tac-school.co.jp/kouza_zeiri/zeiri_jisseki.html

ズバリ的中!

高い的中実績を誇るTACの本試験対策

TACが提供する演習問題などの本試験対策は、毎年高い的中実績を誇ります。
これは、合格カリキュラムをはじめ、講義・教材など、明確な科目戦略に基づいた合格コンテンツの結果でもあります。

財務諸表論

TAC直前予想答練 第1回

●直前予想答練 第1回〔第一問〕
2 財務諸表の構成要素について、以下の問に答えなさい。
(1)「概念フレームワーク」における負債の定義を答えなさい。

2020年度 本試験問題 的中

〔第二問〕問1 (1)
第5項
負債とは、［①］の取引または事象の結果として、報告主体が［②］している［③］を放棄もしくは引き渡す義務、またはその同等物をいう。ここでいう義務の同等物には、［④］の義務に準じるものが含まれる。

法人税法

TAC全国公開模試

●全国公開模試
〔第二問〕
【資料1】株主等及び株主資本等変動計算書に関する事項
1 当期首の株主等の状況

氏 名	備考	株式数
A氏	代表取締役である。	2,500株
B氏	専務取締役で、A氏の友人である。	1,000株
C氏	常務取締役で、A氏の友人である。	1,000株
D氏	経理部長で、A氏の妻である。	1,000株
Y氏	A氏がその発行済株式の50%を有する株式会社	2,000株
その他の株主	それぞれ保有する割合1%未満で、上記の者と特殊な関係はない	4,500株
	発行済株式総数	12,000株

2020年度 本試験問題 的中

〔第二問〕
問Ⅱ
問1 【資料】に基づき、当社の当期における同族会社の判定及び特定同族会社の判定を示しなさい。
問2 【資料】に基づき、当社の当期における課税留保金額及び課税留保金額に対する税額とそれぞれの計算過程を記載しなさい。
【資料】同族会社の判定及び留保金課税に関する事項
(1) 当社の当期末における株主グループの状況は次のとおりである。

(単位：%)

氏名等	所有割合	備 考
U	47	本人
V株式会社	20	被支配会社ではない。
W	12.5	Uの友人
X	6	Uの配偶者
Y	3.5	Uの友人
その他	11	全て個人株主で所有割合は1%未満である。

所得税法

TAC全国公開模試

●全国公開模試〔第二問〕問1 2
2 甲は創業当初より所轄税務署長から青色申告の承認を受けており、帳簿書類を備え付けてその業務に係る一切の取引を正規の簿記の原則により記録し、これに基づいて貸借対照表及び損益計算書を作成している。
なお、従前より、所得税の確定申告は電子申告の方法によっており、本年分の確定申告についても同様にする予定である。

2020年度 本試験問題 的中

〔第二問〕問1
【資料Ⅰ】
3 甲は創業当初より所轄税務署長から青色申告の承認を受けており、帳簿書類を備え付けてその業務に係る一切の取引を正規の簿記の原則により記録し、これに基づいて貸借対照表及び損益計算書を作成している。また、創業当初より青色事業専従者給与に関する届出書を提出している。
4 甲は棚卸資産の評価方法及び器具備品の減価償却方法について、創業当初から所轄税務署長への届出はしていない。
5 甲の本年分の所得税等の確定申告は、電子申告により行うものとする。

相続税法

TAC直前予想答練 第2回

●直前予想答練 第2回〔第二問〕【資料1】3 (4)
ヌ M社は直前事業年度の末日を基準日として、2,400,000円の配当を行うことを令和2年5月25日の株主総会にて決議しており、翌26日に株主に支払われた。

2020年度 本試験問題

〔第二問〕【資料1】3 (8)
リ 株主総会 令和2年4月25日
この株主総会において令和2年2月29日を基準日、同年4月30日を効力発生日として、2,000,000円（1株あたり100円）の配当金（資本等の減少によるものはない。）の支払が決議された。

他の科目でも的中続出!（TAC税理士講座ホームページで公開しています）

2022年合格目標コース

反復学習でインプット強化! & 豊富な演習量で実践力強化!

対象者：初学者／次の科目の学習に進む方

2021年 9月〜12月／2022年 1月〜8月

9月・10月入学　基礎マスター＋上級コース（全10科目）
※3回転学習！年内はインプットを強化、年明けは演習機会を増やして実践力を鍛える！

9月入学　ベーシックコース（法人・所得）
※2回転学習！週2ペース、8ヵ月かけてインプットを鍛える！

12月・1月入学　速修コース（全11科目）
※7ヵ月間で合格レベルまで仕上げる！

3月・4月入学　速修コース（消費・酒税・固定・国徴）
※短期集中で税法合格を目指す！

8月 税理士試験

対象者：受験経験者（受験した科目を再度学習する場合）

2021年 9月〜12月／2022年 1月〜8月

9月入学　年内上級講義＋上級コース（簿記・財表・法人）
※年内に基礎・応用項目の再確認を行い、実力を引き上げる！

9月入学　年内上級演習＋上級コース（法人・所得・相続・消費）
※年内から問題演習に取り組み、本試験時の実力維持・向上を図る！

1月入学　上級コース（全10科目）
※講義と演習を交互に実施し、答案作成力を養成！

8月 税理士試験

※2021年7月16日時点の情報です。最新の情報は、TAC税理士講座ホームページをご確認ください。

税理士講座のご案内

チャレンジコース

受験経験者・独学生待望のコース!

4月上旬開講!

開講科目	簿記・財表・法人 所得・相続・消費

基礎知識の底上げ  **徹底した本試験対策**

チャレンジ講義 ＋ チャレンジ演習 ＋ 直前対策講座 ＋ 全国公開模試

受験経験者・独学生向けカリキュラムが一つのコースに!

※チャレンジコースには直前対策講座(全国公開模試含む)が含まれています。

直前対策講座

4月下旬開講!

本試験突破の最終仕上げ!

学習メディア	・教室講座 ・ビデオブース講座 ・Web通信講座 ・DVD通信講座 ・資料通信講座

直前期に必要な対策が
すべて揃っています!

＼全11科目対応／

開講科目	・簿記 ・財表 ・法人 ・所得 ・相続 ・消費 ・酒税 ・固定 ・事業 ・住民 ・国徴

徹底分析!「試験委員対策」

即時対応!「税制改正」

毎年的中!「予想答練」

※直前対策講座には全国公開模試が含まれています。

チャレンジコース・直前対策講座ともに詳しくは3月上旬発刊予定の
「チャレンジコース・直前対策講座パンフレット」をご覧ください。

(2021年7月現在)

書籍のご購入は

1 全国の書店、大学生協、ネット書店で

2 TAC各校の書籍コーナーで

資格の学校TACの校舎は全国に展開!
校舎のご確認はホームページにて

資格の学校TAC ホームページ
https://www.tac-school.co.jp

3 TAC出版書籍販売サイトで

CYBER BOOK STORE TAC出版書籍販売サイト

TAC 出版 で 検索

24時間 ご注文 受付中

https://bookstore.tac-school.co.jp/

新刊情報を いち早くチェック!

たっぷり読める 立ち読み機能

学習お役立ちの 特設ページも充実!

TAC出版書籍販売サイト「サイバーブックストア」では、TAC出版および早稲田経営出版から刊行されている、すべての最新書籍をお取り扱いしています。
また、無料の会員登録をしていただくことで、会員様限定キャンペーンのほか、送料無料サービス、メールマガジン配信サービス、マイページのご利用など、うれしい特典がたくさん受けられます。

サイバーブックストア会員は、特典がいっぱい!(一部抜粋)

通常、1万円(税込)未満のご注文につきましては、送料・手数料として500円(全国一律・税込)頂戴しておりますが、1冊から無料となります。

専用の「マイページ」は、「購入履歴・配送状況の確認」のほか、「ほしいものリスト」や「マイフォルダ」など、便利な機能が満載です。

メールマガジンでは、キャンペーンやおすすめ書籍、新刊情報のほか、「電子ブック版TACNEWS(ダイジェスト版)」をお届けします。

書籍の発売を、販売開始当日にメールにてお知らせします。これなら買い忘れの心配もありません。

2022年度版 税理士試験対策書籍のご案内

TAC出版では、独学用、およびスクール学習の副教材として、各種対策書籍を取り揃えています。学習の各段階に対応していますので、あなたのステップに応じて、合格に向けてご活用ください!

（刊行内容、発行月、装丁等は変更することがあります）

●2022年度版 税理士受験シリーズ

「税理士試験において長い実績を誇るTAC。このTACが長年培ってきた合格ノウハウを“TAC方式”としてまとめたのがこの「税理士受験シリーズ」です。近年の豊富なデータをもとに傾向を分析、科目ごとに最適な内容としているので、トレーニング演習に欠かせないアイテムです。」

簿記論

01	簿記論	個別計算問題集	(11月)
02	簿記論	総合計算問題集 基礎編	(11月)
03	簿記論	総合計算問題集 応用編	(1月)
04	簿記論	過去問題集	(12月)
	簿記論	完全無欠の総まとめ	(12月)

財務諸表論

05	財務諸表論	個別計算問題集	(9月)
06	財務諸表論	総合計算問題集 基礎編	(9月)
07	財務諸表論	総合計算問題集 応用編	(12月)
08	財務諸表論	理論問題集 基礎編	(9月)
09	財務諸表論	理論問題集 応用編	(12月)
10	財務諸表論	過去問題集	(12月)
33	財務諸表論	重要会計基準	(8月)
	財務諸表論	完全無欠の総まとめ	(11月)

法人税法

11	法人税法	個別計算問題集	(11月)
12	法人税法	総合計算問題集 基礎編	(9月)
13	法人税法	総合計算問題集 応用編	(12月)
14	法人税法	過去問題集	(12月)
34	法人税法	理論マスター	(9月)
35	法人税法	理論ドクター	(12月)
	法人税法	理論マスター 暗記CD	(10月)
	法人税法	完全無欠の総まとめ	(1月)

所得税法

15	所得税法	個別計算問題集	(10月)
16	所得税法	総合計算問題集 基礎編	(9月)
17	所得税法	総合計算問題集 応用編	(12月)
18	所得税法	過去問題集	(12月)
36	所得税法	理論マスター	(9月)
37	所得税法	理論ドクター	(12月)
	所得税法	理論マスター 暗記CD	(10月)

相続税法

19	相続税法	個別計算問題集	(9月)
20	相続税法	財産評価問題集	(9月)
21	相続税法	総合計算問題集 基礎編	(9月)
22	相続税法	総合計算問題集 応用編	(12月)
23	相続税法	過去問題集	(12月)
38	相続税法	理論マスター	(9月)
39	相続税法	理論ドクター	(12月)
	相続税法	理論マスター 暗記CD	(10月)

酒税法

24	酒税法	計算問題+過去問題集	(12月)
40	酒税法	理論マスター	(9月)

消費税法

25	消費税法	個別計算問題集	(10月)
26	消費税法	総合計算問題集 基礎編	(9月)
27	消費税法	総合計算問題集 応用編	(12月)
28	消費税法	過去問題集	(12月)
41	消費税法	理論マスター	(9月)
42	消費税法	理論ドクター	(12月)
	消費税法	理論マスター 暗記CD	(10月)
	消費税法	完全無欠の総まとめ	(11月)

固定資産税

29	固定資産税	計算問題+過去問題集	(12月)
43	固定資産税	理論マスター	(9月)

事業税

30	事業税	計算問題+過去問題集	(12月)
44	事業税	理論マスター	(9月)

住民税

31	住民税	計算問題+過去問題集	(12月)
45	住民税	理論マスター	(12月)

国税徴収法

32	国税徴収法	総合問題+過去問題集	(12月)
46	国税徴収法	理論マスター	(9月)

大好評につき、今年もやります!
理論マスター暗記CDの音声ダウンロード版を発売!

音声DL版
- 法人税法 理論マスター
- 所得税法 理論マスター
- 相続税法 理論マスター
- 消費税法 理論マスター

※販売は、下記3のTAC出版書籍販売サイト「CyberBookStore」のみとなります。
※音声DL版の内容は、暗記CDと同一のものです。

●2022年度版 みんなが欲しかった!税理士 教科書&問題集シリーズ

効率的に税理士試験対策の学習ができないか? これを突き詰めてできあがったのが、「みんなが欲しかった! 税理士 教科書&問題集シリーズ」です。必要十分な内容をわかりやすくまとめたテキスト(教科書)と内容確認のためのトレーニング(問題集)が1冊になっているので、効率的な学習に最適です。

- みんなが欲しかった! 税理士簿記論の教科書&問題集 1 損益会計編 (8月)
- みんなが欲しかった! 税理士簿記論の教科書&問題集 2 資産会計編 (8月)
- みんなが欲しかった! 税理士簿記論の教科書&問題集 3 資産・負債・純資産会計編 (9月)
- みんなが欲しかった! 税理士簿記論の教科書&問題集 4 構造論点・その他編 (9月)

- みんなが欲しかった! 税理士消費税法の教科書&問題集 1 取引分類・課税標準編 (8月)
- みんなが欲しかった! 税理士消費税法の教科書&問題集 2 仕入税額控除編 (9月)
- みんなが欲しかった! 税理士消費税法の教科書&問題集 3 納税義務・その他論点編 (10月)

- みんなが欲しかった! 税理士財務諸表論の教科書&問題集 1 損益会計編 (8月)
- みんなが欲しかった! 税理士財務諸表論の教科書&問題集 2 資産会計編 (8月)
- みんなが欲しかった! 税理士財務諸表論の教科書&問題集 3 資産・負債・純資産会計編 (9月)
- みんなが欲しかった! 税理士財務諸表論の教科書&問題集 4 構造論点・その他編 (9月)
- みんなが欲しかった! 税理士財務諸表論の教科書&問題集 5 理論編 (9月)

●解き方学習用問題集

現役講師の解答手順、思考過程、実際の書込みなど、㊙テクニックを完全公開した書籍です。

- 簿記論 個別問題の解き方 〔第5版〕
- 簿記論 総合問題の解き方 〔第5版〕
- 財務諸表論 理論答案の書き方 〔第5版〕
- 財務諸表論 計算問題の解き方 〔第5版〕

●その他関連書籍

好評発売中!

- 消費税課否判定要覧 〔第4版〕
- 法人税別表4、5(一)(二)書き方完全マスター 〔第5版〕
- 女性のための資格シリーズ 自力本願で税理士
- 年商倍々の成功する税理士開業法
- Q&Aでわかる 税理士事務所・税理士法人勤務 完全マニュアル

TACの書籍はこちらの方法でご購入いただけます

1 全国の書店・大学生協
2 TAC各校 書籍コーナー
3 CYBER BOOK STORE TAC出版書籍販売サイト アドレス https://bookstore.tac-school.co.jp/

・2021年7月現在 ・年度版各巻の価格は、決定しだい上記3のサイバーブックストアに掲載されますのでご参照ください

書籍の正誤についてのお問合わせ

万一誤りと疑われる箇所がございましたら、以下の方法にてご確認いただきますよう、お願いいたします。

なお、正誤のお問合わせ以外の書籍内容に関する解説・受験指導等は、**一切行っておりません**。
そのようなお問合わせにつきましては、お答えいたしかねますので、あらかじめご了承ください。

1 正誤表の確認方法

TAC出版書籍販売サイト「Cyber Book Store」の
トップページ内「正誤表」コーナーにて、正誤表をご確認ください。

CYBER BOOK STORE TAC出版書籍販売サイト

URL:https://bookstore.tac-school.co.jp/

2 正誤のお問合わせ方法

正誤表がない場合、あるいは該当箇所が掲載されていない場合は、書名、発行年月日、お客様のお名前、ご連絡先を明記の上、下記の方法でお問合わせください。
なお、回答までに1週間前後を要する場合もございます。あらかじめご了承ください。

文書にて問合わせる

● 郵 送 先　〒101-8383 東京都千代田区神田三崎町3-2-18
TAC株式会社 出版事業部 正誤問合わせ係

FAXにて問合わせる

● FAX番号　**03-5276-9674**

e-mailにて問合わせる

● お問合わせ先アドレス　**syuppan-h@tac-school.co.jp**

※お電話でのお問合わせは、お受けできません。また、土日祝日はお問合わせ対応をおこなっておりません。
※正誤のお問合わせ対応は、該当書籍の改訂版刊行月末日までといたします。

乱丁・落丁による交換は、該当書籍の改訂版刊行月末日までといたします。なお、書籍の在庫状況等により、お受けできない場合もございます。
また、各種本試験の実施の延期、中止を理由とした本書の返品はお受けいたしません。返金もいたしかねますので、あらかじめご了承くださいますようお願い申し上げます。

(2020年10月現在)

>>用語集＆論点集
>>問題集　答案用紙

この冊子には、理論対策の必須アイテム「用語集＆論点集」と、
問題集の答案用紙がとじこまれています。

別冊ご利用時の注意

別冊は、この色紙を残したままていねいに抜き取り、ご利用ください。
また、抜き取る際の損傷についてのお取替えはご遠慮願います。

別冊の使い方

Step1

この色紙を残したまま、ていねいに抜き取ってください。色紙は本体からとれませんので、ご注意ください。

Step2

抜き取った用紙を針金のついているページでしっかりと開き、工具を使用して、針金を外してください。針金で負傷しないよう、お気をつけください。

Step3

アイテムごとに分けて、お使いください。

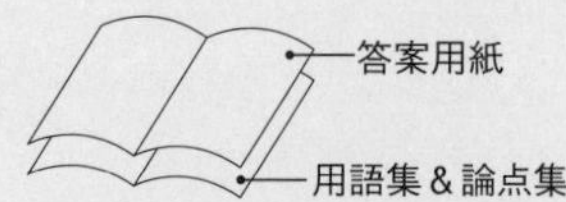

なお、答案用紙については、ダウンロードでもご利用いただけます。TAC出版書籍販売サイト・サイバーブックストアにアクセスしてください。

https://bookstore.tac-school.co.jp/

みんなが欲しかった！　税理士
財務諸表論の教科書&問題集 3

論点集の音声 ダウンロードサービス

TAC出版 

TAC出版書籍販売サイト CyberBookStore
読者様限定 書籍連動ダウンロードサービス

ダウンロードページへのアクセスには下記のパスワードが必要です。

パスワード22089791

用語集

Chapter 1 無形固定資産

のれん	人や組織などに関する優位性を源泉として、当該企業の平均的収益力が同種の他の企業のそれより大きい場合におけるその**超過収益力**

Chapter 2 研究開発費・ソフトウェア

研究開発費	**新しい知識の発見を目的とした計画的な調査、探究**および新しい製品、サービス、生産方法についての計画もしくは設計または既存の製品等を著しく改良するための計画もしくは設計として、**研究の成果その他の知識を具体化**することに係る費用
ソフトウェア	コンピュータを機能させるように指令を組み合わせて表現したプログラム等

Chapter 3 繰延資産

繰延資産	すでに代価の支払いが完了し、または支払義務が確定し、これに対応する役務の提供を受けたにもかかわらず、その**効果が将来にわたって発現**するものと期待される費用のうち、その効果が及ぶ数期間に合理的に配分するため、経過的に貸借対照表上、**資産**として計上されたもの
株式交付費	株式募集のための広告費、金融機関の取扱手数料、その他**株式の交付等のために直接支出した費用**
社債発行費	社債募集のための広告費、金融機関の取扱手数料、証券会社の取扱手数料、社債の登記の登録免許税その他**社債発行のために直接支出した費用**
新株予約権発行費	新株予約権募集のための広告費、証券会社の取扱手数料など、**新株予約権発行のために直接支出した費用**
創立費	会社の負担に帰すべき**設立費用**
開業費	土地、建物等の賃借料、広告宣伝費、通信交通費、事務用消耗品費、保険料等で、会社成立後営業開始時までに支出した**開業準備のための費用**
開発費	新技術または新経営組織の採用、資源の開発、市場の開拓等のために支出した費用、生産能率の向上または生産計画の変更等により、**設備の大規模な配置替えを行った場合等の費用**

Chapter 6 引当金

引当金	将来の費用・損失を当期の費用・損失としてあらかじめ見越計上した場合における貸方項目
偶発債務	現在は可能性としての債務であるが、将来ある事象が発生すれば現実の債務になりうるような事柄

Chapter 7 退職給付会計

賃金後払説	退職給付は、労働の対価として支払われる**賃金の後払い**であるという考え方
功績報償説	退職給付は、勤続に対する功績報償として支払われるものであるという考え方
生活保障説	退職給付は、老後の生活保障のために支払われるものであるという考え方
退職一時金制度	退職給付原資の**外部積立を行わない（内部引当）**制度
企業年金制度	退職給付原資の**外部積立を行う**制度
確定給付型制度	従業員が受給する退職給付額が、勤続年数や給与額をもとにあらかじめ決められている退職給付制度
確定拠出型制度	従業員が受給する退職給付額が、企業の拠出した掛け金とその後の運用損益によって決まる退職給付制度
退職給付見込額	勤務期間に応じて各期に発生する金額を基礎として、それに昇給率、退職率および死亡率等の退職時までに**合理的に**見込まれる退職給付の変動要因を考慮して見積ったもの
退職給付債務	退職給付見込額のうち**認識時点までに**発生していると認められる部分を割り引いたもの
年金資産	企業年金制度を採用している企業が、退職給付に充てるため**外部に積み立てている資産**
期間定額基準	退職給付見込額について全勤務期間で割った額を各期の発生額とする方法
給付算定式基準	退職給付制度の給付算定式に従って各勤務期間に帰属させた給付にもとづき見積った額を、退職給付見込額の各期の発生額とする方法
勤務費用	1期間の労働の対価として発生したと認められる退職給付
利息費用	割引計算により算定された**期首時点**における退職給付債務について、期末までの時の経過により発生する**計算上の利息**
期待運用収益	年金資産の運用により生じると合理的に**期待される計算上の収益**
数理計算上の差異	年金資産の**期待運用収益と実際の運用成果との差異**、退職給付債務の数理計算に用いた**見積数値と実績との差異**および**見積数値の変更等**により発生した差異
重要性基準	基礎率等の計算基礎に重要な変動が生じない場合には計算基礎を変更しない等、計算基礎の決定にあたって合理的な範囲で**重要性による判断を認める方法**
回廊アプローチ	退職給付債務の数値を毎期末時点において厳密に計算し、その結果生じた計算差異について、**一定の範囲内は認識しない方法**
過去勤務費用	**退職給付水準の改訂等に起因**して発生した退職給付債務の増加額または減少額であり、退職金規程等の改訂にともない退職給付水準が変更された結果生じる、改訂前の退職給付債務と改訂後の退職給付債務の、改訂時点における差額

Chapter 8 資産除去債務

資産除去債務	有形固定資産の取得、建設、開発または通常の使用によって生じ、当該有形固定資産の除去に関して法令または契約で要求される**法律上の義務およびそれに準ずるもの**
引当金処理	有形固定資産の除去に係る用役（除去サービス）の費消を、当該有形固定資産の使用に応じて各期間に費用配分し、それに対応する金額を負債として認識する会計処理
資産負債の両建処理	**資産除去債務の全額を負債**として計上し、同額を有形固定資産の**取得原価に反映**させる会計処理

Chapter 9 純資産会計

純資産	資産と負債の差額
株主資本	純資産のうち**株主に帰属する部分**
払込資本	株主が払い込んだ資本

Chapter 10 株主資本

任意積立金	株主総会で決議された利益の**社内留保額**
資産説	自己株式を取得したのみでは株式は失効しておらず、他の有価証券と同様に**換金性のある会社財産**と捉え、資産として扱う考え方
資本控除説	自己株式の取得は株主との間の資本取引であり、会社所有者に対する**会社財産の払戻し**の性格を有するものと捉え、資本の控除として扱う考え方

Chapter 11 新株予約権

ストック・オプション	株式会社が、会社の役員・使用人その他の者に対して、その役務の提供等の対価として、一定の金額を支払うことによって株式の交付を受けることができる権利を与える場合における当該**権利**
新株予約権付社債	新株予約権を行使する権利が付いた社債
転換社債型新株予約権付社債	新株予約権付社債のうち、権利行使時に、金銭等による払込みに代えて、社債の償還による払込み（代用払込）とすることがあらかじめ決められているもの
一括法	新株予約権付社債の発行にともなう払込金額を、社債の対価部分と新株予約権の対価部分に**区分せず、普通社債の発行に準じて**処理する方法
区分法	新株予約権付社債の発行にともなう払込金額を、社債の対価部分と新株予約権の対価部分に区分したうえで、社債の対価部分は、**普通社債の発行に準じて**処理し、新株予約権の対価部分は**新株予約権の発行者側の会計処理に準じて**処理する方法

論点集

Chapter 1 無形固定資産

有償取得のれんと自己創設のれんの取扱い	
有償取得のれん	有償取得のれんは貸借対照表に計上が認められる。
根拠	なぜなら、その取得に対価を支払うため、**恣意性を排除**し**客観的に評価**できるためである。
自己創設のれん	一方、自己創設のれんの貸借対照表への計上は認められない。
根拠	なぜなら、自社の超過収益力を自己評価して計上する自己創設のれんは、**恣意性の介入**により資産として**客観的な評価ができない**ためである。

のれんの償却不要説と償却必要説	
償却不要説	償却不要説は、のれんは**永久的な資産**であり、営業の継続とともにその価値が増加するという考え方である。
償却必要説	一方、償却必要説は、競合企業が存在する以上、のれんを**永久的に維持することは不可能**であり、その**価値は減少**するという考え方を前提に、その価値減少部分につき償却を必要とするという考え方である。

のれんの償却	
償却期間	のれんは**20年以内**のその効果の及ぶ期間にわたって償却する。
期間償却の理由	なぜなら、有償取得におけるのれんは、将来的に収益を獲得することに貢献する効果があると考えれば、その取得原価は**計画的・規則的な償却方法**によって、相当な期間に配分し、超過収益力の継続する期間で償却し**費用と収益の対応を図るべき**だからである。

Chapter 2 研究開発費・ソフトウェア

研究開発費の発生時費用処理の根拠	
従来の問題点	費用処理または資産計上を任意とする従来の方法によると、試験研究費および開発費は、その範囲が必ずしも明確ではなく、また資産計上が任意となっていたことから、**内外企業間の比較可能性が阻害**されてしまう。
研究開発費を資産計上する方法	そこで、すべての研究開発費を資産計上する方法が考えられたが、研究開発費は、発生時には**将来の収益を獲得できるか否かが不明**であり、また、研究開発計画が進行し将来の収益の獲得期待が高まったとしても、依然として**その獲得が確実であるとはいえない**。
資産計上の要件を定める方法	また、資産計上の要件を定め、該当するものを資産に、該当しないものを費用処理する方法も考えられるが、**客観的に判断可能な要件を規定することは困難**であり、抽象的な要件のもとで資産計上を行うことは、**企業間の比較可能性を損なう**こととなる。
研究開発費の処理	そのため、企業間の比較可能性を担保するために、研究開発費は発生時に**費用**として処理する。

ソフトウェア制作費の分類	
分類基準	ソフトウェア制作費は、取得形態ではなく、その**制作目的**により分類する。
根拠	なぜなら、**将来の収益との対応関係**が制作目的によって異なるからである。

市場販売目的のソフトウェア制作費（製品マスターの機能の改良・強化に要した費用）を無形固定資産として計上する理由	
根拠	① 市場販売目的のソフトウェアの製品マスターは、それ自体が**販売の対象ではない**。 ② 市場販売目的のソフトウェアの製品マスターは、**機械装置等と同様**にこれを利用（複写）して製品を作成するものである。 ③ 市場販売目的のソフトウェアの製品マスターは、**法的権利（著作権）**をもっている。 ④ 市場販売目的のソフトウェアの製品マスターは、適正な原価計算により取得原価を明確化できる。

自社利用のソフトウェアの会計処理	
会計処理	自社利用のソフトウェアは、将来の収益獲得または費用の削減が確実であるものについては**無形固定資産**に計上し、確実であると認められないものについては**費用**処理をする。
根拠	なぜなら、将来の収益獲得または費用削減が確実である自社利用のソフトウェアについては**将来の収益との対応等の観点**から、その取得に要した費用を資産として計上し、その利用期間にわたり償却を行うべきだからである。

Chapter 3 繰延資産

繰延資産と長期前払費用の共通点・相違点	
共通点	繰延資産、長期前払費用ともに**代価の支払いが完了**している点で共通する。
相違点①	しかし、繰延資産は**すでに役務の提供を受けているが**、長期前払費用は**いまだ役務の提供を受けていない点で相違する。**
相違点②	また、繰延資産は**財産性を有しない**が、長期前払費用は**財産性を有するという点でも相違している。**
相違点③	さらに繰延資産は効果の発現期間が不明確であるが、長期前払費用は効果の発現期間が明確であるという点でも相違している。

繰延資産の繰延経理	
繰延経理の根拠	将来の期間に影響する特定の費用を繰延経理するのは、**適正な期間損益計算**の見地から、**費用収益対応の原則**の効果の発現および収益との対応関係を重視するためである。
任意計上となる根拠	また、繰延資産の計上が任意計上となっているのは次の2つの理由からである。 ① 繰延資産には**換金性がないため**、その計上は慎重に行うべきという**保守主義の観点**から。 ② 将来の期間に影響する特定の費用の中には、**将来の収益獲得との対応が不明確**なものがあるから。

臨時巨額の損失の繰延経理	
要件	臨時巨額の損失を繰延経理するためには、次の3つの要件を満たす必要がある。 ① 原因の特定化 ② 金額が巨額 ③ 法令による認可
理由	臨時巨額の損失は会計理論上、繰延資産としては認められないにもかかわらず、繰延経理が認められるのは、①企業の**利益配当を可能**にするため、②株価暴落や証券市場の混乱を回避するためという**経済政策的配慮**からである。

株式交付費の会計処理の考え方	
会計処理①	株式交付費を資本取引に付随する取引と捉える方法によると、株式交付費は**資本から直接控除**する。これは国際的な会計基準で採用されている考え方である。
会計処理②	一方、株式交付費を損益取引と捉える方法によると、費用または**繰延資産**として処理をする。これは日本の会計基準で採用されている考え方である。

社債発行費の償却方法	
原則	社債発行費は、原則として**利息法**により償却する。
根拠	これは、社債発行費が、社債利息などに相当する額と同様に**資金調達の性格**をもつと考えられるからである。

Chapter 6 引当金

引当金の計上要件と根拠	
計上要件	引当金の計上要件は次の4つである。
	① 将来の特定の費用または損失であること
	② その発生が当期以前の事象に起因していること
	③ 発生の可能性が高いこと
	④ その金額を合理的に見積ることができること
計上根拠	引当金の計上は、**適正な期間損益計算**を行うためであり、**発生主義の原則**をその計上根拠とする。

負債性引当金と未払費用の共通点・相違点	
共通点	負債性引当金と未払費用は、費用を計上したときの貸方項目であり、**支出が次期以降**であるという点で共通している。
相違点	しかし、負債性引当金は、財貨または用役の価値費消原因事実の発生にもとづいて計上される**未費消の項目**であり、未払費用は財貨または用役の価値費消事実の発生にもとづいて計上される**すでに費消された項目**である点、負債性引当金は見積額を基礎に測定されるのに対し、未払費用は契約額を基礎に測定される点で相違している。

貸倒引当金と減価償却累計額の共通点・相違点	
共通点	貸倒引当金と減価償却累計額は、**資産から控除する評価性控除項目**である点で共通している。
相違点	しかし、貸倒引当金は、財貨または用役の**価値費消原因事実**の発生にもとづいて計上される項目であり、減価償却累計額は、財貨または用役の**価値費消事実**の発生にもとづいて計上される項目である点、貸倒引当金は**将来の収入減少額**を基礎に測定されるのに対し、減価償却累計額は**過去の支出額**を基礎に測定される点で相違している。

みんなが欲しかった！　税理士

財務諸表論の教科書＆問題集 3

答案用紙

無形固定資産

問題1 無形固定資産の償却

表示科目	金額
	千円
	千円
	千円

問題2 のれん

問1

①		②	

問2

無形固定資産に関連する注記事項

重要な会計方針に係る事項に関する注記

重要な会計方針	
①	
②	

研究開発費・ソフトウェア

問題1 研究開発費・ソフトウェア

問1

①		②	
③			

問2

根拠①：
根拠②：

問3

①		②	
③			

問4

(1)

(2)

(3)

問5

①		②	
③		④	
⑤		⑥	

問題2 研究開発費

（ケース1）　　　　　　　　　　　　　　　　　　　　（単位：千円）

	借　方　科　目	金　　額	貸　方　科　目	金　　額
取得時				
決算時				

（ケース2）　　　　　　　　　　　　　　　　　　　　（単位：千円）

	借　方　科　目	金　　額	貸　方　科　目	金　　額
取得時				
決算時				

問題3 自社利用のソフトウェア

	表　示　区　分			表示科目	金　　額
B/S	資産の部	固定資産			千円
P/L	–	–	販売費及び一般管理費	ソフトウェア償却	千円
P/L	–	–			千円

Chapter 3

繰延資産

繰延資産

問1

①		②	
③			
④			
⑤			

問2

理由①：
理由②：

問3

問4

問5

相違点①：

相違点②：

相違点③：

問1

理由①：
理由②：
理由③：

問2

問題3 繰延資産の償却

（単位：千円）

貸借対照表		損益計算書	
Ⅲ　繰　延　資　産	（　　　XXX）	Ⅲ　販売費及び一般管理費	
⋮		⋮	
		Ⅴ　営業外費用	
		⋮	

問題4 繰延資産に関連する注記事項

重要な会計方針に係る事項に関する注記

重要な会計方針

Chapter 4

負債会計

負債の概要

問1

① ［　　　　］ 分類
内容：
② ［　　　　］ 分類
内容：

問2

金銭債務

問題1 金銭債務の表示科目

問1

貸　借　対　照　表　　(単位：千円)

科　　目	金　　額	科　　目	金　　額
⋮	⋮	負債の部	
		Ⅰ 流動負債	(　　　)
		Ⅱ 固定負債	(　　　)
		負債の部合計	
		⋮	⋮

問2

貸　借　対　照　表　(単位：千円)

科　　目	金　　額	科　　目	金　　額
⋮	⋮	負債の部	
		Ⅰ 流動負債	(　XXX)
		⋮	⋮
		⋮	⋮
		未払費用	
		⋮	⋮
		Ⅱ 固定負債	(　XXX)
		⋮	⋮
		⋮	⋮
		負債の部合計	XXX
		⋮	⋮

関係会社に対する金銭債務の貸借対照表の表示

（単位：千円）

(1) 独立科目表示法	(2) 科目別注記法	(3) 一括注記法
Ⅰ　流動負債	Ⅰ　流動負債	Ⅰ　流動負債
	⋮	⋮
	Ⅱ　固定負債	Ⅱ　固定負債
⋮		
	⋮	⋮
Ⅱ　固定負債	貸借対照表等に関する注記	貸借対照表等に関する注記
⋮		
		⋮

問題3 普通社債の処理

問1

(1) 発行日（X5年4月1日）　(単位：千円)

借方科目	借方金額	貸方科目	貸方金額

(2) 利払日（X6年3月31日）　(単位：千円)

借方科目	借方金額	貸方科目	貸方金額

(3) 決算日（X6年3月31日）　(単位：千円)

借方科目	借方金額	貸方科目	貸方金額

問2

(1) 発行日（X5年4月1日）　(単位：千円)

借方科目	借方金額	貸方科目	貸方金額

(2) 利払日および決算日（X6年3月31日）　(単位：千円)

借方科目	借方金額	貸方科目	貸方金額

問題4 電子記録債務

（単位：千円）

	借　方　科　目	借方金額	貸　方　科　目	貸方金額
(1)				
(2)				

問題5 金銭債務に関連する注記事項

①	
②	

Chapter 6

引当金

負債の部に計上される引当金の範囲と表示

（単位：千円）

貸借対照表		損益計算書		
Ⅰ 流動負債	（ XXX）	⋮		
⋮		Ⅲ 販売費及び一般管理費		
		営業諸経費	45,000	
⋮				
Ⅱ 固定負債	（ XXX）	営業利益		XXX
⋮		⋮		
		Ⅶ 特別損失		
⋮				
		⋮		

問題2 引当金の使用に係る会計処理

（単位：千円）

	借　方　科　目	借方金額	貸　方　科　目	貸方金額
1				
2				
3				

問題3 引当金

問1

①		②	
③		④	
⑤		⑥	
⑦		⑧	

問2

問3

問4

(1)

(2)

(3)

問5

共通点：
相違点：

問6

共通点：
相違点：

問題4 引当金に関連する注記事項

重要な会計方針に係る事項に関する注記および貸借対照表等に関する注記

重要な会計方針
引当金の計上基準は以下のとおりである。
(1)
(2)
(3)
貸借対照表等に関する注記

問題5 修繕引当金

問1

問2

Chapter 7

退職給付会計

問題1 退職給付会計(1)

問1 退職給付費用… [ ] 千円

問2 退職給付引当金… [ ] 千円

問題2 退職給付会計(2)

問1

問2

問3

①		②	
③		④	
⑤			

問4

問5

問6

問7

①		②	
③		④	
⑤		⑥	
⑦		⑧	

問8

問題3 退職給付会計(3)

問1　数理計算上の差異の費用処理額…　　　　千円

問2　数理計算上の差異の費用処理額…　　　　千円

問3　数理計算上の差異の費用処理額…　　　　千円

問題4 退職給付会計(4)

問1　利　息　費　用…　　　　千円

問2　期 待 運 用 収 益…　　　　千円

問3　数理計算上の差異…　　　　千円

問4　退 職 給 付 費 用…　　　　千円

問5　退 職 給 付 引 当 金…　　　　千円

問題5 退職給付会計(5)

退 職 給 付 引 当 金…　　　　千円

退 職 給 付 費 用…　　　　千円

Chapter 8 資産除去債務

資産除去債務(1)

問1

①		②	
③		④	
⑤		⑥	
⑦			

問2

問3

(1)

(2)

(3)

(4)

(5)

問4

①		②	
③		④	
⑤			

問5

(1)

(2)

問題 2 資産除去債務(2)

(1) 設備取得日（資産除去債務計上時）

(単位：千円)

借方科目	借方金額	貸方科目	貸方金額
		現金及び預金	

(2) 決算時

＜時の経過による資産除去債務の増加＞

(単位：千円)

借方科目	借方金額	貸方科目	貸方金額

＜減価償却＞

(単位：千円)

借方科目	借方金額	貸方科目	貸方金額

Chapter 9

純資産会計

株主資本等変動計算書(1)

株主資本等変動計算書

松浦物流株式会社　　自X5年4月1日　至X6年3月31日　　(単位：千円)

	株主資本									純資産合計
	資本金	資本剰余金			利益剰余金				株主資本合計	
		資本準備金	その他資本剰余金	資本剰余金合計	利益準備金	その他利益剰余金		利益剰余金合計		
						別途積立金	繰越利益剰余金			
当期首残高										
当期変動額										
新株の発行										
剰余金の配当										
別途積立金の積立て										
別途積立金の取崩し										
当期純利益										
当期変動額合計										
当期末残高										

(注) 合計欄において、解答にあたって記載すべき金額が0の場合には「—」を記載すること。

株主資本等変動計算書(2)

問1

①		②	
③		④	
⑤			

問2

問3

純 資 産：
株主資本：

問4

⑴評価・換算差額等
⑵新株予約権
⑶非支配株主持分

問5

問題3 純資産に関連する注記事項

(1) 株主資本等変動計算書に関する注記

①	
②	
③	

(2) 1株当たり情報に関する注記

①	
②	

株主資本

問題1 新株発行にともなう貸借対照表の表示

問1

貸 借 対 照 表　　(単位：千円)

純 資 産 の 部	
I 株 主 資 本	(XXX)
1 資 本 金	
⋮	⋮

問2

貸 借 対 照 表　　(単位：千円)

純 資 産 の 部	
I 株 主 資 本	(XXX)
1 資 本 金	
⋮	⋮

(注) 金額が不明な場合には、「XXX」と記載すること。

問題2 資本金と資本準備金の額の計算

（単位：千円）

	ケース１	ケース２
⑴ 資本金の額		
⑵ 資本準備金の額		

問題3 剰余金の配当にともなう準備金の積立て

問１ 貸借対照表の一部

（単位：千円）

科目	金額
純資産の部	
Ⅰ 株主資本	（　　）
1 資本金	
2 資本剰余金	（　　）
⑴ 資本準備金	
⑵ その他資本剰余金	
3 利益剰余金	（　　）
⑴ 利益準備金	
⑵ その他利益剰余金	（　　）
新築積立金	
別途積立金	
繰越利益剰余金	
純資産の部合計	

問2　貸借対照表の一部

（単位：千円）

科　　　　目	金　　　額
純資産の部	
Ⅰ 株主資本	（　　　）
1 資本金	
2 資本剰余金	（　　　）
(1) 資本準備金	
(2) その他資本剰余金	
3 利益剰余金	（　　　）
(1) 利益準備金	
(2) その他利益剰余金	（　　　）
新築積立金	
別途積立金	
繰越利益剰余金	
純資産の部合計	

株主資本の計数変動(1)

貸　借　対　照　表　(単位：千円)

科　　目	金　　額	科　　目	金　　額
⋮	⋮	⋮	⋮
		負債の部合計	XXXX
		純資産の部	
		I 株主資本	(　　)
		1 資本金	
		2 資本剰余金	(　　)
		(1) 資本準備金	
		(2)	
		3 利益剰余金	(　　)
		(1) 利益準備金	
		(2) その他利益剰余金	(135,000)
		新築積立金	25,000
		繰越利益剰余金	110,000
		純資産の部合計	
資産の部合計	XXXX	負債・純資産の部合計	XXXX

問題5 株主資本の計数変動(2)

貸　借　対　照　表　　(単位：千円)

科　　目	金　　額	科　　目	金　　額
⋮	⋮	⋮	⋮
		負債の部合計	XXXX
		純資産の部	
		Ⅰ 株主資本	(　　)
		1 資本金	
		2 資本剰余金	(　150,000)
		(1) 資本準備金	120,000
		(2) その他資本剰余金	30,000
		3 利益剰余金	(　　)
		(1) 利益準備金	
		(2) その他利益剰余金	(　　)
		新築積立金	
		別途積立金	
		繰越利益剰余金	
		純資産の部合計	
資産の部合計	XXXX	負債・純資産の部合計	XXXX

純資産

問1

問2

問3

問4

問5

問6

問7

問題7 自己株式の処理・表示(1)

貸借対照表の一部　　(単位：千円)

純資産の部	
Ⅰ 株主資本	(　　)
1 資本金	100,000
2 資本剰余金	(　　)
(1) 資本準備金	
(2)	
3 利益剰余金	(　　)
(1) 利益準備金	10,000
(2)	(　　)
別途積立金	30,000
繰越利益剰余金	44,000
4	
純資産の部合計	

問題8 自己株式の処理・表示(2)

貸借対照表の一部 (単位：千円)

純資産の部	
I 株主資本	(　　　)
1 資本金	100,000
2 資本剰余金	(　　　)
(1) 資本準備金	
(2) その他資本剰余金	
3 利益剰余金	(　　　)
(1) 利益準備金	10,000
(2) その他利益剰余金	(　　　)
別途積立金	30,000
繰越利益剰余金	44,000
4	
純資産の部合計	

損益計算書の一部 (単位：千円)

⋮		
V 営業外費用		
⋮		

問題 9 自己株式の処理・表示(3)

貸借対照表の一部　　(単位：千円)

純資産の部	
Ⅰ 株主資本	(　　　)
1 資本金	100,000
2 資本剰余金	(　　　)
(1)	
3 利益剰余金	(　　　)
(1) 利益準備金	10,000
(2) その他利益剰余金	(　　　)
別途積立金	30,000
繰越利益剰余金	
4	
純資産の部合計	

問題10 自己株式の処理・表示(4)

貸借対照表の一部　(単位：千円)

純資産の部	
Ⅰ 株主資本	(　　)
1 資本金	50,000
2 資本剰余金	(　　)
(1) 資本準備金	
(2) その他資本剰余金	
3 利益剰余金	(　　)
(1) 利益準備金	5,000
(2) その他利益剰余金	(　　)
別途積立金	15,000
繰越利益剰余金	40,000
4	
純資産の部合計	

損益計算書の一部　(単位：千円)

⋮		
Ⅴ 営業外費用		
⋮		

問1

(1)

(2)

(3)

(4)

問2

問3

Chapter 11

新株予約権

問題1 新株予約権

（単位：千円）

	借方科目	金額	貸方科目	金額
新株予約権発行時				
権利行使時 X5年9月1日				
権利行使時 X6年3月1日				
権利行使期間満了時				

問題2 ストック・オプション(1)

問1

（単位：千円）

		借方科目	金額	貸方科目	金額
第19期	人件費				
第20期	人件費				
第21期	自己株式処分				
第22期	新株発行				
	期間満了				

問2

(単位：千円)

純 資 産 の 部	
Ⅰ 株 主 資 本	( )
1 資 本 金	7,500,000
2 資 本 剰 余 金	( )
(1) 資 本 準 備 金	2,400,000
(2)	
3 利 益 剰 余 金	( )
(1) 利 益 準 備 金	1,800,000
(2)	( )
4	
Ⅱ	( )
1	
Ⅲ	
純 資 産 の 部 合 計	

ストック・オプション(2)

問1

(単位：千円)

		借方科目	金額	貸方科目	金額
第19期	人件費				
第20期	人件費				
第21期	自己株式処分				
第22期	新株発行				
	期間満了				

問2

（単位：千円）

純 資 産 の 部	
Ⅰ 株 主 資 本	（　　）
1 資 本 金	7,500,000
2 資 本 剰 余 金	（　　）
(1) 資 本 準 備 金	2,400,000
(2)	
3 利 益 剰 余 金	（　　）
(1) 利 益 準 備 金	1,800,000
(2)	（　　）
4	
Ⅱ	（　　）
1	
Ⅲ	
純資産の部合計	

ストック・オプション(3)

問1

①		②	
③		④	
⑤		⑥	
⑦			

問2

問3

①
②

問4

問5

問6

（単位：千円）

	借 方 科 目	金 額	貸 方 科 目	金 額
新株予約権付社債発行時				
X7年11月30日				
X8年8月31日				
X12年3月31日				

Chapter 12

分配可能額

問題1 分配可能額の計算(1)

剰余金の額… [　　　　] 千円

問題2 分配可能額の計算(2)

剰余金の額… [　　　　] 千円

問題3 分配可能額の計算(3)

剰余金の額… [　　　　] 千円

問題4 分配可能額の計算(4)

分配可能額… [　　　　] 千円

問題5 分配可能額の計算(5)

分配可能額… [　　　　] 千円

問題6 分配可能額の計算(6)

分配可能額… [　　　　] 千円

問題7 分配可能額の計算(7)

問1

問2

(1)

(2)

(3)

Chapter 7 退職給付会計

現価方式の採用理由	
問題点	退職給付見込額のうち当期末までの発生額を、そのまま退職給付債務の額と捉えることには問題がある。
採用理由	なぜなら、買掛金や借入金等の他の債務と比較して、退職給付債務は決済されるまでの期間が非常に長いからである。退職給付見込額のうち期末までの発生額は、将来給付される時点において期待される退職給付の額であり、期末時点の企業の負担額と一致するものではない。そこで、**貨幣の時間価値を考慮**に入れるため、割引計算を行う現価方式を採用した。

退職給付見込額に変動要因を加味する理由	
理由	実際の退職給付の支払いは退職時における退職給付の額にもとづいて行われるものであり、現時点の退職給付の支払額のみにもとづいて将来の退職給付の額を見積ることは、退職給付の実態が適切に反映していないと考えられる。
結論	したがって、退職時に見込まれる退職給付の額は、退職時までに合理的に見込まれる**退職給付の変動要因を考慮**して見積ることとする。

数理計算上の差異について遅延認識を行う理由	
理由	数理計算上の差異には予測と実績の乖離のみならず予測数値の修正も反映されることから、各期に生じる差異をただちに費用として計上することが**退職給付に係る債務の状態を忠実に表現するとはいえない**面があるからである。

過去勤務費用について遅延認識を行う理由	
理由	過去勤務費用の発生要因である給付水準の改訂等が、**従業員の勤労意欲が将来にわたって向上するとの期待**のもとに行われる面があるからである。

Chapter 8 資産除去債務

債務の金額を合理的に見積ることができない場合の取扱い	
取扱い	資産除去債務の発生時に、当該債務の金額を**合理的に見積ることができない場合**にはこれを計上せず、当該債務額を合理的に見積ることができるようになった時点で負債として計上する。
対応	しかし、債務の金額を合理的に見積ることができない場合は、財務諸表利用者への注意喚起のため当該事実を**注記**する。

引当金処理の長所・短所	
長所	引当金処理の長所は、有形固定資産の利用に応じて**資産除去に係る費用を各期に配分できること**である。
短所	一方、短所は、有形固定資産の除去に必要な金額が貸借対照表上に計上されず、資産除去債務の**負債計上が不十分**となることである。

資産負債の両建処理の採用理由	
会計処理	資産負債の両建処理とは、資産除去債務の全額を負債として計上し、同額を有形固定資産の取得原価に反映させる会計処理である。当該処理は次の2つの理由から採用されている。
理由①	① 資産負債の両建処理では、資産の取得時にそれに係る除去費用を資産の取得原価に含めるとともに、資産除去債務の**全額を負債として計上できる**から。
理由②	② 当該資産の取得原価に含めることで、**資産除去に係る費用が減価償却を通じて各期に配分**され、**引当金処理を包摂する**から。

除去費用を別の資産として計上しない理由	
論拠	除去費用は、**法律上の権利ではなく財産的価値もない**こと、また、**独立して収益獲得に貢献するものではない**ことから、別資産として計上すべきではない。また、当該除去費用は、有形固定資産の稼働にとって不可欠なものであるため、有形固定資産の取得に関する**付随費用**と同様に処理すべきだからである。

割引現在価値の算定に用いる割引率	
割引率	割引現在価値の算定に用いる割引率は、貨幣の時間価値を反映した無リスクの税引前の利子率が用いられる。
3つの観点	また、無リスク利子率を用いることは次の観点から支持されている。
	① 退職給付算定においても無リスクの割引率が使用されること。
	② 同一の内容の債務について信用リスクの高い企業が高い割引率を用いることにより**負債計上額が少なくなる**という結果は、財務状態を適切に示さないこと。
	③ 資産除去債務の性格上、**自らの不履行を前提**とする会計処理は、適当ではないこと。

Chapter 9 純資産会計

株主資本と株主資本以外の各項目に区分する理由	
重要性	報告主体の所有者に帰属する利益は、基本的に過去の成果であるが、企業価値を評価する際の基礎となる将来キャッシュ・フローの予測やその改訂に広く用いられている。当該情報の主要な利用者であり受益者であるのは、報告主体の企業価値に関心をもつ当該報告主体の現在および将来の所有者（株主）であると考えられるため、**当期純利益とこれを生み出す株主資本**は重視されることになる。
区分する理由	したがって、財務報告における情報開示において、投資の成果を表す当期純利益とこれを生み出す株主資本との関係を示すことが重要であることから、損益計算書における当期純利益の額と貸借対照表における株主資本の資本取引を除く当期変動額が一致するという関係を重視して、純資産の部を株主資本と株主資本以外の各項目に区分している。

中間区分を設けることの問題点	
問題点	純資産や負債に該当しない項目が生じた場合、独立した中間区分を設けることが考えられるが、中間区分自体の性格や中間区分と損益計算書との関係を巡る問題点が指摘される。

株主資本等変動計算書に記載すべき範囲の考え方	
2つの考え方	株主資本等変動計算書に記載すべき範囲の考え方には、純資産の部のすべての項目とする考え方と純資産の部のうち株主資本のみとする考え方の2つがある。
考え方①	純資産の部のすべての項目とする考え方は、国際的な会計基準は、資産と負債の差額である純資産について、株主資本以外の項目についても、一会計期間の変動を開示するという考え方であるため、その**国際的な会計基準との調和**を重視すべきとの考えを主な論拠としている。
考え方②	また、純資産の部のうち株主資本のみとする考え方は、財務報告における情報開示の中で、財務諸表利用者にとって特に重要な情報は**投資の成果を表す利益の情報**であり、当該情報の主要な利用者であり受益者である株主に対して、当期純利益とこれを生み出す株主資本との関係を示すことが重要であるとの考えを主な論拠としている。
現行制度上の取扱い	このような考え方を踏まえ、開示項目の範囲については、**国際的調和の観点**から純資産の部のすべての項目とするものの、財務報告における情報開示において、**投資の成果を表す当期純利益とこれを生み出す株主資本**との関係を示すことが重要であることから、株主資本の各項目については、変動事由ごとにその金額を表示することとし、株主資本以外の各項目は、原則として、当期変動額を純額で表示することとした。

Chapter 10 株主資本

資本金および資本準備金の額の減少によって生ずる剰余金をその他資本剰余金に計上する理由	
理由	資本金および資本準備金の額の減少にともなって生ずる剰余金は、いずれも減額前の資本金および資本準備金のもっていた会計上の性格が変わるわけではなく、**資本性の剰余金**の性格を有すると考えられるため、その他資本剰余金に計上される。

利益準備金の額の減少によって生ずる剰余金をその他利益剰余金に計上する理由	
理由	利益準備金はもともと留保利益を原資とするものであり、**利益性の剰余金**の性格を有するものと考えられるため、その他利益剰余金に計上される。

その他利益剰余金がマイナスの場合のその他資本剰余金による補塡	
企業会計原則	企業会計原則は、財政状態および経営成績の適正開示の観点から、**資本剰余金と利益剰余金を混同してはならない旨**を規定している。
理由	この考えにもとづくと、原則として、資本剰余金を利益剰余金に振り替えることは認められないと考えられる。 しかしながら、払込資本と留保利益の区分が問題となるのは、両者が**正の値の場合**において、両者の間で残高の一部または全部を振り替えるようなときである。そのため、その他利益剰余金が負の値の場合にその他資本剰余金で補塡することは、資本剰余金と利益剰余金の混同にはあたらないと考えられる。

自己株式が株主資本全体の控除項目として表示される理由	
基準上の処理	自己株式を純資産の部の株主資本の控除とする場合の会計処理は、取得原価で**一括して**株主資本全体の**控除項目**とする方法が採用されている。
理由	なぜなら、自己株式を取得したのみでは**発行済株式総数が減少するわけではなく**、取得後の処分もありうる点に着目し、自己株式の保有は処分または消却までの**暫定的な状態**であると考え、取得原価で一括して純資産の部の株主資本全体の控除項目とする方法が適切であるからである。

自己株式処分差損益がその他資本剰余金から増減される理由

理由	自己株式の取得と処分を一連の取引とみた場合、純資産の部の**株主資本からの分配の性格**を有すると考えられ、自己株式の処分が**新株の発行と同様**の経済的実態を有する点を考慮すると、自己株式処分差損益は利益剰余金の額を増減させるべきではなく、資本剰余金の額の増減とすることが適切であると考えられるためである。

その他資本剰余金の残高が負の値になった場合

基準上の処理	自己株式の処分および自己株式の消却の会計処理の結果、その他資本剰余金の残高が負の値となった場合には、会計期間末において、その他資本剰余金を**ゼロ**とし、当該負の値をその他利益剰余金（繰越利益剰余金）から減額する。
理由	なぜなら、資本剰余金は株主からの払込資本のうち資本金に含まれないものを表すため、本来、**負の残高の資本剰余金という概念は想定されない**。したがって、資本剰余金の残高が負の値になる場合は、**その他利益剰余金**で補填するしかないと考えられるためである。

Chapter 11 新株予約権

権利確定日以前に費用認識される根拠	
根拠	従業員等に付与されたストック・オプションを対価として、これと引換えに企業に**追加的にサービスが提供**され、**企業に帰属することとなったサービスを消費した**と考えられるため、費用認識を行うべきである。

失効した場合の会計処理の根拠	
根拠	ストック・オプションが行使されないまま失効すれば、結果として会社は**株式を時価未満で引き渡す義務を免れる**ことになり、**無償で提供されたサービスを消費**したと考えることができるからである。

ストック・オプションに係る費用認識の根拠	
新旧株主間の富の移転	ストック・オプションの付与は、**新旧株主間で富の移転**が生じるにすぎないため、現行の企業会計の枠組みの中では特に会計処理を行うべきでないという考え方がある。
反論①	しかし、ストック・オプションの付与は、新旧株主間の富の移転を生じさせる取引であるが、従業員等に対してストック・オプションを付与する取引のように、**対価として**利用されている取引（対価関係にあるサービスの受領・消費を費用として認識する）と、自社の株式の時価未満での発行のように、発行価額の払込み以外に**対価関係にある給付の受入れをともなわない取引とは異なる種類の取引**であり、この2つを会計上同様の取引として評価するという指摘は、必ずしも成り立たないと考えられる。
会社財産の流出	また、従来は、費用として認識されているものは、いずれかの時点で**現金その他の会社財産の流出に結び付く**のが通常であるが、ストック・オプションを付与する取引においては、付与時点ではもちろん、サービスが提供され、それを消費した時点においても、**会社財産の流出はない**ため、費用認識に根拠がないという考えにもとづいていた。
反論②	しかし、対価としての**会社財産の流出は費用認識の必要条件ではなく**、ストック・オプションによって取得したサービスの消費も、消費の事実に着目すれば、**企業にとっての費用**と考えられる。
結論	以上の2つの反論から、ストック・オプションに係る費用認識の根拠に正当性があると考えられる。